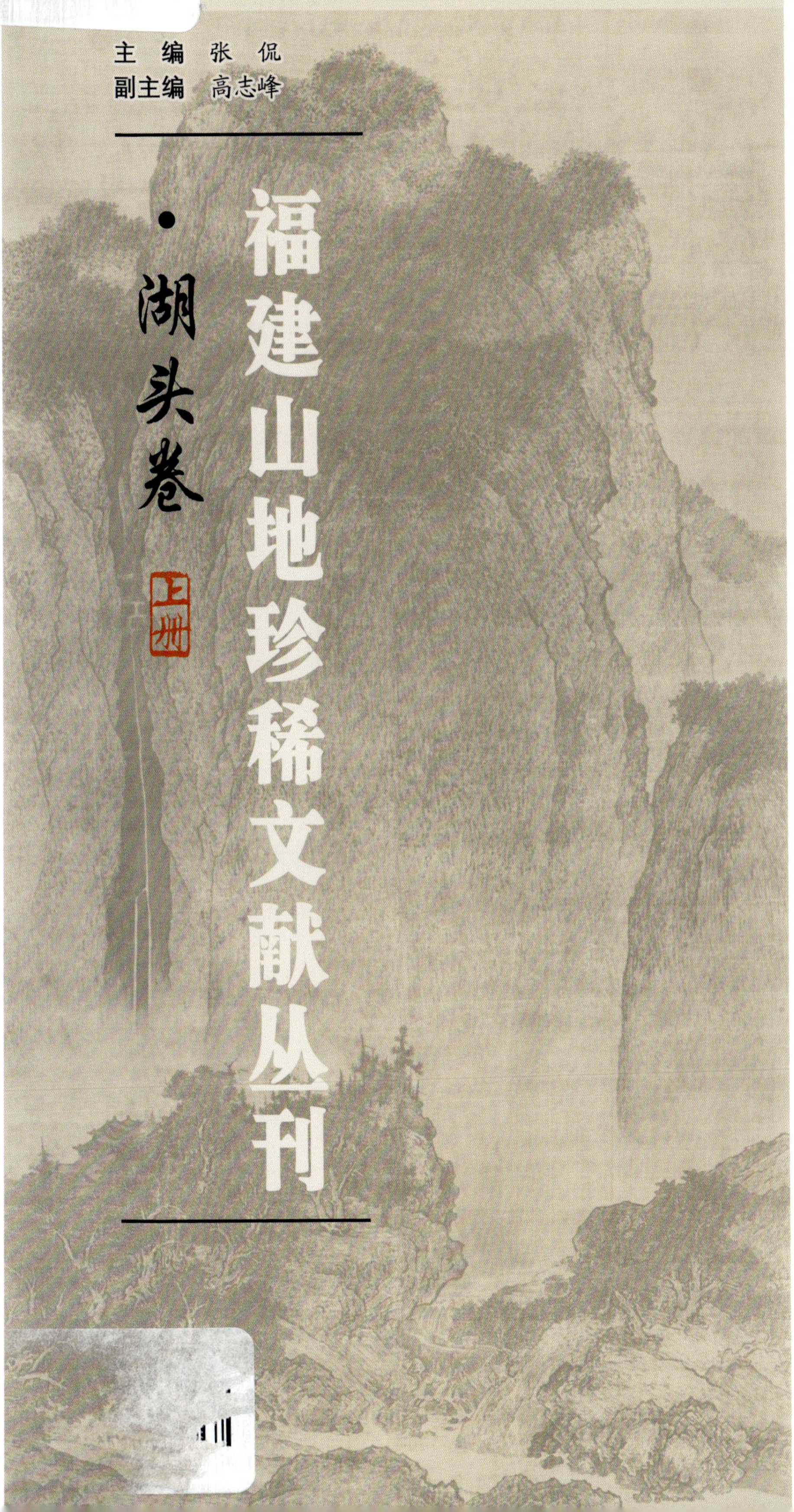

主 编 张 侃
副主编 高志峰

福建山地珍稀文献丛刊

·湖头卷

上册

厦门大学出版社
XIAMEN UNIVERSITY PRESS
国家一级出版社
全国百佳图书出版单位

图书在版编目(CIP)数据

福建山地珍稀文献丛刊.湖头卷/张侃主编.—厦门：厦门大学出版社，2020.12
ISBN 978-7-5615-8003-5

Ⅰ.①福…　Ⅱ.①张…　Ⅲ.①地方文献—汇编—安溪县　Ⅳ.①K295.74

中国版本图书馆 CIP 数据核字(2020)第 238713 号

出 版 人　郑文礼
责任编辑　薛鹏志
封面设计　张雨秋
美术编辑　蔡炜荣
技术编辑　朱　楷

出版发行　厦门大学出版社
社　　址　厦门市软件园二期望海路 39 号
邮政编码　361008
总　　机　0592-2181111　0592-2181406(传真)
营销中心　0592-2184458　0592-2181365
网　　址　http://www.xmupress.com
邮　　箱　xmup@xmupress.com
印　　刷　厦门市明亮彩印有限公司

开本　787 mm×1 092 mm　1/16
印张　53
字数　800 千字
版次　2020 年 12 月第 1 版
印次　2020 年 12 月第 1 次印刷
定价　480.00 元(全两册)

本书如有印装质量问题请直接寄承印厂调换

厦门大学出版社
微信二维码

厦门大学出版社
微博二维码

前言

湖頭鎮位於泉州市安溪縣西北部，地處晉江上游的清溪流域，四面環山，中分一水，是聯繫閩南沿海與閩中山區的重要水陸中轉站，市場繁榮，人文薈萃，素有『小泉州』之稱。

自宋至清，湖頭以溪為界，分屬感化里、來蘇里。民國時期，先後為來感區、第二區、第一區、清溪鎮。一九四九年後為清溪區、第四區、湖頭區。一九五八年建立湖頭人民公社。一九八〇年代恢復湖頭鎮建制。

宋元以來，隨着山區開發的不斷推進，湖頭形成了五方雜處的聚落格局。明清時期，湖頭成為商品經濟發達的市鎮，發展出強盛的家族組織，尤以清溪李氏家族最為著名。清代康熙重臣、理學名家李光地（一六四二—一七一八），將湖頭的士大夫文化推至高峰。今湖頭鎮域内歷史遺存多元，文化底蘊深厚，建築古跡眾多。其中，由舊衙、新衙、問房大厝、賢良祠組成的『李光地宅和祠』建築群為全國重點文物保護單位；由世家大厝、六房小宗、二衙大厝、三衙大厝、四衙大厝（含宗興堂）、李氏家廟與景新堂組成的李氏宅祠建築與横山大成祖宇為福建省級文物保護單位。湖頭鎮於一九九九年入選福建省歷史文化名鎮，二〇一四年入選中國歷史文化名鎮，二〇一七年入選福建省首批特色文化文物示範村鎮。

二〇一〇年七月，厦門大學歷史系和民間歷史文獻研究中心的鄭振滿、劉永華、黄向春、张侃、饒偉新、鄭莉、佳宏偉等老師帶領二〇〇七級本科生到湖頭鎮開展田野教學實踐，收集了豐富的族譜、碑銘、書信、帳簿、契約文書、說唱文獻、日用類書、科儀文本等民間歷史文獻。由此，厦門大學師生與湖頭結下不解之緣，不僅多次深入調查研究，而且以此為田野基地開展國際學術合作。哈佛大學東亞語言與文明系教授、費正清中國研究中心主任宋怡明（Michael Szonyi）曾在此開展田野調查，其新著 *The Art of Being Governed: Everyday Politics in Late Imperial China*（Princeton University Press，2017）中就論述了湖頭的案例。此外，臺灣『中央研究院』歷史語言研究所李孝悌教授、王鴻泰教授，新加坡國立大學中文系王昌偉教授、許齊雄教授也曾帶領學生在此進行田野考察。本書選編的珍稀文獻，即為多年來田野考察的成果。以下簡要介紹本書所收文獻的源流、內容、研究價值和整理方式。

一、《樸祖傳序詩讚》

『樸祖』是清溪李氏對六世祖李森的尊稱。李森（一三九八—一四六三），字俊茂，號樸庵。平生積善行仁，厚德廣施，救貧濟困。曾捐資修建司府縣堂、岳觀庵岩、橋樑道路，並開鑿清溪險灘，疏通湖頭至泉州水道。賑飢輸邊，擒賊平亂。得授巡檢，攝行縣事，所至多有惠績。明正統和清康熙年間先後獲旌表『尚義』與欽賜『急公尚義』匾。李森之後，宗族繁衍，文教振興，簪纓相繼。旌義長房裔孫李懋檜（一五五四—一六二四），字克蒼，號心湖，明萬曆八年（一五八〇年）成進士，歷官六安知州、刑部員外郎、湖廣添註經歷、南通政司經歷、禮部主事、南京兵部郎中、禮部郎中、光祿寺少卿、太僕寺少卿等職，以直言敢諫聞名於世。萬曆年間，李懋檜藉其宦遊網絡，以陳紹功所撰李森傳向當朝諸多碩彥名儒徵文，題贈詠歌頌揚李森的言行與事功，並將這些文字『裝潢成牒，錦函玉簽』。清順治年間，受時局影響，李懋檜之子李重煜將題冊交給旌義四房李日煋保管。乾隆時期，題冊重新整理，新增李斌（一六九八—一七六七）所書李氏族賢李懋檜、李日煋、李光地、李光坡所撰的文章。道光年間，旌義四房裔孫李維迪主持家族文獻編修，重裝題冊，新增時任安溪知縣黃梓春的序文。『文化大革命』時期，題冊由安溪縣文化館接收。一九八〇年代安溪縣博物館成立後，由博物館保藏至今。

安溪縣博物館所藏《樸祖傳序詩讚》共六卷，冊頁式，冊面與冊底粘夾木板，板面陰刻隸書『樸祖傳序詩讚』及卷次。其畫心質地有綾、絹、紙等，字體有行、楷、草、隸等，文體有傳、序、詩、贊、歌、賦、跋等。其作品既有諸名公巨卿（不含李氏族人）的論著，也有李氏族人（不計姻親關係）的評述。名公巨卿之論，明萬曆年間所作的有七十三篇，其中陳紹功所撰《旌義李公傳》由吳運嘉書，孫繼皋文由謝吉卿書，李光縉文由黃志瑍書（需要說明的是，李氏譜牒中載有董其昌的題文，但其原件未見於安溪縣博物館所藏題冊實物，故此處未將其列入統計）。崇禎年間所作的有一篇，清道光年間所作的有一篇。李氏族人之述，一載明天順七年（一四六三年）李森《手开功蹟记并序》，系其呈給縣官的報告（該文是否為李森手跡待考），後附李日煋、李光坡跋文，均為李斌書。二載李懋檜、李日煋、李光地就諸名公巨卿題冊而作的跋文，亦由李斌書。《樸祖傳序詩讚》是珍貴的文化遺產，對李氏家族發展史、明清士大夫思想史、書法藝術史等领域的研究，具有極高的文獻價值。此次整理以安溪縣博物館藏《樸祖傳序詩讚》為底本，按其保存原貌卷次編排，參校乾隆《清溪李氏家譜》、民國《旌义李氏问房家谱》和一九九三年《江西上饒李氏宗譜》，補充底本中的作者落款信息。

一、《至誼堂實紀》

清溪李氏在明清政治變革之中地位突出。在順治乙未、丙申間（一六五五—一六五六），李光地一家十二人被山賊挾為人質，李光地二伯父李日燝率領家僮和鄉勇營救人質，并配合官軍，平定賊亂，保衛地方安寧。康熙四十二年（一七〇三年），李光地陞吏部尚書，謝恩燕見時向康熙帝奏聞當日事。康熙帝御賜『在原至誼』四字以顔其家。李日燝故居問房大厝名曰『至誼堂』，由此而來。

雍乾時期，李日燝後裔李鍾寧、李鍾准、李清奭、李玉鳴等人彙輯、校刻《至誼堂實紀》，以彰揚祖先功績。《至誼堂實紀》刻本藏於國家圖書館，其影印本收入《中華歷史人物别傳集》第二十七册，由線裝書局於二〇〇三年出版发行。該刻本分上、下卷，上卷中《御書匾末恭紀》、《御書碑陰恭紀》乃李光地所撰康熙帝御書『在原至誼』之始末；《定遠大將軍世子諭》為順治十三年（一六五六年）愛新覺羅·濟度在李日燝破帽頂寨，救出人質後頒給李日燝的諭示；《傳贊八篇》系魏裔介、張英、衛既齊、徐乾學、何采、孫在豐、耿願魯、王寬撰寫頌揚李日燝事功的文章；《書劄》為魏象樞回復李光地的書劄；《壽文》乃康熙二十六年（一六八七年）李日燝八十大壽之時李光地所撰祝壽文章；《墓誌銘》乃康熙三十七年（一六九八年）李光地為李日燝所寫之誌銘；《詩歌三十三首》收有魏象樞、李光地、查慎行、汪澐、汪瀧、王雲錦、張大受、繆沅、李紱、惠士奇、戚麟祥、儲在文、張起麟、須洲、方觀、呂謙恒、盧軒、陳汝楫、陳萬策等人就李日燝的文事武功所發表的詩歌。下卷為李日燝所撰《減食辭》及其寫給官方行政系統和軍隊系統的塘報呈稿，包括順治十三年（一六五六年）五月至九月間攻打山寨的戰況彙報和戰後報功請賞的總結報告。

《至誼堂實紀》稿本藏於問房大厝管委會。因保管不善，稿本原件破損嚴重，紙張部分焦脆，碎片較多且交錯混雜，亟待修復。鑒於珍稀古籍狀況瀕危，厦門大學歷史系聯合厦門大學圖書館聘請國家圖書館研究館員、古籍修復專家杜偉生先生指導搶救修復。厦門大學圖書館古籍特藏與修復部、校檔案館、歷史系組建團隊負責具體實施。二〇一八年十一月起，厦門大學歷史系與湖頭鎮人民政府就《至誼堂實紀》稿本的修復、高仿、整理與研究開展項目合作。歷經三個多月，厦門大學修復團隊在杜偉生先生指導下，創新手法，艱苦作業，完成十一幅散頁字、八幅繪畫的修復工作，並將修復件高清掃描。

《至誼堂實紀》為考察李光地的人生經歷及其家族發展提供了珍貴史料，對研究清初閩南地區的政治形勢和社會狀況具有重要的文獻價值。《至誼堂實紀》稿本與刻本各有特點，可以相互比勘。與刻本內容相較，稿本增加了繪畫部分，但其文字部分僅存太子太傅、光祿大夫、保和殿大學士兼禮部尚書魏裔介所撰《李葆甫先生傳》、李日煜所撰《減食辭》及其塘報呈稿（呈稿有多處損缺）。為盡可能呈現《至誼堂實紀》的豐富信息，編者以稿本為底本，進行影印；以刻本為底本，進行錄文。

三、《湖頭金石拓片》

湖頭隴西李氏宗親理事會李玉成先生多年來致力於鄉族的文史工作，在得知編者的編纂整理計劃后，慨然提供其珍藏的金石拓片，充實了本書的內容。這些金石拓片，是世俗墓誌和釋氏塔銘的拓片，其實物在出土後，或藏於民宅祖厝，或存於寺廟祠堂，或收於文博機構。拓片是由泉州市非物質文化遺產項目傳拓技藝代表性傳承人辜恩來先生精工拓製而成。二〇一九年六月至七月，李玉成先生將其所藏金石拓片捐贈予厦門大學圖書館。

本書輯錄的金石拓片涉及二十八位墓主共三十五方誌銘，其中明崇禎年間三方，清康熙年間十方，雍正年間一方，乾隆年間十三方，道光年間二方，民國年間六方。清代學者錢大昕有云：『金石銘勒，出於千百載以前，猶見古人真面目，其文其事信而有徵，故可寶也。』（錢大昕《潛研堂集》卷二十五《關中金石記・序》）墓誌、塔銘所載人物生平翔實，往往可與史傳相表裏，闡幽表微，補闕正誤。誌銘的撰文、篆額、書丹不乏出自名士显宦之手，具有頗高的史料價值和藝術價值。舉隅而言，明通議大夫、雲南按察司按察使李栻墓誌銘，對瞭解明末邊疆社會治理和李氏仕宦、姻親、交遊網絡有補益作用。傳臨濟正宗三十四世鋭鋒和尚塔銘，記述明末清初閩南一代高僧鋭鋒的生平事跡，反映了他與李光地家族的深刻淵源，以及其時南禪臨濟宗黄檗派的發展狀況。清鎮守貴州安籠等處地方總兵官林孺墓誌銘，是由武进士、鎮守雲南楚姚蒙景等處地方總兵官駱儼撰文，台湾置府后首位举人、知湖廣房縣事王璋書文並篆額，記載了林氏參與征討吳三桂之亂、攻克澎湖三十六嶼、招撫台灣、鎮守貴州安籠等重大歷史事件的顯赫功績，為推動相關史事的研究提供了文獻支撑。清禮部侍郎、三禮館副總裁、武英殿總裁李清植墓誌銘，是由中憲大夫、分巡江南淮徐道按察司副使莊亨陽撰文，奉直大夫、左春坊左諭德雷鋐篆額，乾隆丁巳科狀元于敏中書丹，可與地方志乘和莊氏文集相比勘，有助於推進清前期學術文化史、李氏學術淵源和經世思想等方面的研究。

書中金石拓片悉依原銘題命名。所錄誌銘以墓主的葬期先後为序排列，葬期不明的以卒時計，如有安厝、遷柩、合葬，依其最後時間為據。錄文尊重銘文原字，以求其原真性。銘文磨損殘闕處，若與傳世文獻比勘相同者，據傳世文獻徑補，並註明所據文獻出處；若暫無其他史傳可供參酌填補，損闕字數確知而難以辨識者，每字以『□』表示；損闕字數不明者，則根據文中損闕字的位置以『（上闕）』、『（中闕）』、『（下闕）』表示。各篇銘文後加有按語，介紹墓誌、塔銘的保存地、材質、數量、刻面、尺寸等信息。

四、《竹山村鄭氏文書》

竹山村位於安溪縣湖頭鎮政府駐地東北部，明清時屬來蘇里侯山鄉、庵頭鄉，民國時屬清溪鎮登賢保、庵頭保。境內有清代鎮守貴州安籠等處地方總兵官、左都督林孺墓和民間信仰勝地侯山廟。

二〇一四年二月六日至八日，筆者與厦門大學歷史系張侃、鄭莉及哈佛大學東亞語言與文明系宋怡明教授到湖頭考察侯山廟迎春民俗活動。在李學淵、許大使兩位先生的協助下，於竹山村鄭鍾炭宅訪得民國三十年（一九四一年）手寫本《清溪侯山鄭氏族譜》。據族譜記載，鄭氏於明初開基來蘇里，生息發展。長房二派六世鄭石保於隆慶年間輪奐堂宇，恢張家業。長房二派七世鄭仙養於天啟元年（一六二一年）董理修葺侯山廟。鄭鍾炭屬長房二派十七世。我們留意到譜中有關於『侯山鄭氏歷代世管山場』的記錄，便詢問鄭家有否收存祖上關於土地交易的字據。據鄭鍾炭先生介紹，其父親留有一批文書，存放於祖祠。在鄭鍾炭先生的帶領下，我們來到侯山鄭氏祖祠採集了這批文書。文書藏於兩個木箱內，其中不少文書被分別成包，用包契紙包裝，細草繩捆扎，包契紙上注明相关人、事、物及契约数量。這批文書由宋怡明、張侃、鄭莉和筆者共同拍照複製帶回厦門大學民間歷史文獻研究中心儲存，原件仍留在鄭鍾炭先生處保管。

現編入本書的竹山村鄭氏文書根據厦門大學民間歷史文獻研究中心儲存的電子版照片整理，共有一百二十三份，時間跨度從明崇禎年間到民國時期。其中，明崇禎年間所立的有二份，清乾隆年間所立的有五份，嘉慶年間所立的有二十份，道光年間所立的有二十八份，咸豐年間所立的有十份，同治年間所立的有五份，光緒年間所立的有三十二份，宣統年間所立的有三份，民國年間所立的有十八份。文書類型包括買賣契約、找貼契約、典當契約、借貸契約、分業鬮書、賦役文書、置產簿、祭祀簿等，所涉標的物有山林、田地、房屋、廁池、風水等。

此次整理以遵循文書原貌為基本原則。文書標題由編者根據文書內容參酌擬定，標題註明每份文書的生成年月、簽訂主體、交易對象和交易行為。同一文書中事主多於一人者，定名時只列出第一人之姓名，於其後加『等』字表示。標題後以（）標注生成年代的公元紀年，如『崇禎十年二月紀時哲等產山合同（一六三七）』。

每份文書按其生成的時間先後順序進行編排，在標題前用『一、二、三……』表示排序編號。需要說明的是，原文書因不同屬性被分別成『包』，既有將同一處財產的相關交易過程的文書串聯在一起的『歸物』性，也有將同一立文書者的多處財產交易文書聚集在一起的『歸戶』性。同屬一『包』的不同份契約，依其訂立年月順序編排，在標題前用『一-一、一-二、一-三……』表示。不同『包』的文書，依其『包』中最早立契的時間先後順序編排，在標題前用『一-一、二-一、三-一……』表示。分業鬮書、祭祀簿、置產簿與其他交易文書的性質有較大差異，在整理時單獨提出，置於文書之末。

文書中字跡漫漶、殘缺者，依契約文書一般格式中的常用語補足。破損難識者，若損缺字數確知，每字用『□』表示；若損缺字數不明，用『（缺）』表示。補足脫字，用『（ ）』表示；改正錯字，用『［ ］』表示；衍字以『〈 〉』表示。部分文書中存在大量脫、錯、衍字，僅擇要補足改正。原契中的加注，用『〔 〕』標出，寫入注文。簽押和印記，則以『（押）』和『（印）』表示。交易數額中遇有使用蘇州碼者，均轉爲漢字數字。

本書所收文獻的采集工作，得到安溪縣博物館、湖頭隴西李氏宗親理事會、李玉成、李清黎、李清銘、李學淵、黄良才、鄭鍾炭、鄭育欣、許大使等單位和個人的幫助。文獻的整理和點校工作，得到張侃教授的指導。其中，金石拓片的校對，還得到厦門大學圖書館張徐芳老師的指正。厦門大學出版社薛鵬志先生为本书的编校和出版盡心盡力，付出諸多辛勞。謹此向以上師友致以诚摯的谢意。

囿於編者學力，書中謬誤之處亦恐難免，敬祈識者指正。

高志峰

二〇二〇年五月

目錄

上冊

影印部份

樸祖傳序詩讚

至誼堂實紀（稿本）

湖頭金石拓片

影印部份

下冊

竹山村鄭氏文書

錄文部份

樸祖傳序詩讚

至誼堂實紀

湖頭金石拓片

竹山村鄭氏文書

樸祖傳序詩讚

卷一

世之善居積者靡不豔陶朱公謂能相越功成而去之厚利名高寔兼而有焉律之於旌義公無當也傳稱公田數萬畮粟數萬鍾不數千萬章其貲之高不知與陶朱孰上下第陶朱一出而綰相印公菫〻以小吏一再攝邑符陶朱扁舟五湖翩其若濟公即聲施甚閎而終身不離其閭井悉在其能陶朱也者雖

然公非不能陶朱寔則畢之謂其不及
為也陶朱佐於越誠效有其尺寸然以
若耶谿女蠱吳夫差比吳亡復竊之以
逃踪巫臣於夏姬也奚相遠公生平迹
俠而儒其心有是焉否乎以故陶朱幸
奏於前而晚卒為莊生所賣以伯殺其
沖而季則鬭雞走狗吹竽擊毬已矣待
焉而禍似皆財之為祟也公官不越黃

紋乃觚傾所有以博全之旨予辯僞者
五孫稱閩者十有五惟雷若玄偕且從
爲不六世而指餘二千願者有贈君封
君別爲都運邑令孝廉諸君子而最賢
莫如儀部儀部狀如好女而志氣緜不
志恃浪沙往持佩之論批逐尺疏官遠
用以贈鐙根器之待於公者爲多
日壽天迴晉未可量則莫非其厚積薄發

者始之也陶朱安敢以望公蓋陶朱俠以行其術而顯於身公儒以行其義而顯於後其作用殊其食報亦復以異乎之理也方公柱陶朱者淺之乎知公者也儀部演發乃余一言總之不及詳述為論其大者

長樂謝杰

惟公家享素封行多市義往
議而移萬金蔑視輸粟賑饑千
家庠庭擒賊衛民武而多智聲
動士闈
天朝權異嗟乎金穴垂垂空自招
忌卜式助邊徒阿上意讀公之
傳瞻公之志而中磊磊而性愉愉
以為俠耶而近於儒以為儒耶

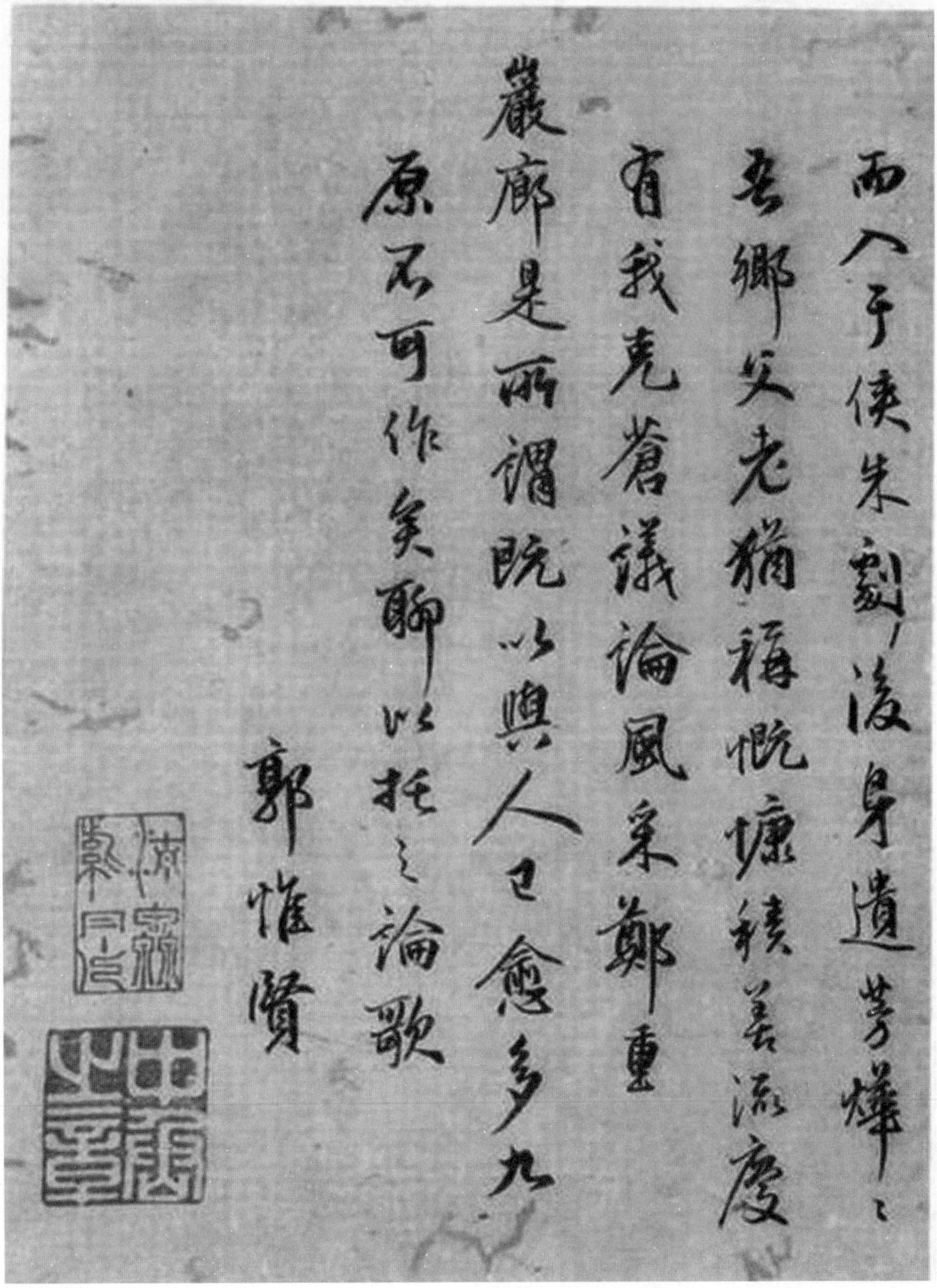
而入于俠朱劉後身遺芳燁燁
吾鄉父老猶稱慨慷續衷流慶
有我克蒼議論風采鄭重
巖廊是所謂既以與人己愈多九
原不可作矣聊以托之論歌
郭惟賢

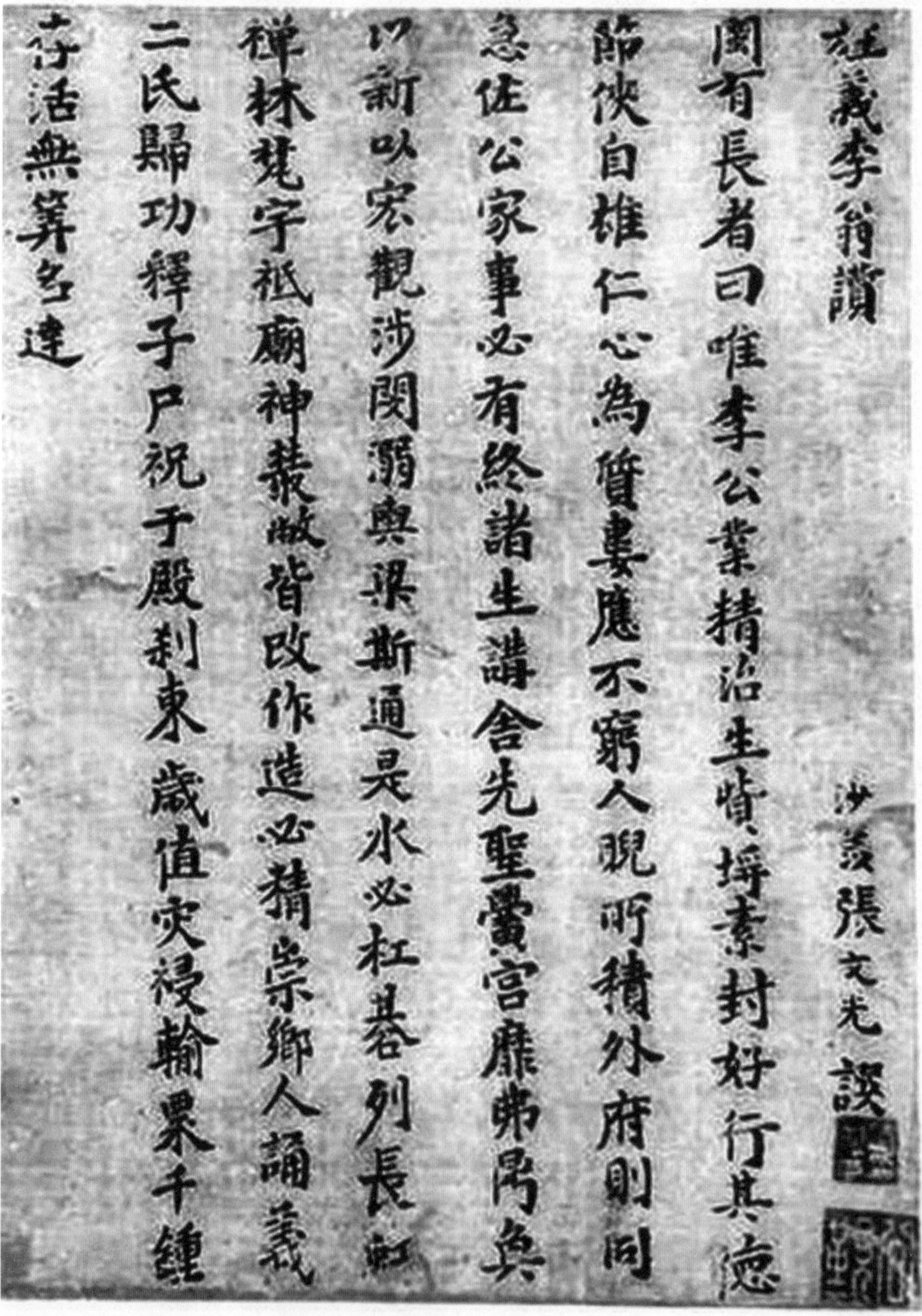
旌義李翁讚　沙縣張文光譔
閩有長者曰唯李公業精治生貲、埒素封好行其德
節俠自雄仁心為質婁應不窮人覘所積外府則同
急使公家事必有終諸生講舍先聖黌宮靡弗爲與
以新以宏觀涉閔溺輿梁斯通是水必杠碁列長虹
禪林梵宇祗廟神叢敝皆改作造必精崇鄉人誦義
二氏歸功釋子尸祝于殿刹東歲值災祲輸粟千鍾
存活無算名達

宸聰棹樸表閭冠佩華貂文綺餼牽錫自九重德旣
永矣武亦克共萑苻弄兵手遏其鋒數剪渠魁村落
融々受職千揔小試屠龍人爭得之翹慕景從得者
欣然失卽鞫訩視篆隣邪所至一龐洪父母其里々戴
若翁凡此豪舉罕遘奇逢我思古人疇儗高蹤曾達
鮮雞畏壘大豐陶朱善散卜式見庸先生兼焉為衆
善宗食報于后寢昌寢隆百五十季千指兆々其下咸蹊
莫未誰塈我譸㥪史千載流風　旹萬曆己亥文四月望後二日

清溪李長者謌有引

儀部克蒼李先生逹與家仲同官於盧

兩人深相得也小子明雖伏蒎盧中耳

君子舊矣前夏望見先生顏色於范陽

今秋復得見先生於范陽邸家仲雅故

先生不鄙夷而接引之嚮者景行高風

直節抗疏震

朝廷而邇今親炙德容粹然如玉如金如

於人數等非豈天性倘亦有世德乎請
先生六世祖旌義公傳想見其為人長
者視義不耳終不遺餘財矣長者誼至
高凌千古薄雲天海內縉紳先生頌言
之長言之至矣備矣小子不文何能揄
揚令德自惟魯大父亦以素封起家其
好施匡困赴義走急出粟佐縣官急
天子下褒旌其門獨建毘城尊經閣諸

橋梁費不貲具區蕆大盜剿殺無忌設法悉擒之用保障一鄉大略與長者相埒迨四世而家仲以一經通籍然視之克蒼先生家數千指後益昌大蕃衍英賢輩出冠蓋相貴則瞠乎後矣敬頌謌行一章謌曰

君不見清溪李翁古道敦秉義千禩誰其倫由來任俠世不少要之仁義為本

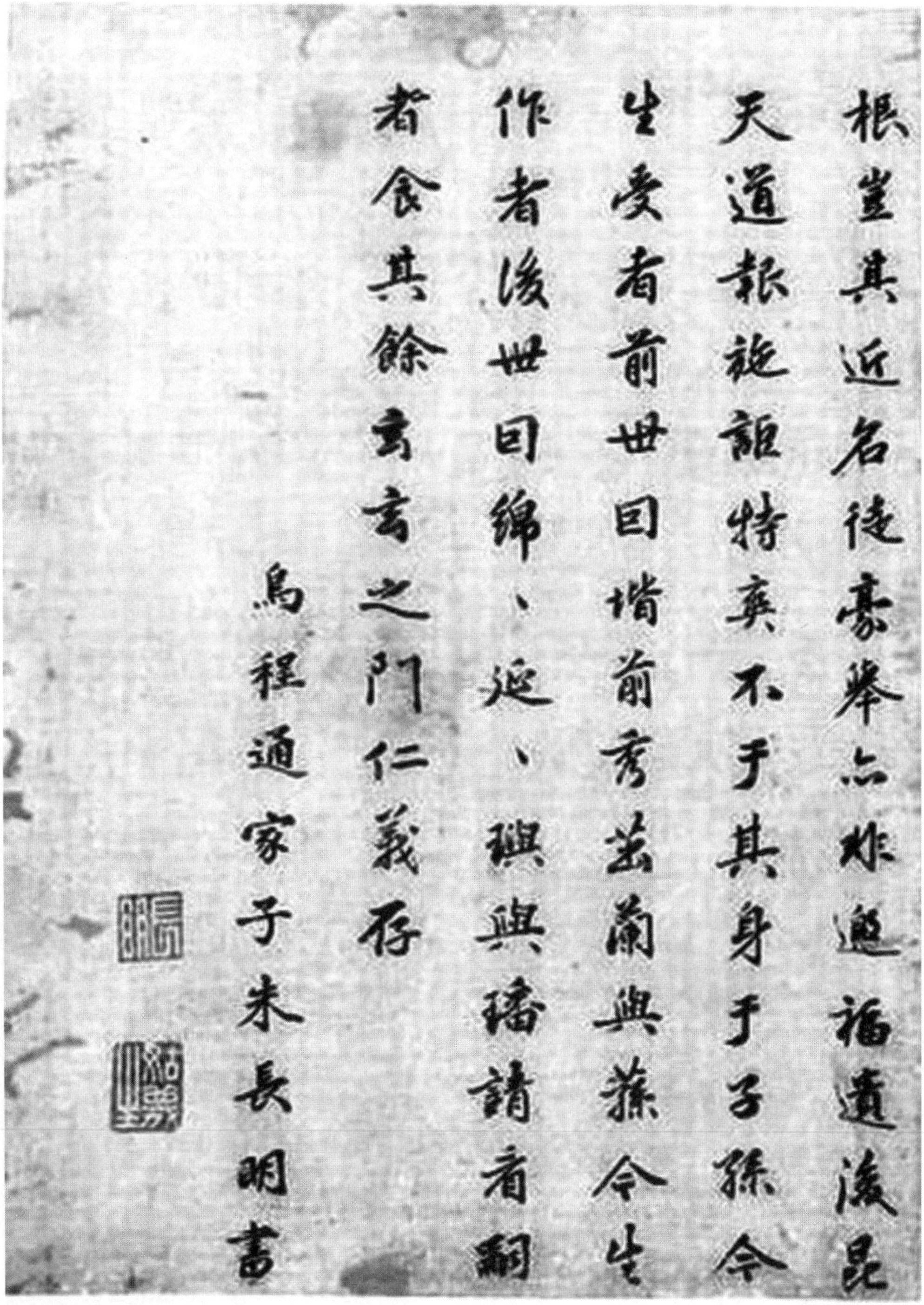
根豈其近名徒豪舉亦非邀福遺後昆
天道報施詎特爽不于其身于子孫令
生受者前世因皆前秀芝蘭與孫令生
作者後世因綿、延、璵與璠請看翻
者食其餘玄玄之門仁義存
烏程通家子朱長明書

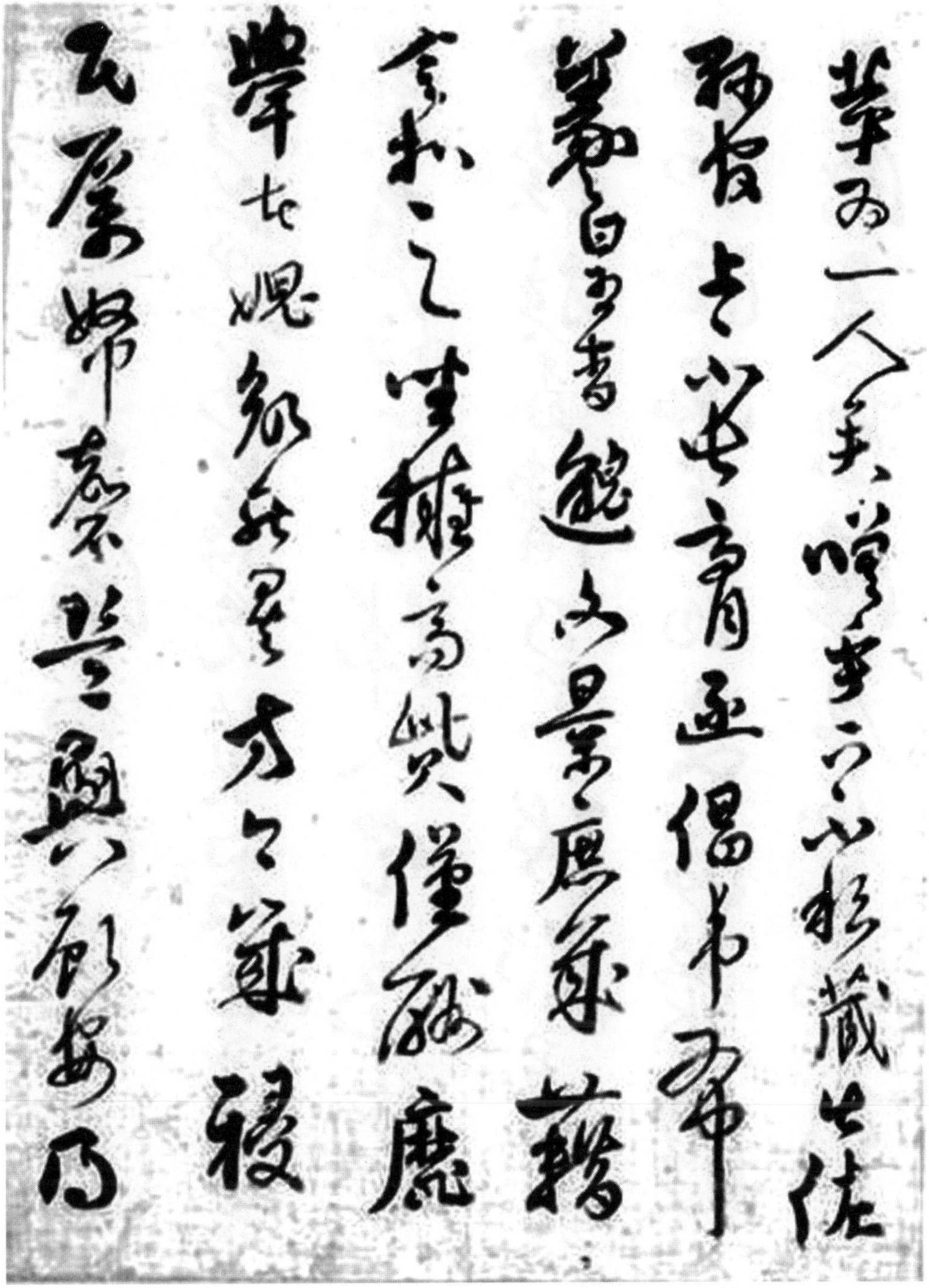

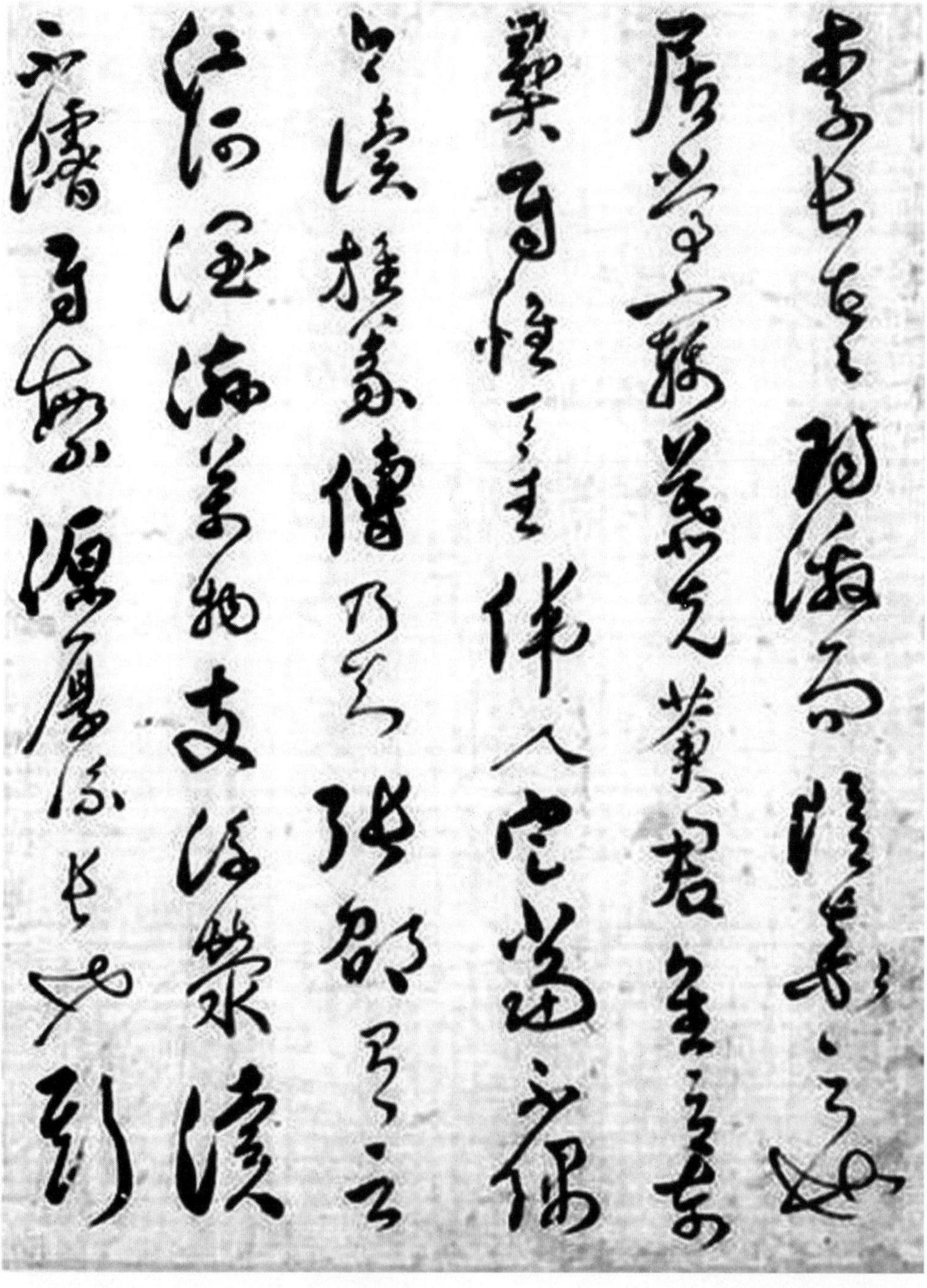

圖書傳播篆之溢珠誼

物罕嫩寶如風世

必後車文之等君子才用責

沈乃輟書擢篆傳末厠註鴻筆

間亦寡目附慕義之私云时久旱喜

雨悬其靦靦矣延陵何博之書

旌義公之謂性義矣為貸廩食橋地而感幾天興之
也奕世載德慕義無窮于孫保之天之命歟人之言

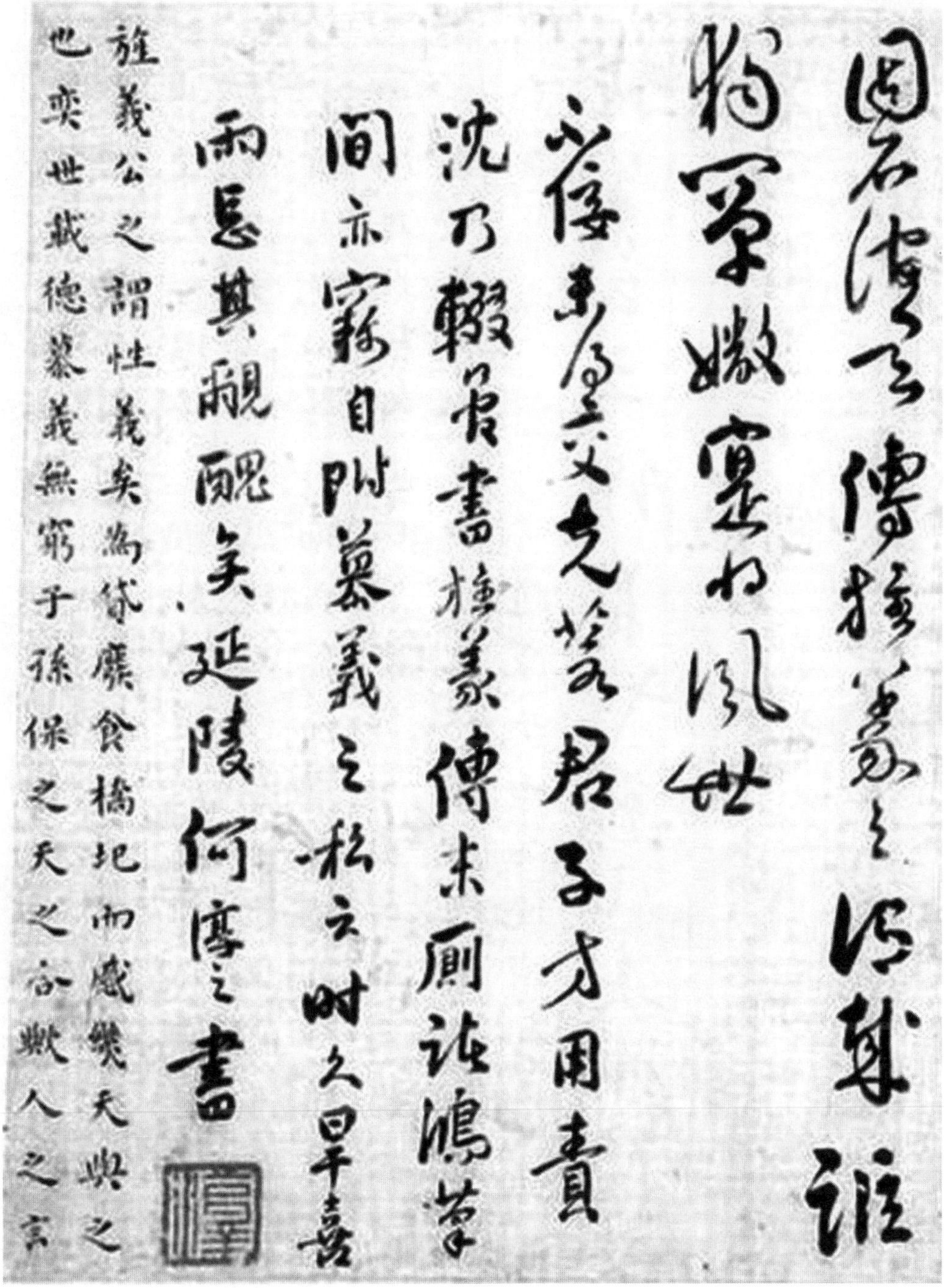

曰義乎義乎其所留幾矣嗟夫即令公生季世民訛
俗靡纖纖繁苛義而義乎焉能起編氓臨長其土操
邑中賢大夫權乎　國初民風敦厚禁網闊疏而人
本得自盡多此類雖然行而信禁而從篤善于鄉而
化及國彼方相與為編户齊民寧有勢力相雄長耶
人固不可欺彼有所以然非苟而已秉權柬勢而不
厥有其衆萬目而憂曰時益以難理何弗思甚歟
通家子西吳沈演

推義公之謂義也熟之矣承諭
觀公世德所謂以表地道意郎滋
乎向奴式禾木輸家半武卑拜九列

推義兆之所解僑奴何似匈奴當漢

大縣子釋驂巾如悵小超之九原元輸

世郭發緩急狗件

主上枝舞人傑首邁漢皇口寧華花

梁礎道之役之義推郎嗟摩等銭

耶巡三元乃宗窒正同時之悵尹弘

亞義問聲積能明教平馬學為克

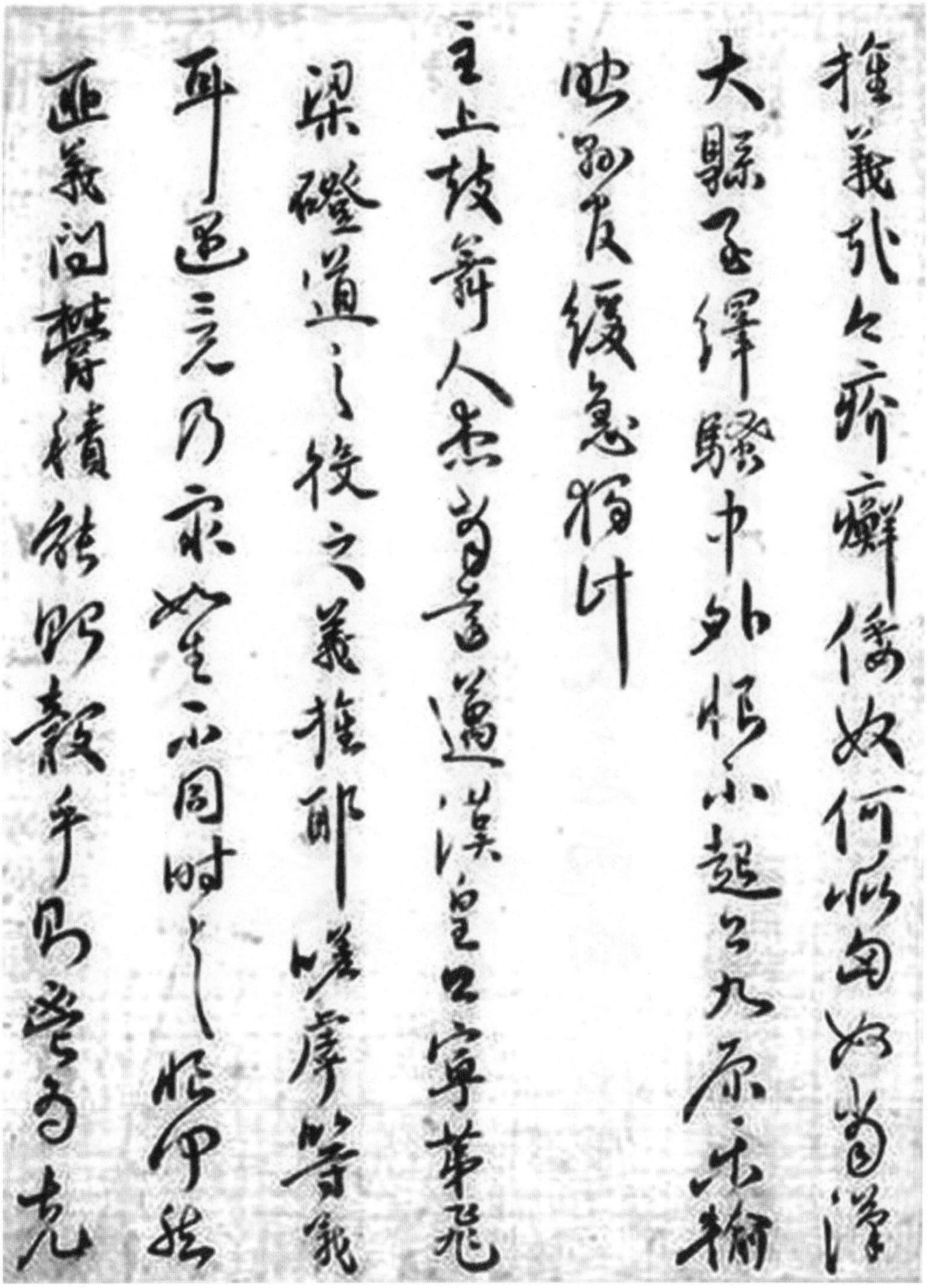

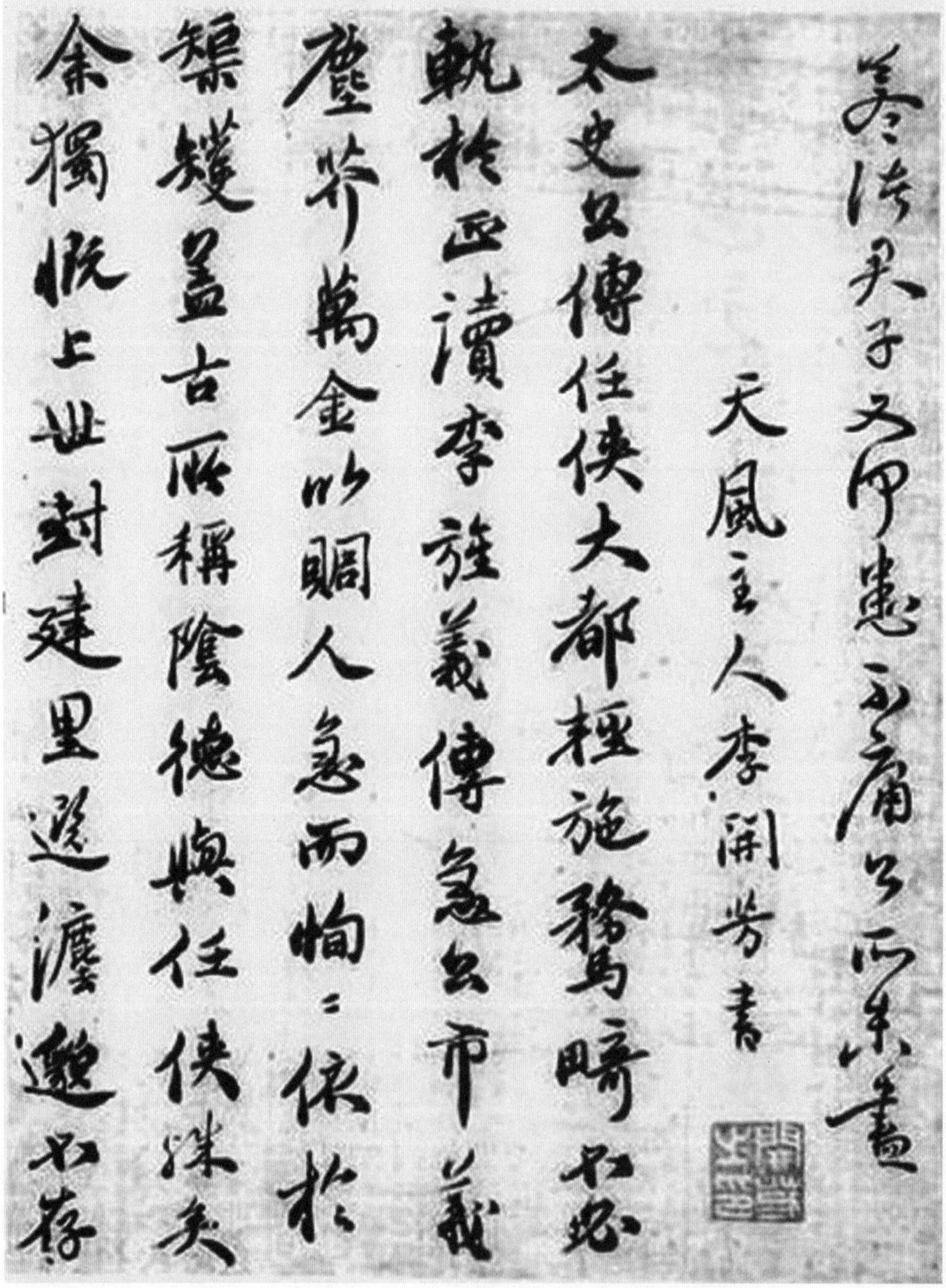

美濟吳子又即思所廣其所未盡
天風主人李開芳書
太史公傳任俠大都極施騖畸不恣
軌於正讀李旌義傳急人之義
塵芥萬金以賙人急而恂恂依於
榘矱蓋古所稱陰德與任俠殊矣
余獨慨上世封建里選遷變如存

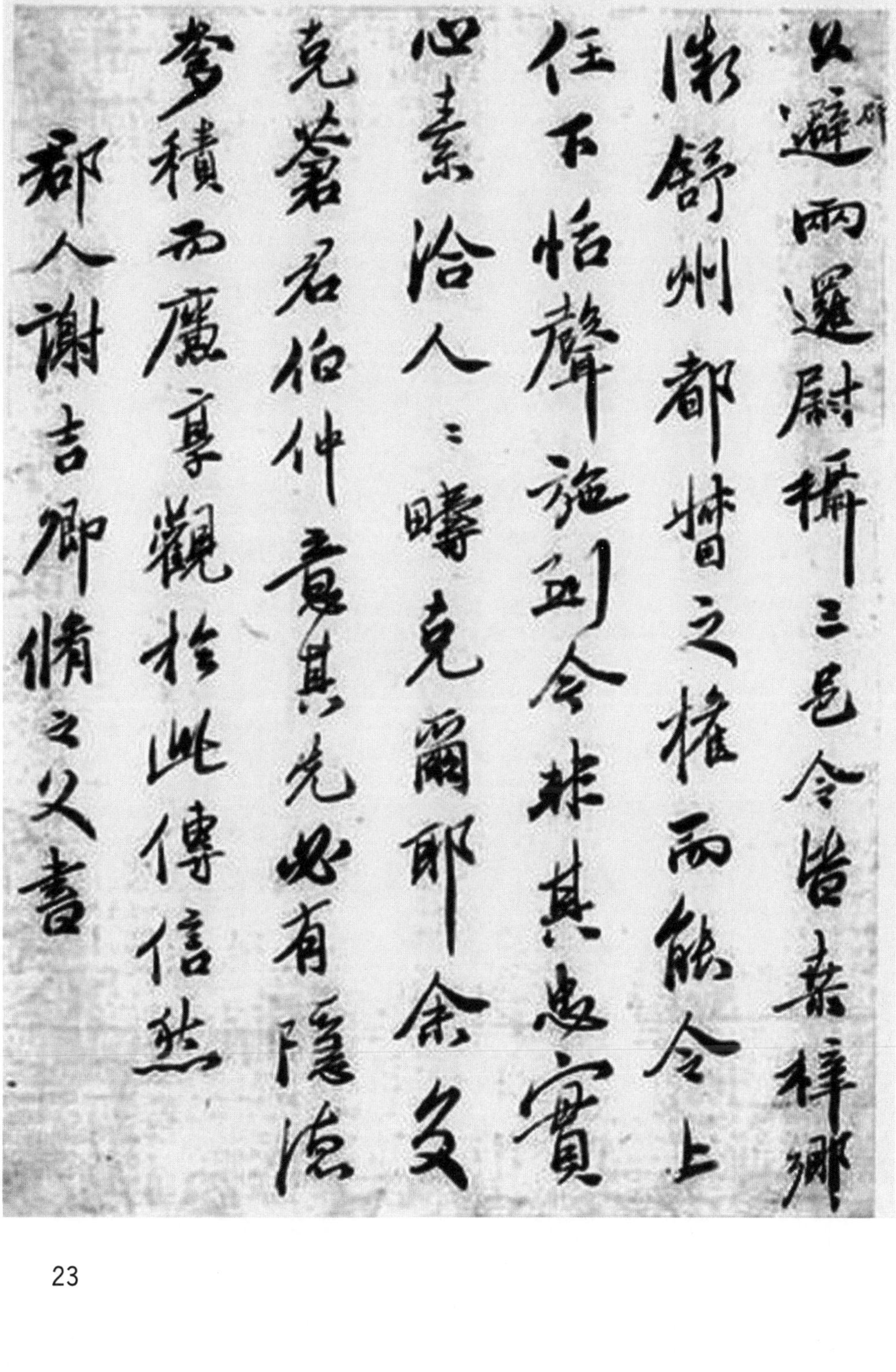

以避所兩邏尉稱三邑令皆蒙梓鄉
彰舒州都督之權而能令上
任下怡聲施到令非其忠實
心素洽人人曉克爾耶余久
克著名伯仲意其先必有隱德
參積而屢享觀於此傳信然
郡人謝吉卿倩之父書

余嚮聞
李長者高誼邇眎泉郡與長者孫
儀部君交至驩因閱其家乘參諸
郡誌益詳長者之為人爰綴一言諸
名公之後以揚盛美且以風世之長考
其行者
世道江河眼青白韶華電閃駒過隙蠅

嘗須碎只身謀狗苟苞苴若錢癖大廈
雲連牛斗寒縷衣日映天水碧盃浮瑪
瑙作尋常寶鬬珊瑚誇寸尺滄海那
容排道塵平泉尚戀醒酒石千斛兒
態竟成空一抹榆景徒相迫長者壺中
日月長卓哉杖底乾坤窄充庾粟米逢
人施布地金銀憑手擲鄰宇黌宮壁

橐囊实免雨阨指舟夯飛梁髙駕富
平津古刹重新弥天糈顆顆粒粒為工
輸朝朝暮暮忘私積聲聞赫奕超羣
倫
恩典崇隆破常格翩翩錦綺錫禁庭煒煒
冠裳軼闠陌墨綬縈綰都督權玉綸
寵被天王席無涯隱德著海邦不朽

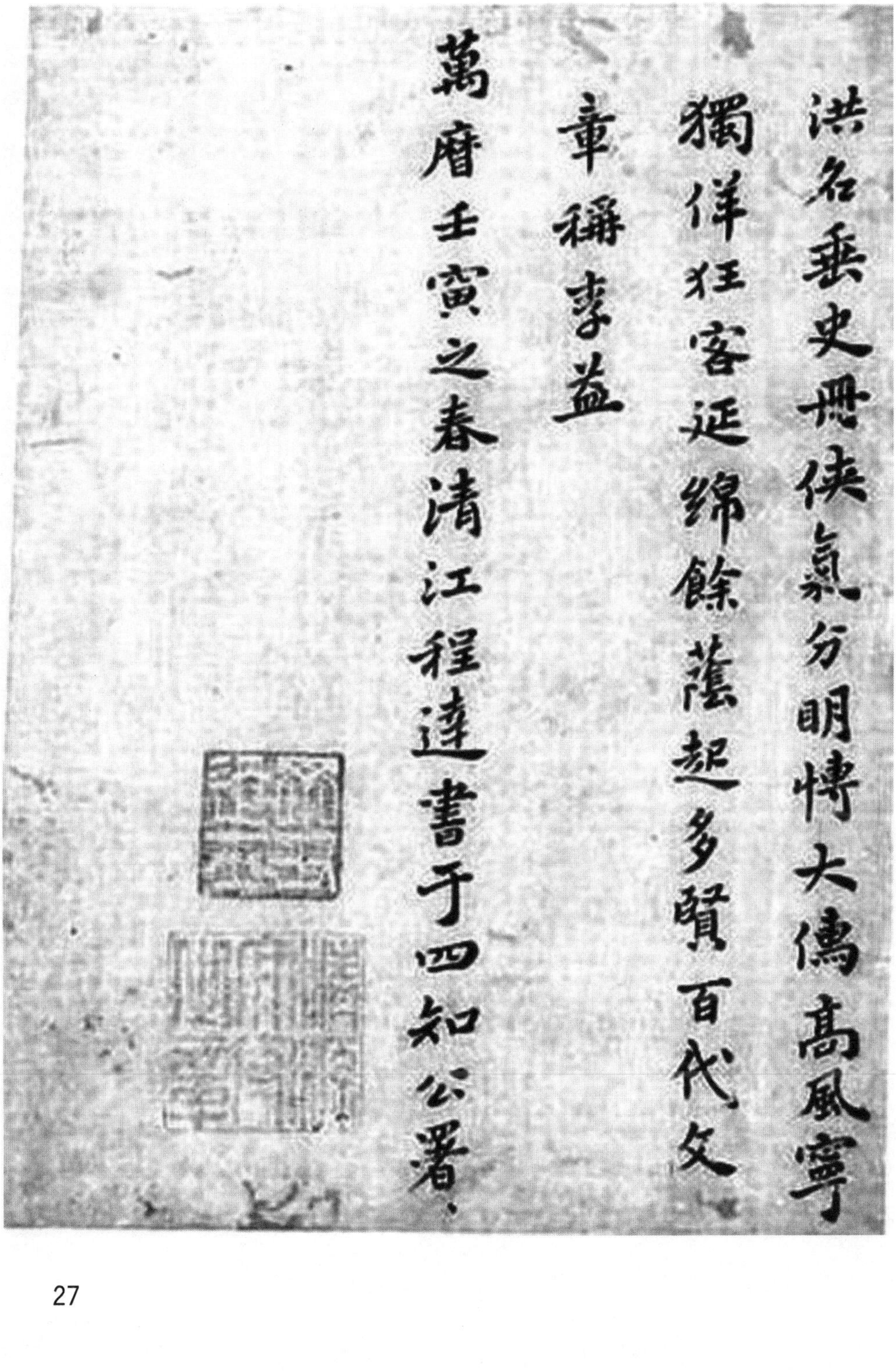

洪名垂史冊俠氣分明愽大儒高風寧
獨佯狂客延綿餘蔭起多賢百代文
章稱李益
萬曆壬寅之春清江程達書于四知公署

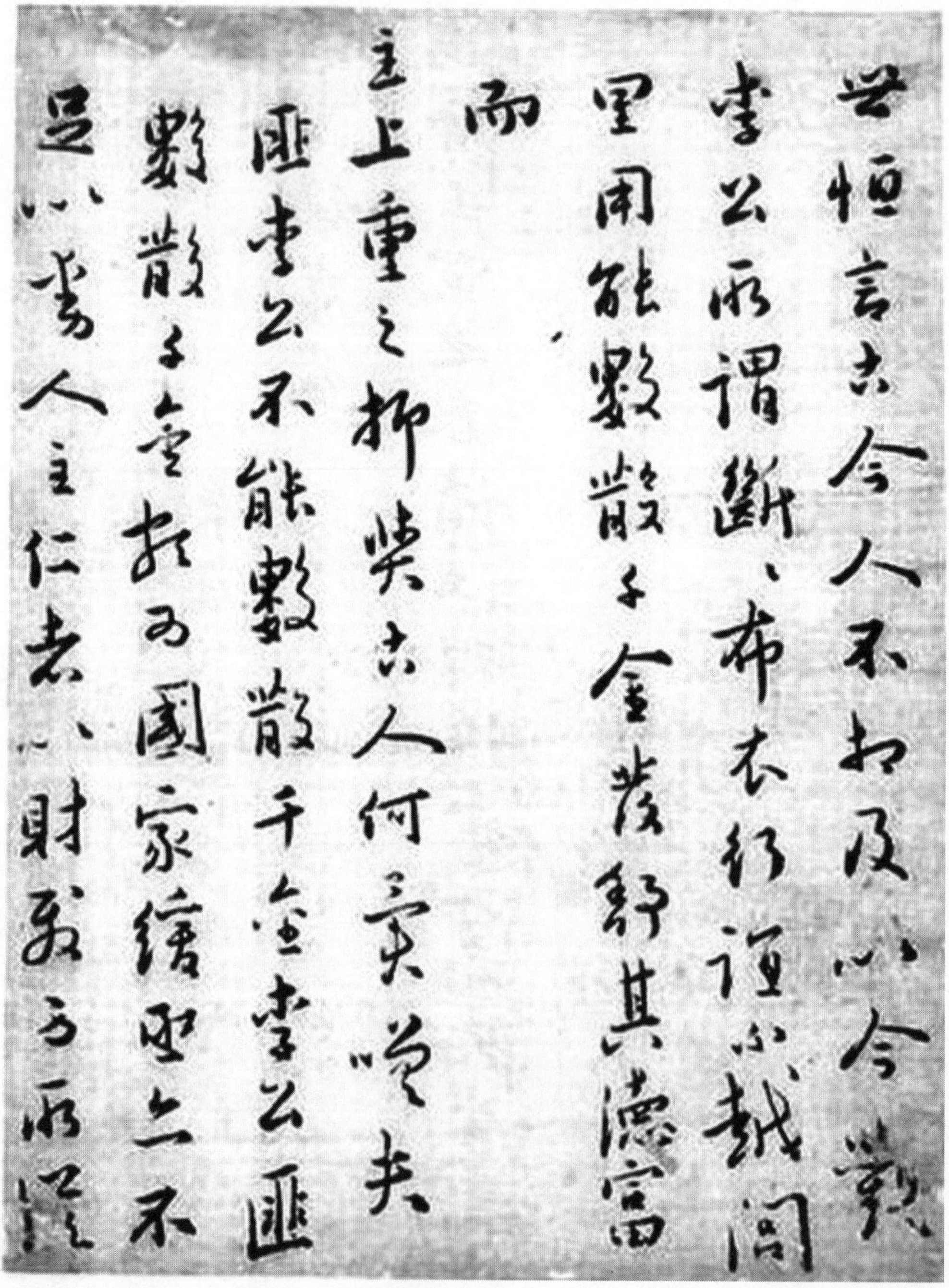
世恒言古今人不相及以今觀
李公所謂斷斷布衣行誼以載閭
里閈能數數散千金裝舒其德富
而
主上重之抑與古人何異噫夫
匪李公不能數數散千金李公匪
數數散千金報國家績聖上不
足以當人主仁者之財聚而所謂

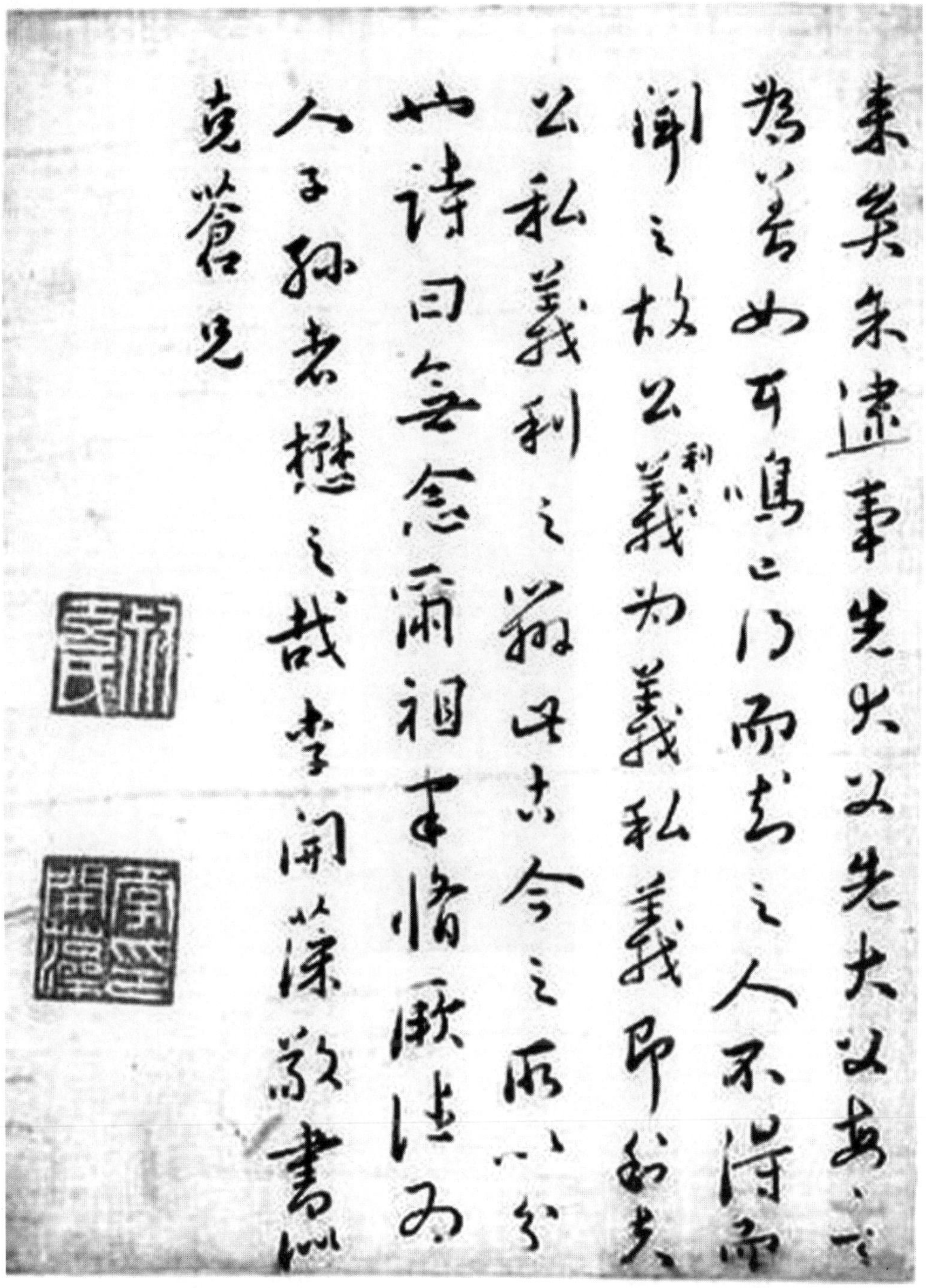

來矣朱逮事先大父以先大父以事之
為善如不得已而書之人不得而
聞之故公義利為義私義即私義
公私義利之辨與古今之所以分
也詩曰無念爾祖聿脩厥德為
人子孫者懋之哉李開藻敬書於
竟蒼兄

卷二

旌義李公傳

當正統之世　國家太平垂七十載矣鴻龐豐豫之化周浹八寅即閩東南陬往往有巖處奇士之行至好義樂施以布衣抗禮萬乘顯名天下則莫若清溪李公余屬惇史載之　公名森字俊茂系出李唐江王元祥武氏流王諸孫於江南故李為閩人其在清溪勝國時君達始著三傳為內黃簿則成公以人材舉五傳為公公少慷慨有志尚讀書獵大較不數數佔俾間觀史至魯仲連陶朱公輒獵纓嘆曰吾獨不得為此耶既叠喪怙當戶棄為儒居恒鬱鬱曰吾不能行之天下樹德於鄉亦也席先世高訾田數萬畮

粟數萬鍾計山百區出六數千萬阜僮千指公益使
自饒而盡其力居積日起富甲郡中浸嘆曰金穴錢
埒令皆塵土夫世務多藏以侘子孫寧免伏波咲乎
計歲所入捐粟千斛别窖之約曰凡我族戚無論逖
昵若里中矜人娶者嫁者病者葬者火盜者咸給於
斯歲以為常它有緩急隨事賑贍各極意去於是鄉
之人無不知有公者會泉郡治事堂將經始時詘舉
贏筦庫不給太守以謂公公跽曰森幸饗縣官之賜
安敢愛力取木於山杉可材也百役猬需其寔任之
無然便簡以關大觀公指授將作而閎高庭奐郡守
窿然矣則又佐修郡孔廟已建邑政事堂清溪之費

宫一如郡於县、郡邑守栢師儒無不知有公者一日
過劍口渡行人負任蹇裳以濟骨及溺公憫之蘇延
建汀郡四郡於此取道奈何徒涉而立睇其阽危則
庀匠石甃水為二十梁工未就有老人語公曰是溪
險仄菑峤善崗在形家盡塔諸言訖不見公如言表
浮屠數級無何長橋卧波矣復建造龍津鳳池等二
十五橋事具邑乘及莆之江口橋叅費數萬緡已而
脩郡玄妙觀以樓黄冠建龍津清溪等宮獅子等巖
凡九所郡東嶽行宮四方乞靈畢集公謂雩禜禳禬
是稱羣望廟貌不肅神將焉依捐數千緡新五帝殿
寢諸石杵瓴甋鎡錤楨幹磋碼絢堊之屬罔不堅緻

緇黃祀公為禮越公嘗游會城憩芝山衲子有事詣
提募緣疏施未有應者公徽哂之衲子私相語豈斯
伶傳過客能贊茲役耶而不足斯舉耶不求福田利
益耶則請公布金度木焉公欣然諾之吾所不足者
非財也顧會城去家五伯里外金難卒致請以浹旬
為期立命僮歸指其囷粟若干其山杉若干亟市之
其積金若干亟輦以來卒如期致之工師寺成矣寘
長明燈為膏費又若干緡三山諸父老矙然大異之
於是郡邑以洎七閩無不知有公者適歲祲道殣相
望有詔諭民出粟公首輸二千石待賑守臣以聞
英廟嘉之賜優詔旌為義民錫文綺二公詣闕進方

物釋讎命羊酒賞勞之於是京師縉紳又無不知有
公矣而公後念承平久即萑苻不逞何以應卒先已
戒家僮肄兵餙器自衛鄉落先後盜發擒斬酋徐子
通饒隆黃宗成等數十徒枹鼓宴如閩藩臬交章薦
公文武才欲官之會沙尤寇掠泉郡公率敢死士擒
擊之生俘酋黨魏崑玉褚良宗等百餘人格撫及奪
回被虜無算寧陽侯陳懋保定伯梁瑤刑部尚書金
濂等上公功　上特授漳州九龍嶺巡檢頃之從安
溪民請調公源口巡檢永春德化前後缺令監
司命公攝其篆公所至不自潤多惠績二邑咸謳頌
之已攝安溪稍貲修公署建儀門百廢為之一新云

公自微有官迄於白首大都折節為義矜已諾其急人之困先於已公事既畢然後乃敢嘗酒食人以是嚴重之里中人睎公猶父望公家若庫庾箕之不名稱朴菴長者即有競不從邑令訊而信李長者之言化逮其弟後德成駢為義郡車橋林姓者兄事公適有急遣使致書願貸金五伯公覽畢揲橐裝無有也澌之饑食人以急投我奈何寂然無應令待斃之軀而縣望數伯里外乎後德問知其故為別貸金捐公背曰金具矣無憂也畀其使去公適食郡中豪聞公至皆擁篲迎門延頸願交竈火無煙者負責闕者人人相語何所得李長者乎長者濟來矣公聞之私禪

喜其為施益甚然對人未嘗自矜其伐也歲癸未暑雨彌月大浸稽天公所建劍口橋圯公冒雨省視太息曰百年之功盡於此乎扼腕成疾遂以不起屬纊之日遠近白衣冠環櫬哭者無慮萬計即窮山極谷穉齔嬰婦咸相聚霣涕曰李長者死矣公有子五人公既不得志於儒則立書塾置書田積書萬卷課諸子五子咸有衣冠而仲煜舉於鄉為南豐令季焯貢太學為南雄司理孫十五人曾孫四十八人玄孫八十八人玄孫之子一伯六十人孫曾令已二伯餘人其顯者為贈君澍封君雲霄別駕瀾都運道先縣令仕觀孝廉宗潤楨刑部郎懋檜希郡邑博士國子生

及第子貢者又數十人穎出未艾也今去公百四十年後輩斟稽故實乙亥之歲郡堂傾撓議重葺乃知建堂爲公太守掄林料清溪得大木一合抱輪囷足任主器則公向所遺也神物有待輪奐芭茂人謂李氏造郡堂者再斯不稱故國喬木哉余雅游公諸孫間而二孝廉與刑部君皆同舉於鄉刑部君復同余庚辰籍時得聞公質行故勑具存閩郡乘稍載公倏級軼事多未詳乃采故都憲朱公鑑所爲墓志及先輩所傳撮其大者爲旌義李公傳

論曰昔太史公艷貨殖而貴游俠而其歸本之仁義故曰富而仁義附焉又曰侯之門仁義存誠有取爾

也李公檀素封好施不勸始家鄉泊都邑至使天子
聞而旌之天語璀璨榮並華衮公素擬陶朱公魯仲
連為人卒如其志即烏倮巴婦所稱人主重之者瞠
乎後矣夫禮生於有而廢於無世豈無與公埒訾者
頎纖嗇作苦口約腹裁捫一錢汗出不釋恐手甚至
朘瘠以自肥終不餘力而讓利矣李公芥睨萬金而
屢散之厚施薄望富而好行其德君子哉令子孫享
有榮施則仁義之效也國初堂廉情通士則不隔天
子不難以璽書章幣寵一布衣李公起布衣不難以
一乘郭官服勞疆圉昭德布賚其應如響休哉君明
民之際乎蓋猶有盛世之風焉今亡矣夫

明萬曆辛卯夏五月晉江陳紹功及鄉父頓首拜譔

長洲吳運嘉謹書

然人之興替未必盡繇其大惟善
興者人曰善報不則以為天未定也不
善而替者人曰不善報不則無以為
天未定也乃書人為善惟日不足積不
以積金可遺何人之豈以積善可遺
以人惟為善而已即為善而因報善
可弗為乎施自善念而有以窮之
乃致本心之失者繞豪華耳吾知

李公布衣家世力積而以為施斯善
哉余獨愛其食餼職思事比書里
歲凶而中州人相食抱鼓起舞今承
在昔李公內帑可寄顏蒭推[illegible]
何憂焉萬曆甲午季春都人李
廷機書于京邸

讀旌義公傳冊諸人士述備矣余猶
異其善而名也語云人貌榮名爲
之贊以風夫善善者
布施竺乎髮而肉解紛連乎害而福胡
然長其土猶然編戶則潛于淵則爵于
天而綿綿綿綿乎百世吾不知誰之子
氏爲李名其行曰義名之義邪繫于市
邪歲次己亥初夏史史繼偕書

書李長者傳後

余在武林嘗與一高僧論施捨以為善捨者有二太上捨我其次貴我捨我者我尚不有何況長物如珠玉在山恣人自取山無德色捨之上也貴我者不以我為物費今夫素封之家終日持籌無嬰孺之色此以我為物費者也財捨則寡營營則我貴然則

非捨財也捨其為我費者也余觀李長者好行其德捐廪傾囷惟恐不及豈有見于財為我費而務捨之耶至其結士殲敵功成不伐幾於能捨哉者矣世或緘縢自封欲以遺所不知曾未數傳已為大盗積而長者雲孫鵠起祠部君復以直節振家聲語曰善貸者贏善公者私吾于李長者益

信

萬曆乙卯臘月郡人林欲楫拜手書

書李長者傳後

馮子曰語云山致其高雲雨興焉水致其深蛟龍藏焉其然乎李長者一布衣勉為善去今餘百四十年而子孫繁衍簪纓累世不絕彼固有所以致其高深者在也況以王公而籍土地人民之重者乎其隆施何可勝道哉此后稷公劉之所以造周也

長者之裔孫懋檜出示長者傳感
而書此以勵為善者癸巳閏月六日
右春坊右諭德掌南京翰林院事
檇李馮夢禎書于公署之紫薇堂

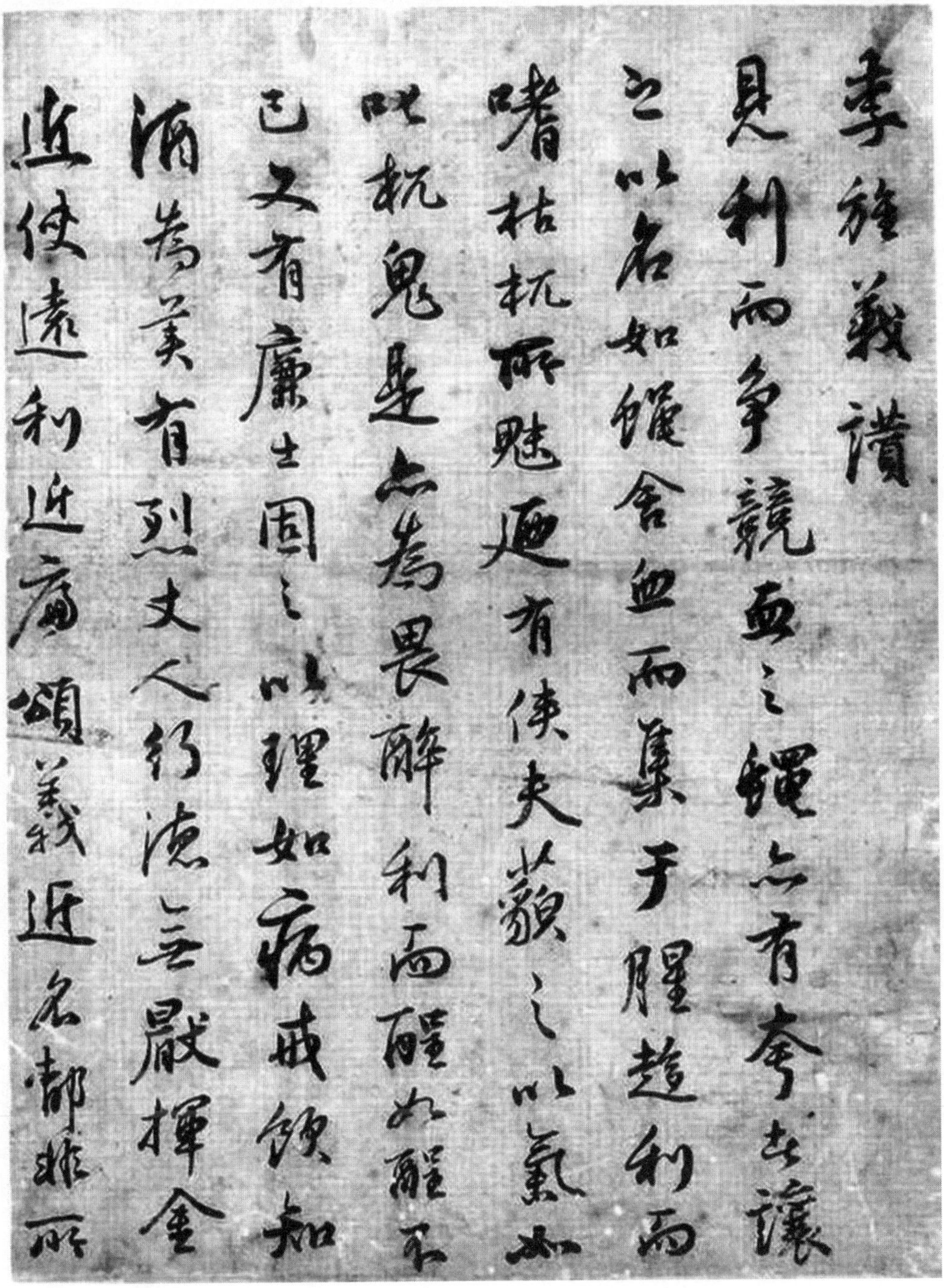
季雅義讚
見利而爭競無之鑼亦有奪其讓
之以名如饞含血而集于腥趨利而
嗜枯朽邪魅迺有俠夫以巔之以氣如
叱朽鬼是亦為畏醉利而醒如醒不
己又有廉士困之以理如病戒飲知
酒為羹有烈丈人紆德無嚴揮金
近使遠利近廟頌義近名都非所

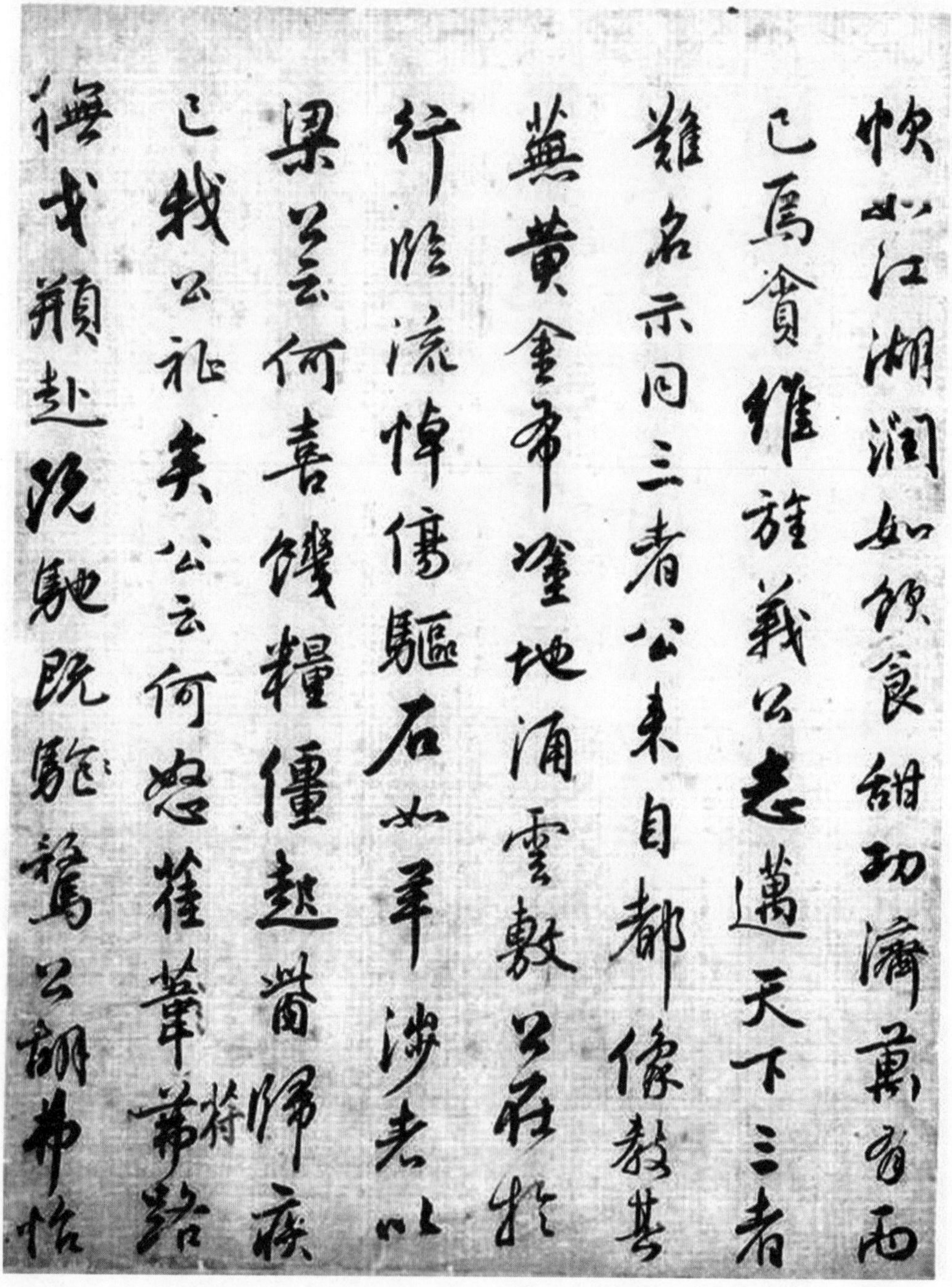

快如江湖潤如飲食甜功濟萬[illegible]而
已焉貪維旌義公志邁天下三者
難名示同三者公來自都像教甚
蕪黃金布澄地涌雲數公莊於
行路流悼傷驅石如羊涉者以
梁公云何喜饑糧僵趙嚮歸病
已我公祉矣公云何怨薙葦將茀路
撫戈雞赴既馳既騁騖公翊翔怡

有顛莫持有邪莫匡害我賊之痛
公沒於地溪濤夜沸廟貌之毀影
與偕葬嗚呼誰不有情眞愛愉
戚忻各私其身誰不有死焦卹
竭髓以死一己維公死生維公眞
樂均其賢勝解廟扃難凡是
爲公豈自知急人之痛屢大智
師公而知之爲則有瘦不知而爲

名大檀越陶朱魯朱視公其兒

會稽陶望齡

嗟夫樂善爲之爲厥子一死余謹

傳以爲生平好施殉名立或勣焉蓋

知旦穡之功隆乎道嘆真以此而爲

仁心爲賢非止示吾何其云定乎

起自布衣者迴于

第以扶掖循其鄉里墨笔示祝附

嗚身衆之謹於過之苦因来功咸

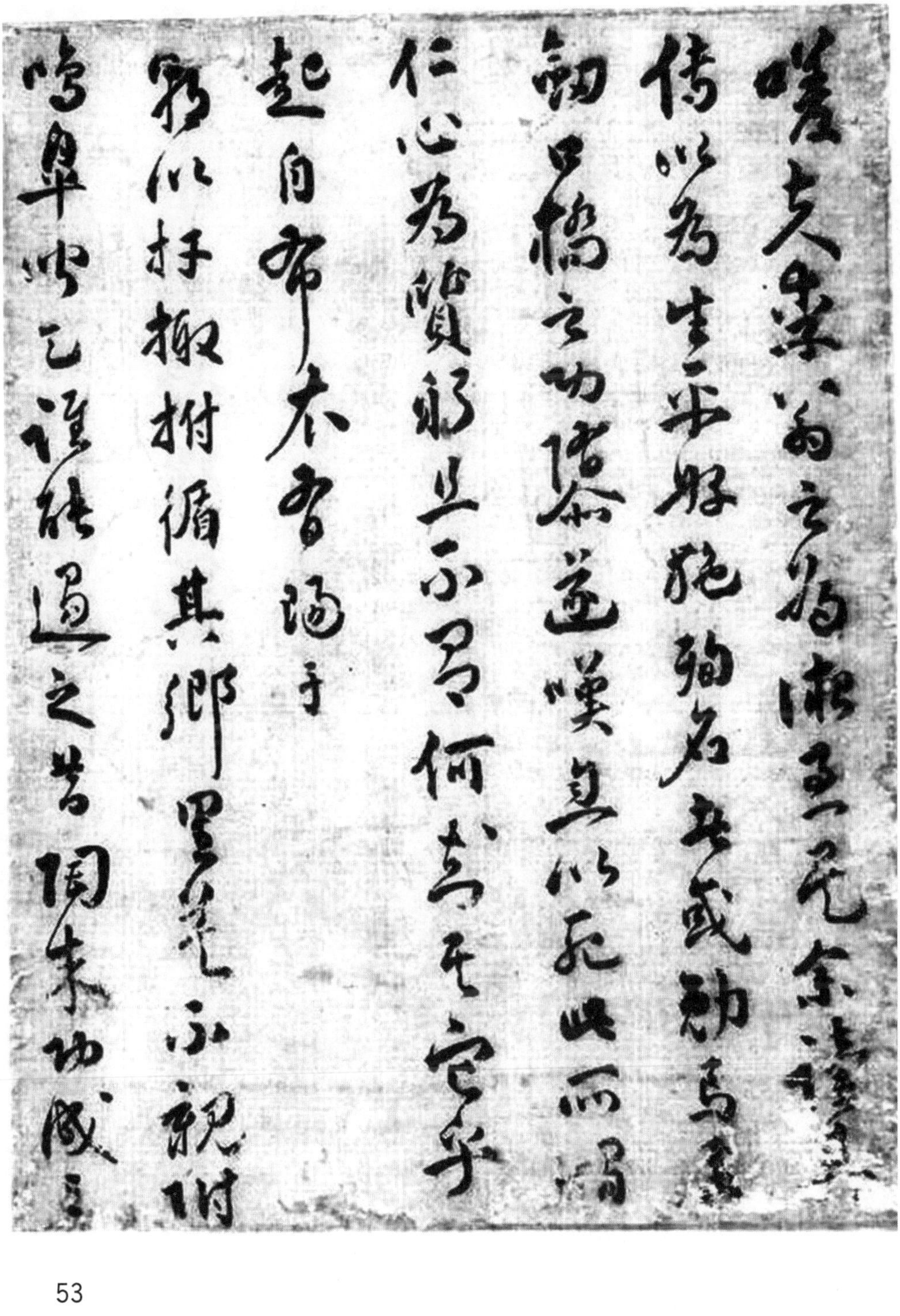

積之範當非積聚如長日於善沱種
署于長星體範細不同皆乾清懷
長口字而之法振些之疾之旨內
然以少伯之乃老借於至後勤之
不耽若於未畫至食毛沭而竟
用至平生氏之可昌也之可以為名世勤
也夫

　　福唐葉向高

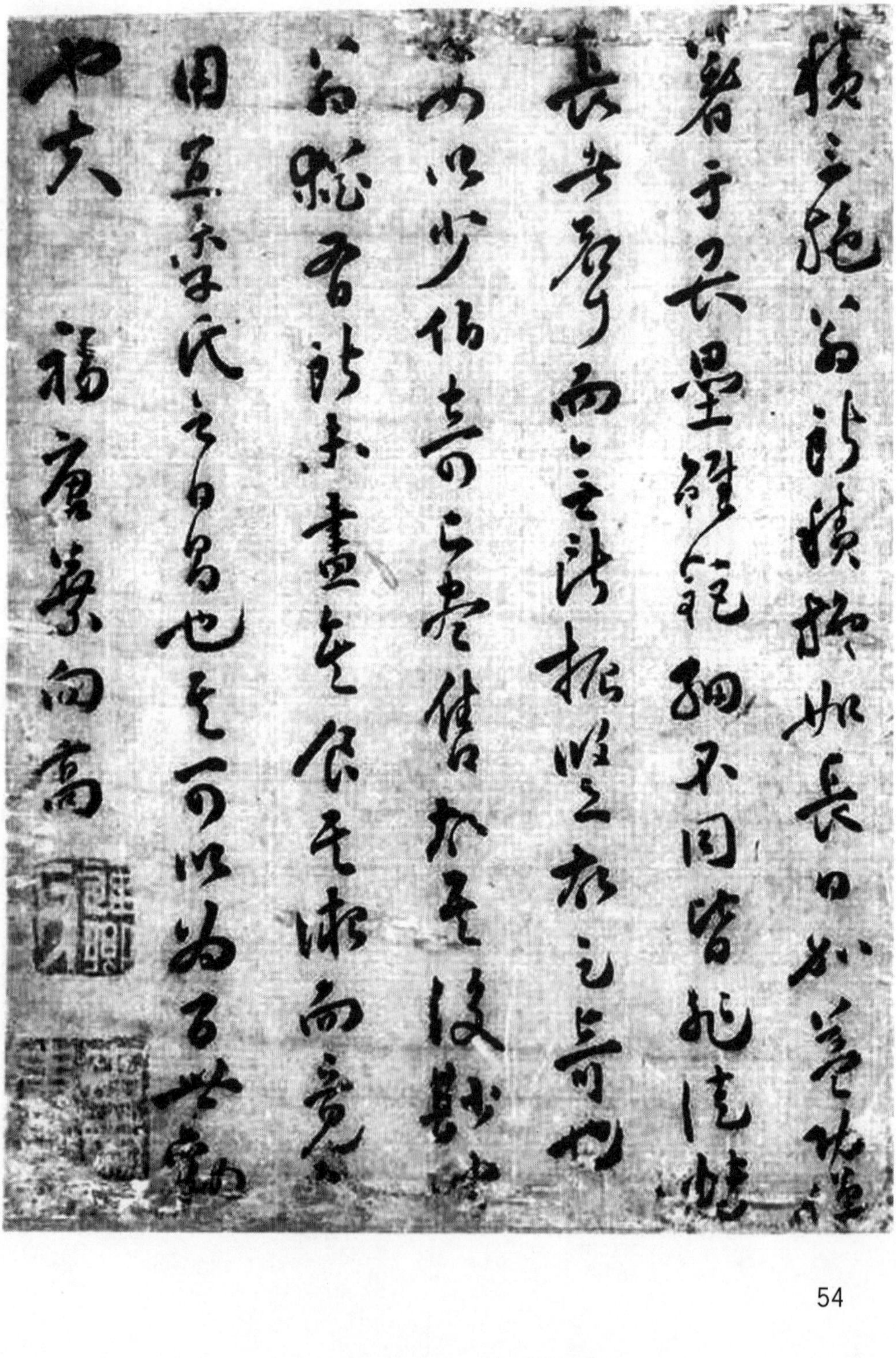

余讀旌義李公傳輙遒然異之夫以郡邑之長綰銅竹而求芻牧令值數百里旱潦則拮据告技窮矣公捐貲博施蘇家以逮鄉國若張如王陽之造金斯匯默其德量茂蓋寸智有過人者令軍興歲祲天子廑雲漢采芑之憂而吾閩近爲寇儻公而在則丹書之間蒲輪之徵焉公奚適焉迺僅僅膺一命佩半通之綸以老抑何旌義

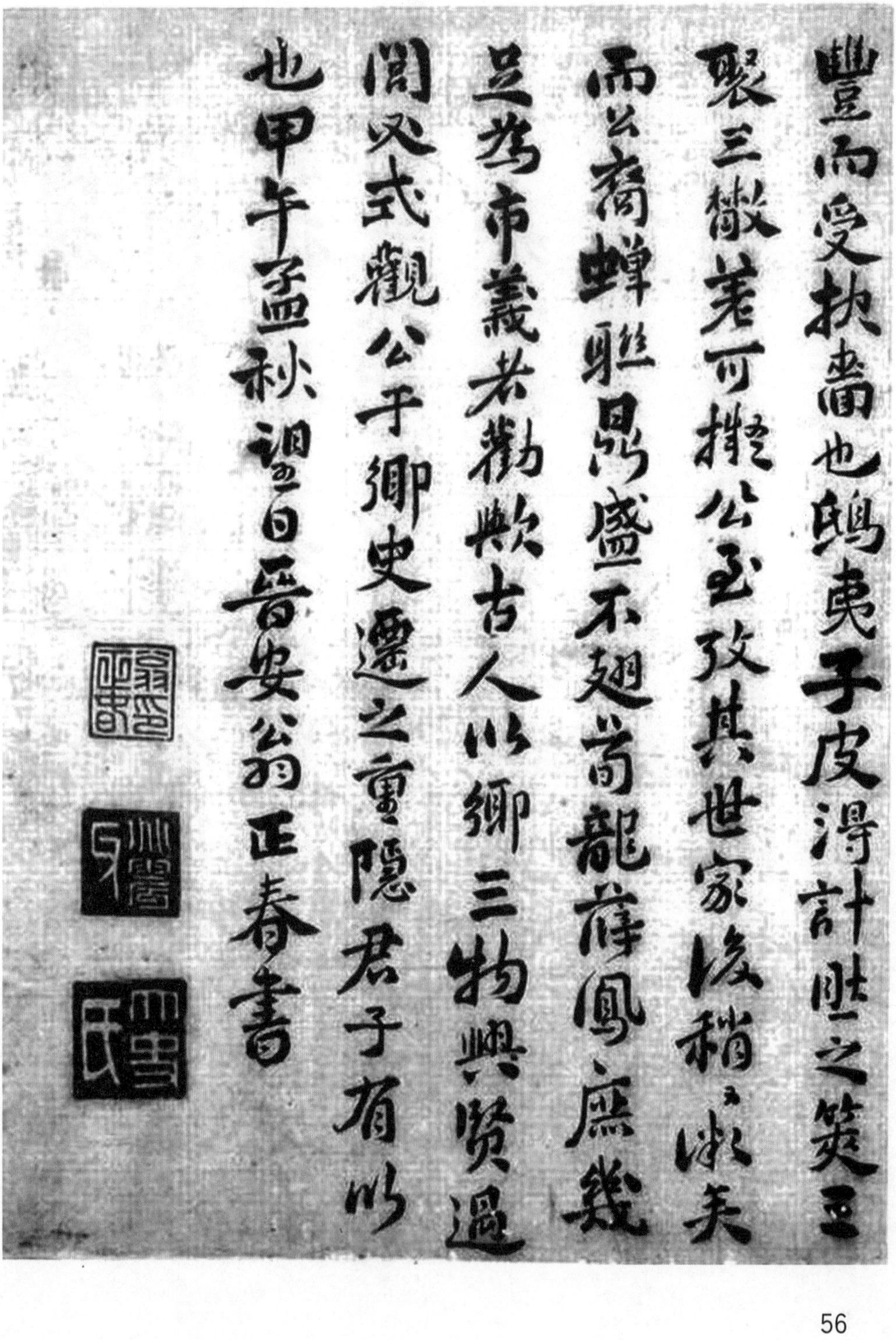
豐而受抉齒也鴟夷子皮得計然之策五
聚三徙著可攷公至孜其世家後稍稍微矣
而公喬蟬聯益盛不翅嵩龍薛鳳庶幾
足為市義若勸歟古人以鄉三物興賢過
閭必式觀公于鄉史遷之重隱君子有以
也甲午孟秋望日晉安公翁正春書

李長者以節俠著閩中七百五十餘年徃矣人猶咨嗟太息嚮慕之士不可以無名位哉古之任俠自憙者無如翁伯然史遷所傳茂陵邑賢豪長者居間振人之急而已長者施予賑貸赴義扞傷身在郡國聲動人主又卒無它塵中睚眦之跡法

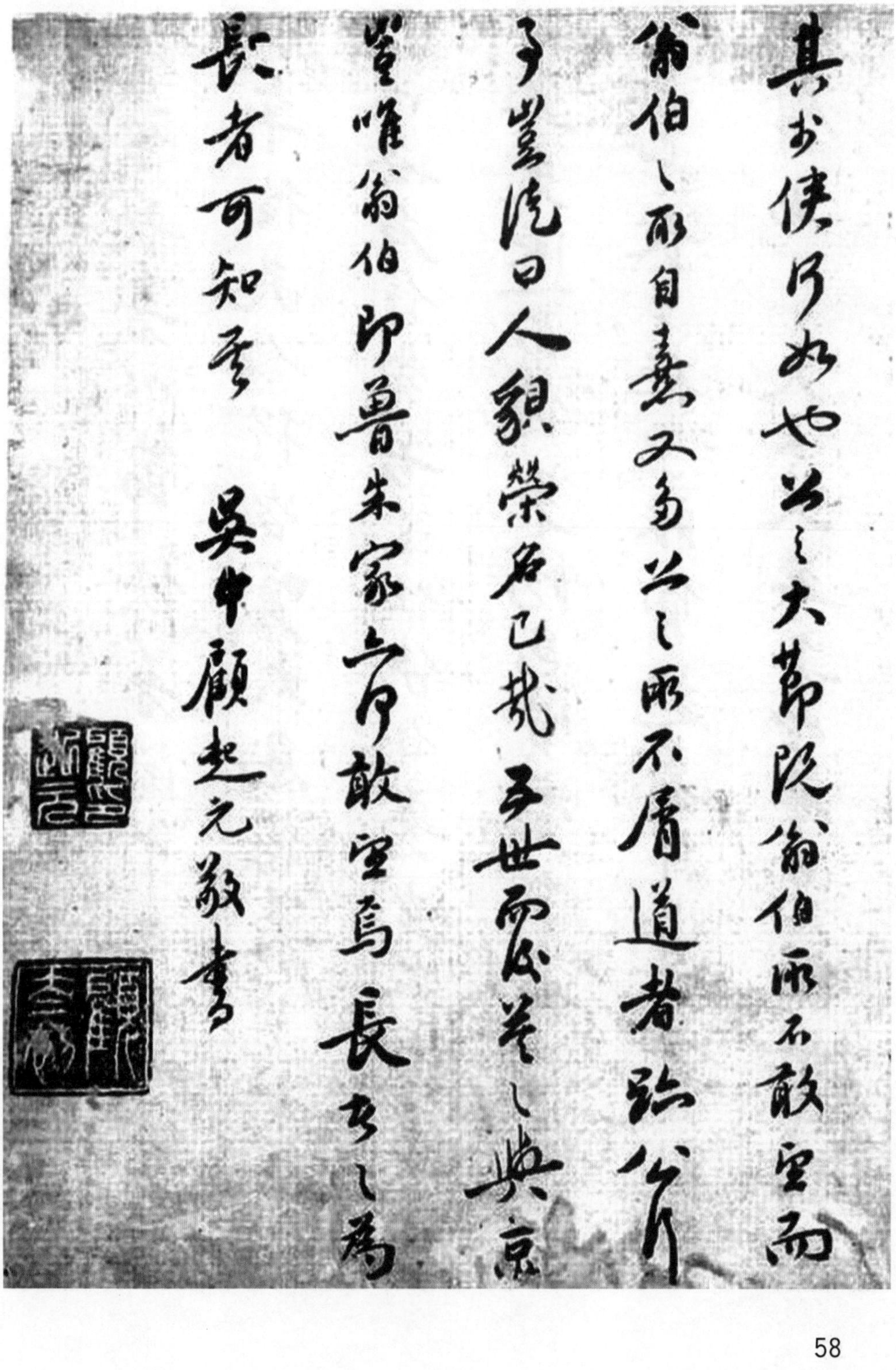

其於俠何如也。公之大節，則翁伯所不敢望；而翁伯之所自喜，又多公之所不屑道者。跡公所
予豈諡曰人貌榮名已哉。予世所處卷之與京
豈唯翁伯，即魯朱家亦不敢望焉。長老之為
長者可知矣。 吳中顧起元敬書

淸溪壺公以義施贍
朝奬尋用擒劇盜功拜一命署令鄉邑老弱蒙
澤知公者不稱其官而稱長者迄于今猶然
夫長者之稱所由來重矣漢文帝居問田叔公
知天下長者乎叔具以孟舒對張釋之問文
帝絳侯周勃何如人帝亦曰長者也龔遂召
見官中孫治績歸諸上宣帝咲曰君安得長
者之言而稱之黃霸守潁川帝謂其治行
終長者賜璽書揚勵夫孟舒捐軀衛主周
勃重厚安劉龔黃循良理郡迺各獲見稱

如是讀李公傳公位雖卑而名崇矣公有闔孫祠部克蒼君謇諤持論上不負天子夫鄉邑朝廊有間矣以言乎長者均匡古云莫為之前雖美弗彰莫為之後雖盛弗傳不佞羨焉爰賛之曰膴仕浮榮誰不消歇陋哉仲遠自詫官閥惟有義聲亘古不沒於鑠李公扶義崒兀種德于家聲譽北闕施于孫子麻祥長發勒詞簡編若標窿碣

黃鳳翔

題李旋義公傳跋語

史遷叙游俠本於赴阨急困蓋伐其德及為傳而翁伯褒
然首稱世儒謂武犯禁捲口不欲道而俠一脈遂絕嗟
夫後负扞罔此於節俠之義何居故俠著於遷亦絕於
遷茲讀陳司馬所為李旋義傳急公馳義已遂遂退讓
至使名聞人主親詘帝尊賓禮之以是稱俠即与彥
儒共數天壤何孫為王元美嘗嘆史記不作要以世無
古俠可當模寫今若人若傳具左恨不令元美見之耳
癸巳仲春洛誦主人楊道賓書

右及鄉所傳旋義李公事如此公以一布

衣誦義千里再用閭左禽渠帥飛梁磴道
之後以比櫛竟中非獨家饒於財其材氣
足任也即公所當入主尊禮恩施甚美令
得極其材之所至所表見當不地是矣魯
連所當當世濁禁功成舍爵長揖田廬夫
令以當公世即不畀壘尉可也陶朱三致
千金好行其德其子孫亶能脩其業而息
公三再傳而詩書之澤豈爲其崇英逸偉
函而曜之克蓍君以視朱公賈豎耳及卿
謂公所慕魯連陶朱之爲人乎而傳公詮

俠即惟彥且因以俠歸公顧余所述公事不必不俠不必爲俠舍爵不必如魯連而義方之心計不必不如陶朱而脩業過之矣惟彥而以遷史詫元美也儻未盡以俠傳公是歲癸巳春二月同郡翁仲益題

題旌義李公傳

余嘗考覽國史

高皇帝雅獨意賢良辟舉士有

朝謝蓬樞暮登鑾啟者今觀

李公長者抗慨好行其德朝野

慕義無窮顧僅拜一壘尉而

止蓋已為

英皇時事矣然公起布衣至

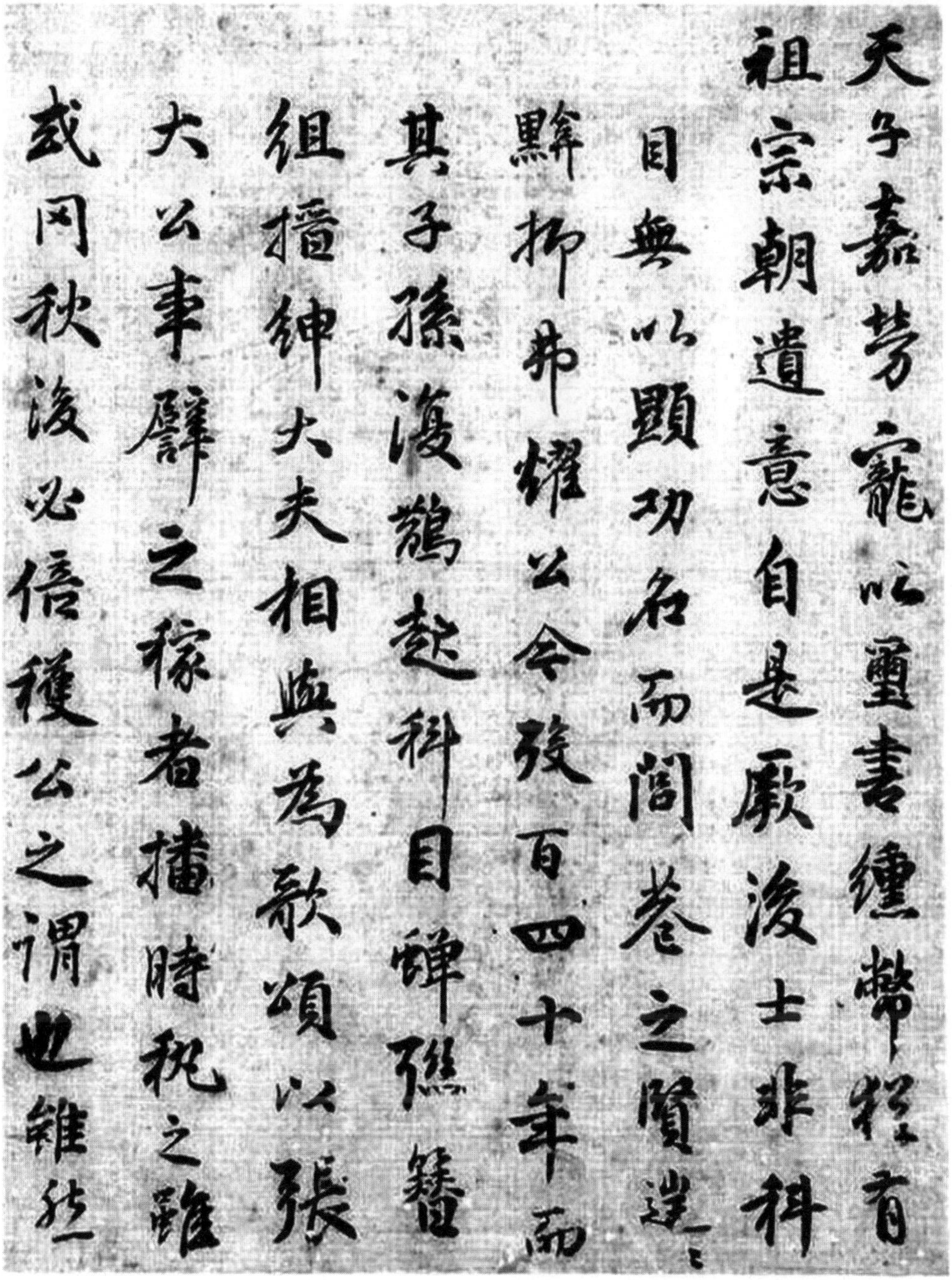

天子嘉勞寵以璽書纁幣於育
祖宗朝遺意自是厥後士非科
目無以顯功名而閭巷之賢遺遺
黯抑弗耀公今殁百四十年而
其子孫復鵲起科目蟬聯簪
組搢紳大夫相與為歌頌以張
大公事辟之稼者播時稅之難
哉冈秋後必倍穫公之謂也雖然

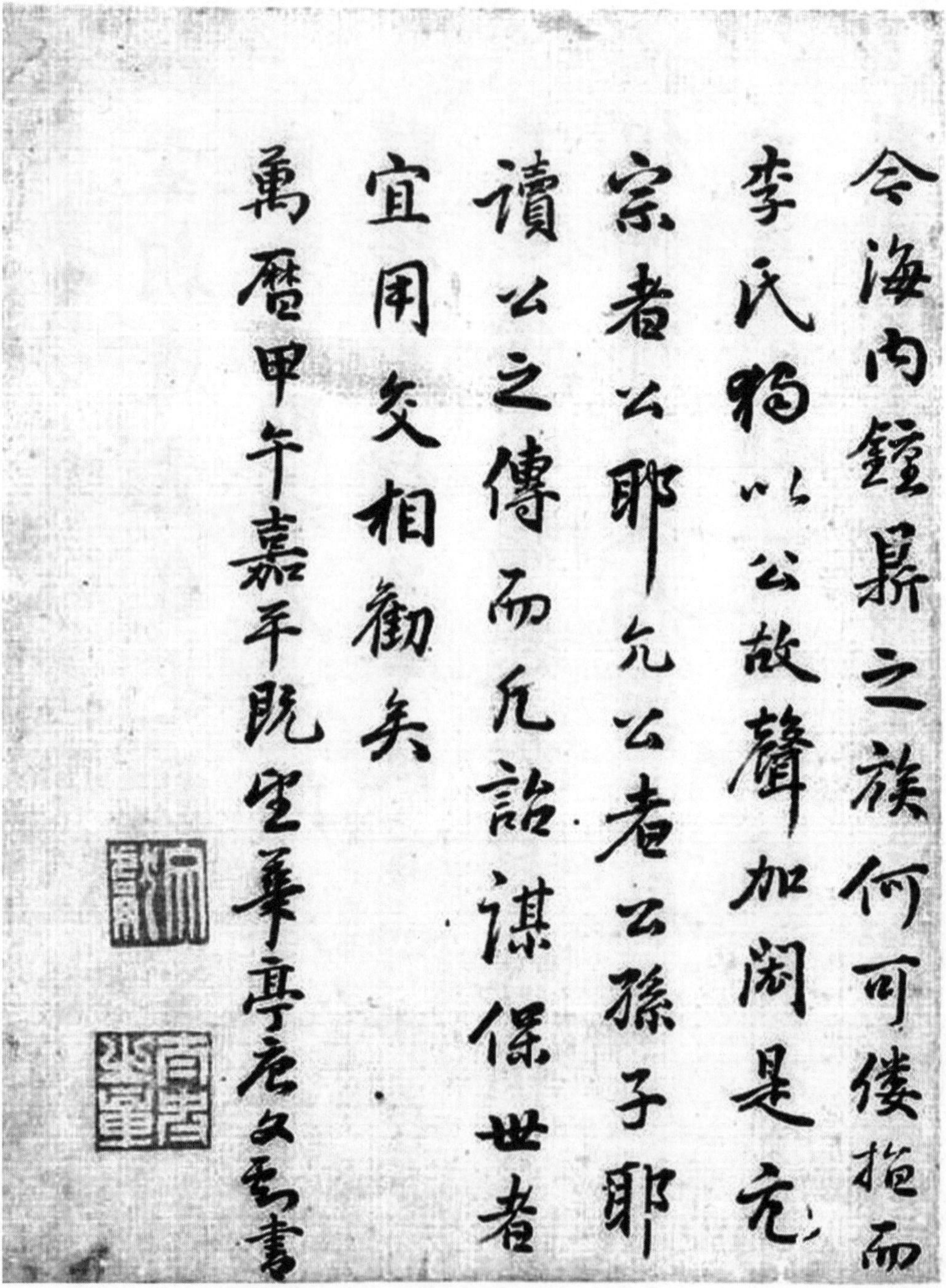

令海內鍾縣之族何可僂指而
李氏獨以公故聲加闊是允
宗者公耶允公者公孫子耶
讀公之傳而允詒謀保世者
宜用交相勸矣
萬曆甲午嘉平既望華亭唐文獻書

蒼不除苗不生殺之於□□鳥不□□人德知活人之為德也
知殺人以活人者之至二大德也活人者人所共見而殺人以
活人者人莫知焉而謂其鳴也石郭陰陽之陽賴之李
民之昌也宜夫余王父左溪公慷慨也施之於千金散今
其子孫雖不能堂堂民之昌焉而繁衆如賤兒布以
偉岩後世仕籍人以為多矧施之積而以之文孟溪公書
正德間白晝盜賊燕朝村落曾公字表驕逼遂逯殺香
里外所誅殺百雄人曾與啟闖於柞潭之水爲赤自進賊不敢近□□美爲父子所行終不
類人共賢左溪公而不純不將公名諱者曰袁氏之
可後孟溪公力居多焉彥橈名郎衣所活當千余爲
山年窗枘賊蟬起至黨礫人駆焉久庵生不依辭死
者憤怨薰莘極美而一直么意相除於皮流雖者
安緒憤怨名佶什此戒後兩余王父妬龜以馨弘
兩大王父捕賊于興李公橋斬首軍尤相頌福不賊如孝出鈔一段
而余甚之加敕里克蒼賢且克蒼然不泯其先人之行以備之辰士
支而宗墨噫爲其不及克蒼也遠美
            秦宗道書

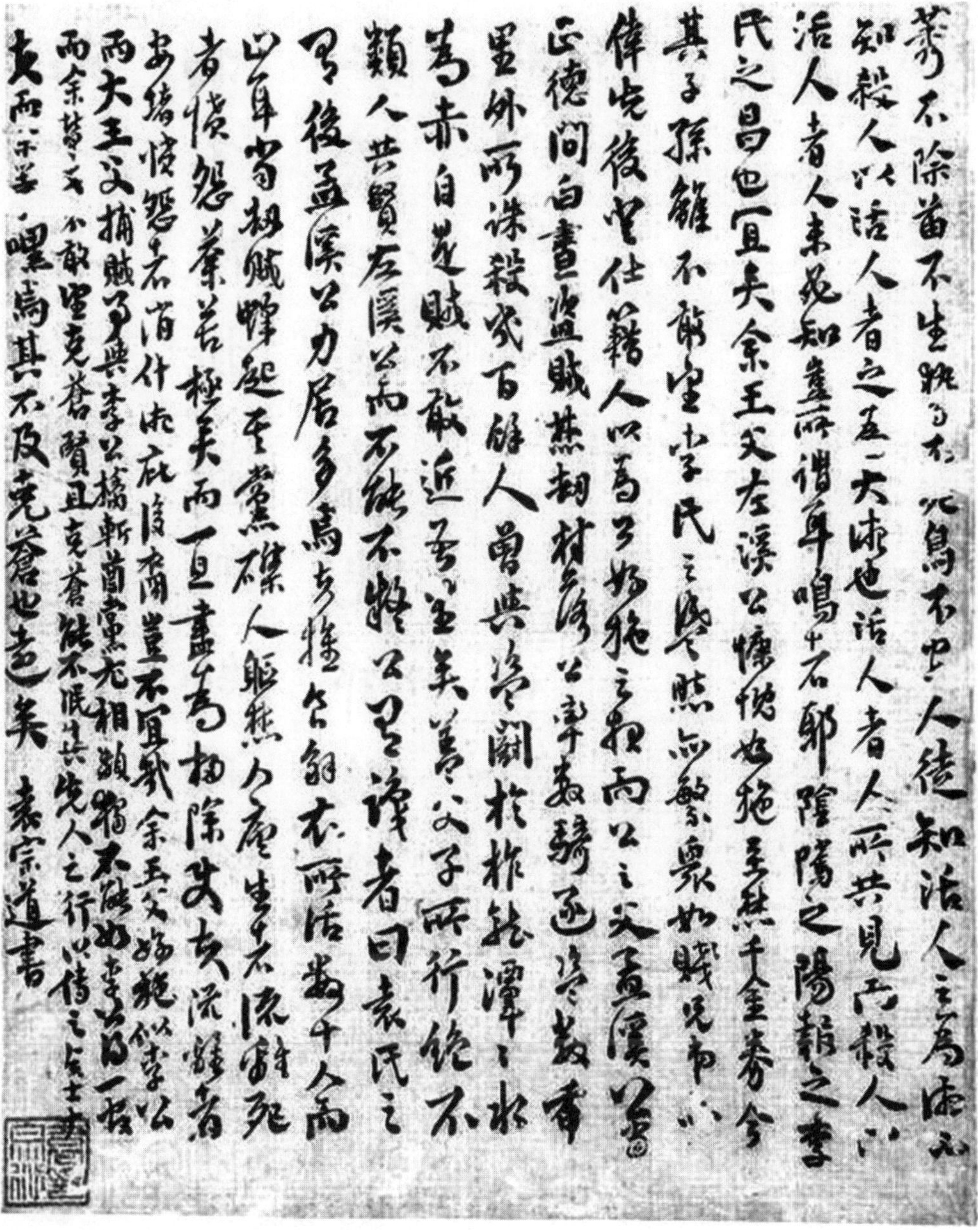

夫輕予善奪非仁義之謂也公散蓄金而不恡排難解紛而無所取人富而仁義附焉魯連邪陶朱邪世以為侠我以為儒

莆田林堯俞敬書

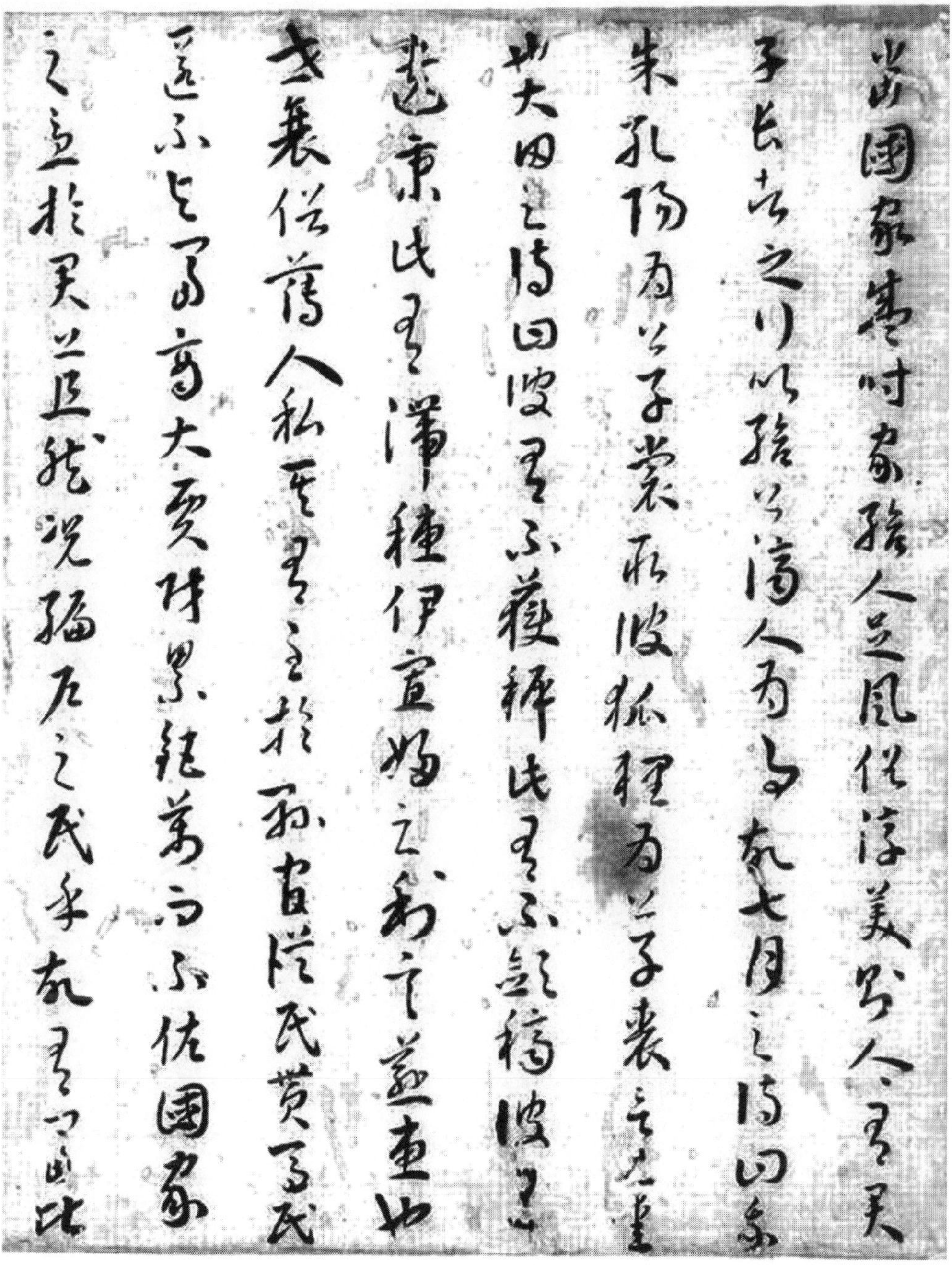
蓋國家養時需孫人並風從淳美然人之盡矣
予長去之門以孫之滿人有焉故七月之詩曰我
朱孔陽為公子裳取彼狐貍為公子裘之字量
其大田之詩曰彼有不穫穉此有不斂穧彼有
遺秉此有滯穗伊寡婦之利亦無害也
古人從篤人私其所有之於利者猶民貴焉民
遠不足為高大而財累絕萬而不佑國家
之急於吳曰豈能況損乃之民乎故其可以比

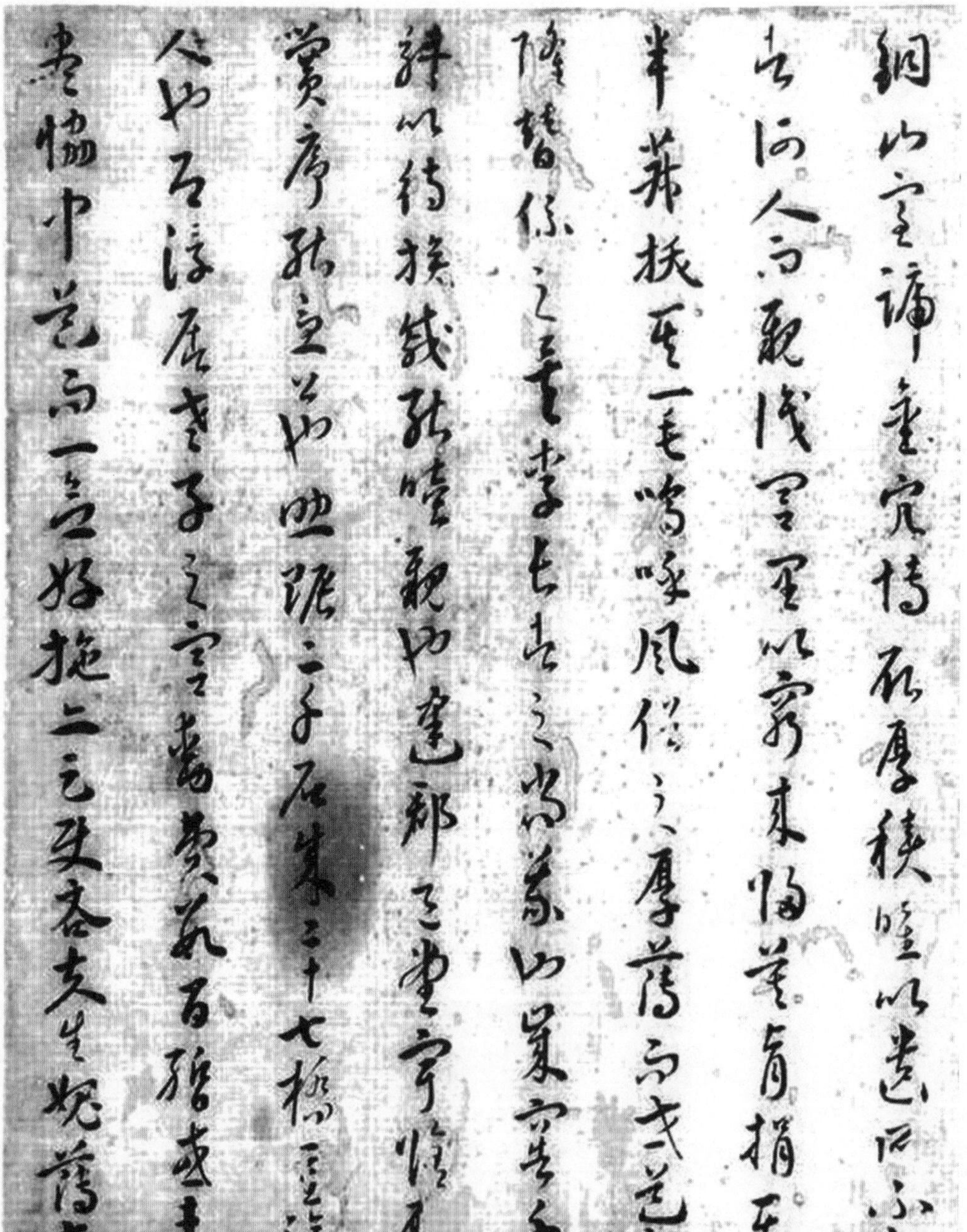
綱以定論垂完情形厚積陰以遺後不忘
去何人而親伐罡至以家來偏華肯揖至
半葬扶至一毛嘴喙風俗之之厚薄而式範之
隆替係之李長吉之嘔心萬以篡六生子
詩以待族錢孰嘆親切遠郵之業守懷有
賞序孰豈若如此跪二子石集二十七橋三之詣
今也石澤居吉子之室壽蘇氣首雅盛來
惠協中範而一言好施二已癸春丈生姚薦士

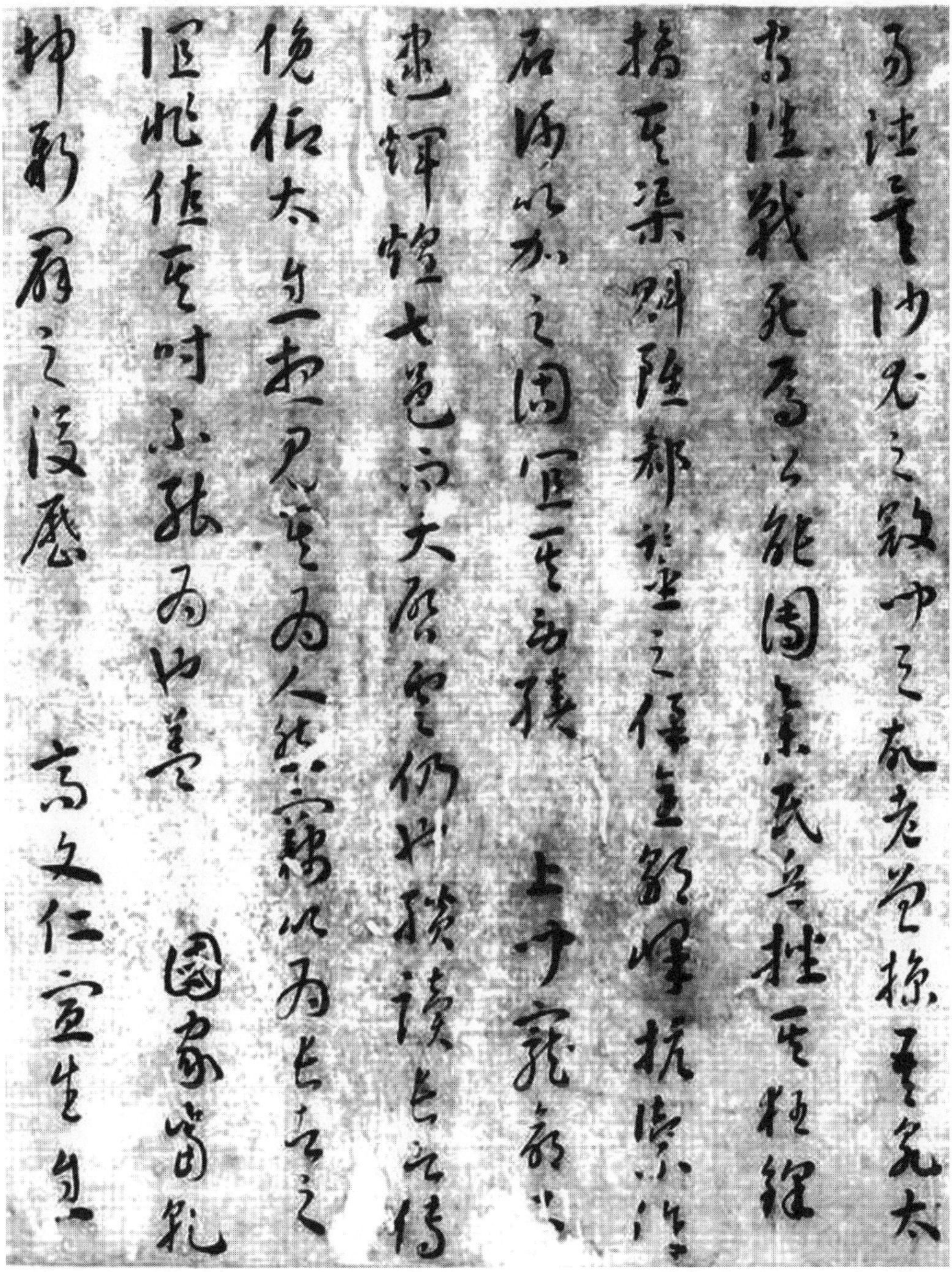

哉豈其七十年山林川澤之利焉以資大
宗振之積舍經之材至是始董百姓美衣甘
食豢以徒義於高氏之周萬重興累不治之時
也敬其書用一生時以補公家之急而治人之難
惟恐不及家聲由常於東南海徼百年
月大田之風爲河上先導也嗟乎不可復觀矣
大夫於親族開文弱之以義量力而扶隆不
必敬至乎垂亡窮無花羅之後而僅足也

朱陸為之執鞭所願爲

萬曆甲寅至日邵人黃克纘謹識

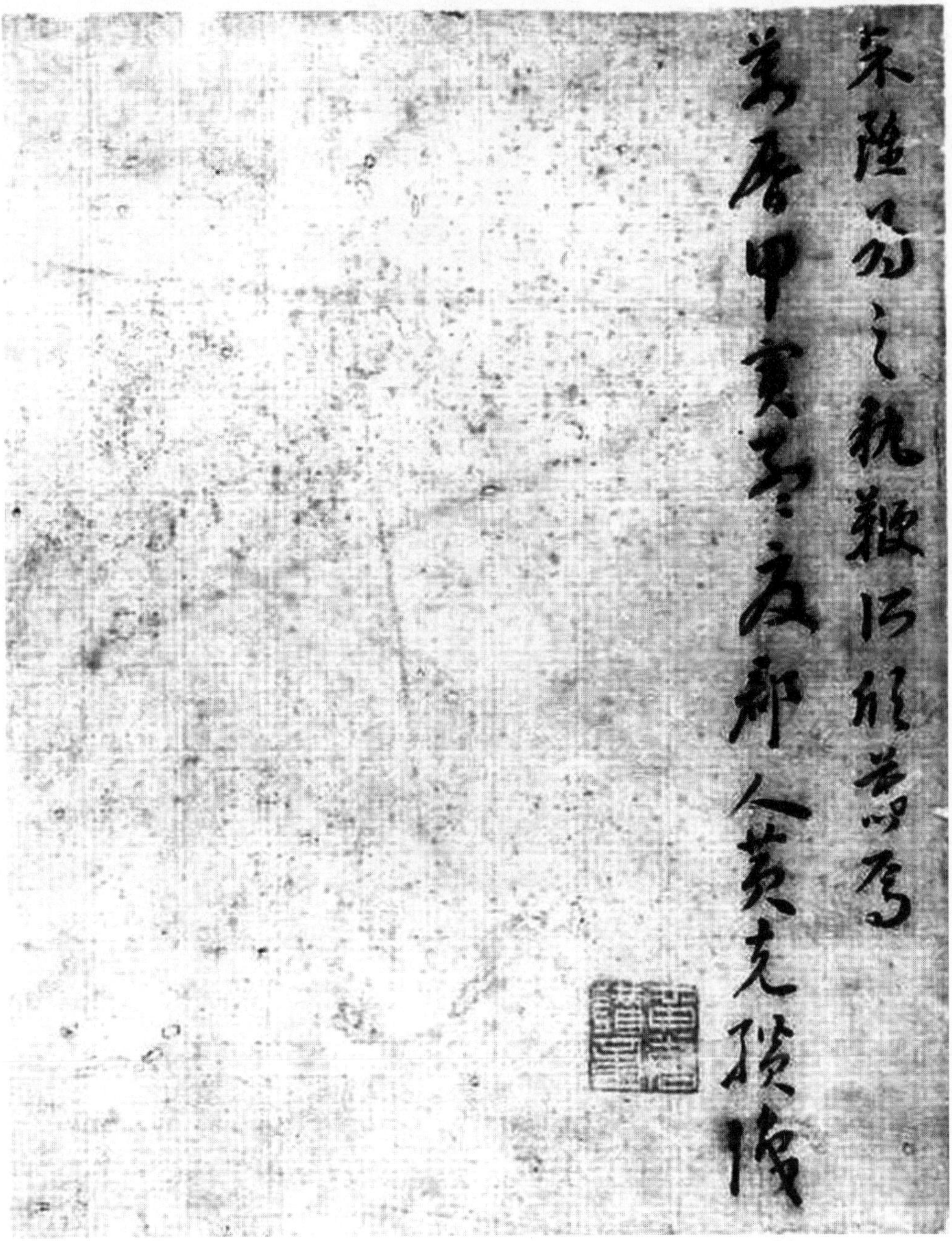

李祖傳恩榮碑譜

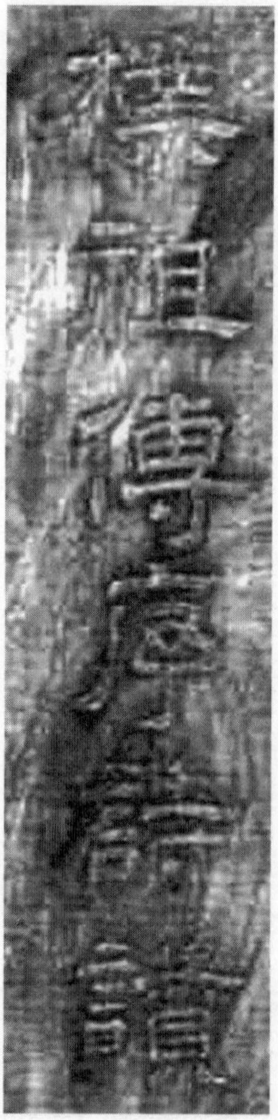

卷三

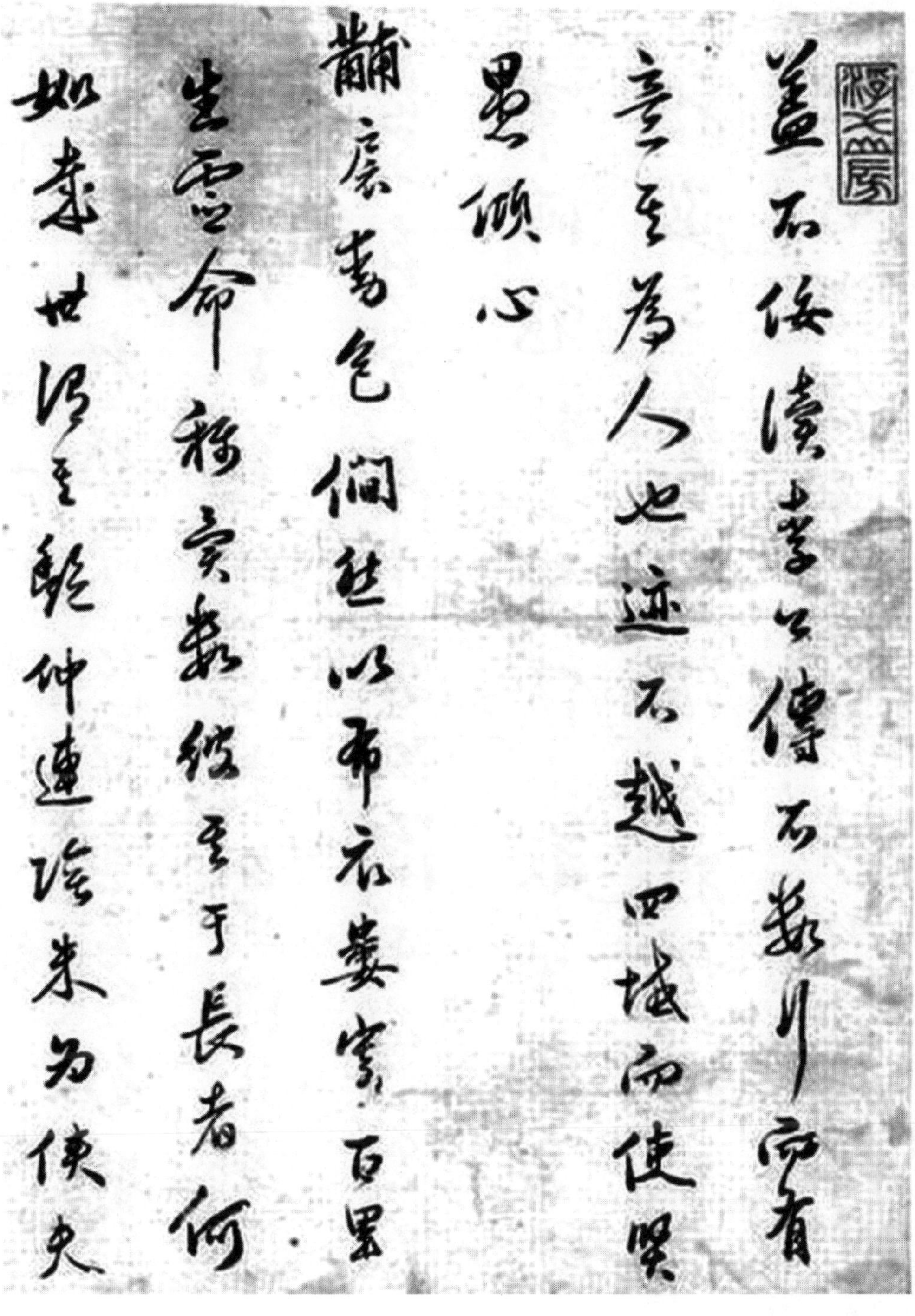
蓋不係讀書之傳不數月而有
言至為人也迹不越四境而使賢
愚傾心
蕭辰書色倜然以布衣婁掌百界
生靈命稱賓數終至于長者何
如此世俗之輕仲連論朱為俠夫

使以武將捴督亦死無物義
之尤天子篤稱之史遷律之無道
象甚之了耳妻之源乎其甚已
事所覬覦不逞使不敢要强篡之
雖遜三教而一不作分別想指石堅
財物方便事從現前功德以建

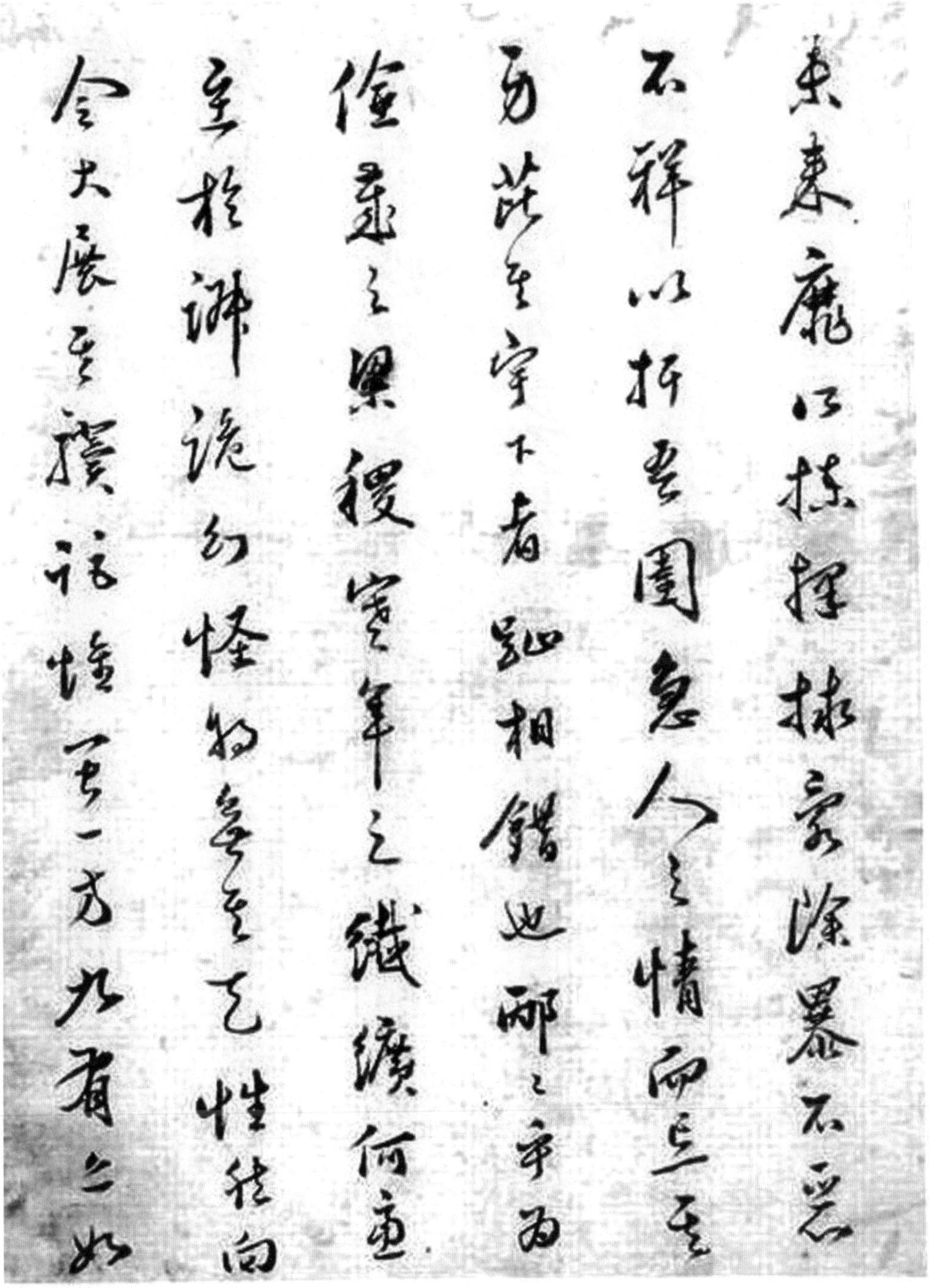

東來廉以採擇探索深畧不忍
不祥以折其圓急人之情而已至
於莊生宇下者跳相錯也耶之爭為
儉逮之累攫寶年之纖纘何益
至於誹詭幻怪物象之變性往向
今大展其攢詩懷其一方九有之如

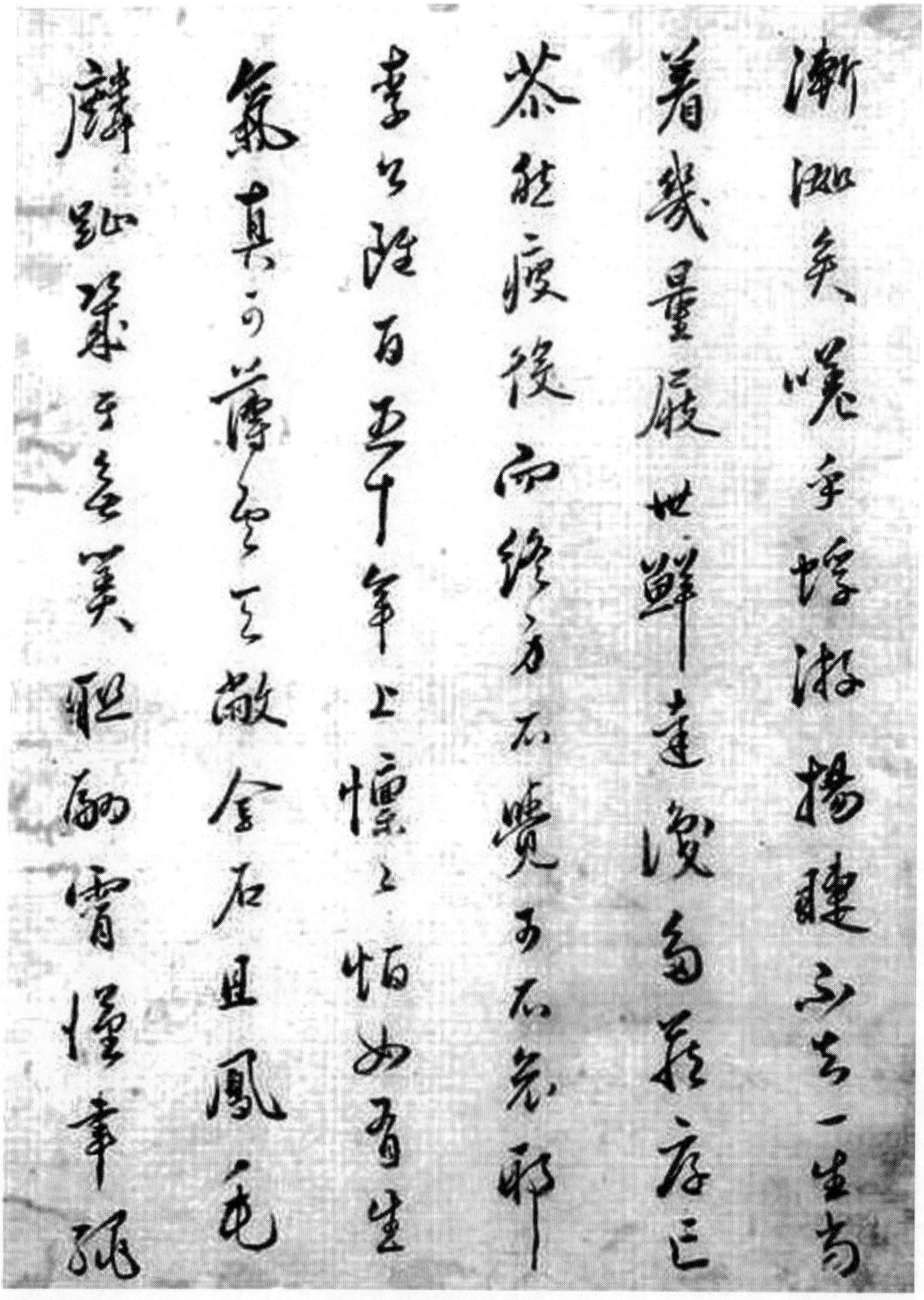
漸幽矣嗟乎蜉蝣揚塵亦去一生尚
着幾量屐世鮮達觀為葆存已
茶能瘦後而終身不覺其不免耶
李公雖百五十年上懷之恬如書生
氣真可薄雲天敵金石且鳳毛
麟趾榮于無美睨勵霄壤牽孫

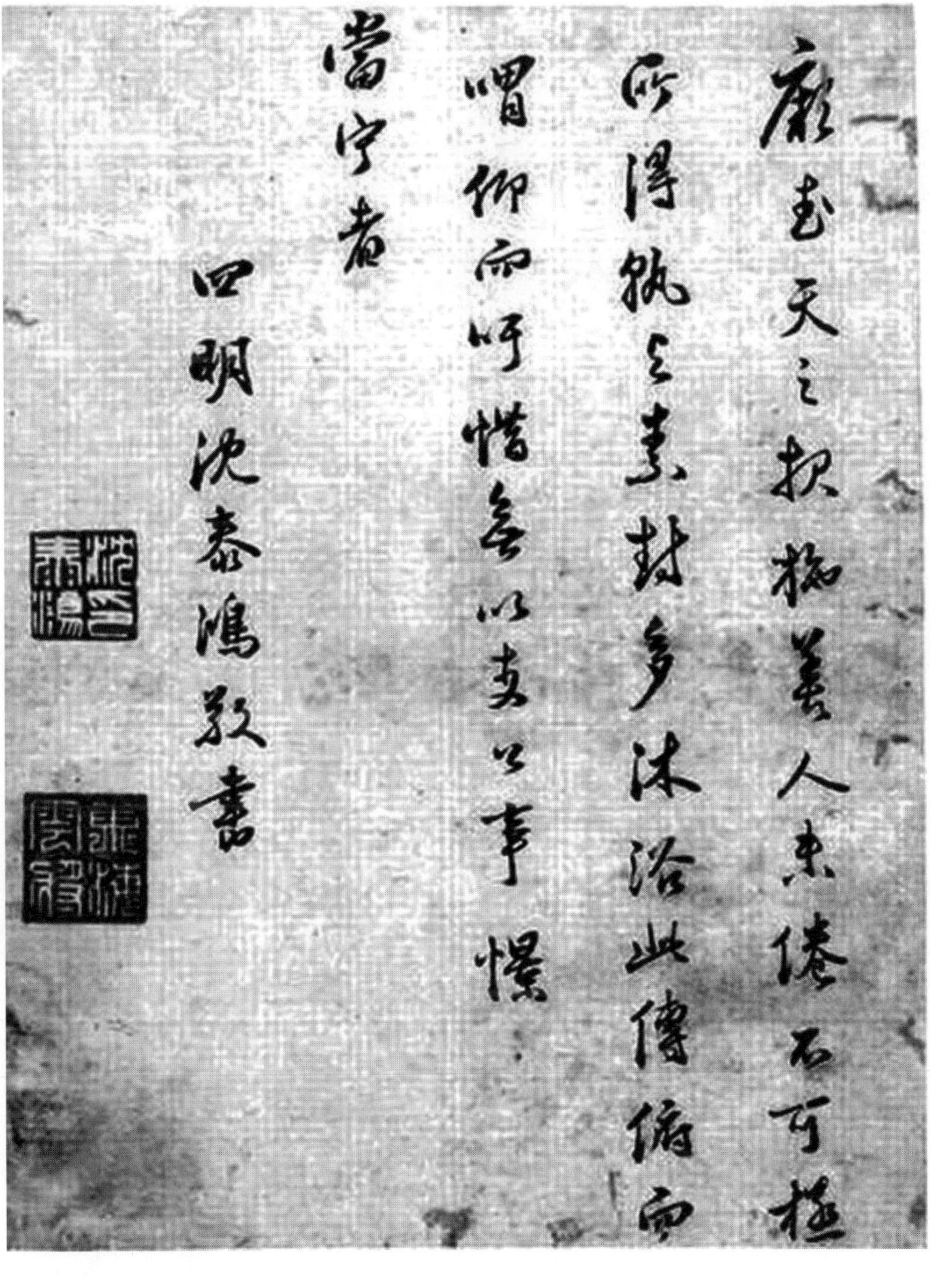

廣惠天之救拯萬人來儀不可極
所得執之素封多沐浴此傳脩而
謂御而呼惜無以表之事懼
當守者
四明沈泰鴻敬書

孫子偶握埿杯而夢以為餅
餌也。人爭鬪而不能覺
而知其為埿也，擲之惟恐不
速。世人之愛生以為生也，而
漸不悟，劇生之埿同異世貴，
生為賤埿，物有結之，莫視
生如埿，則彼之莫如之也，亦惟

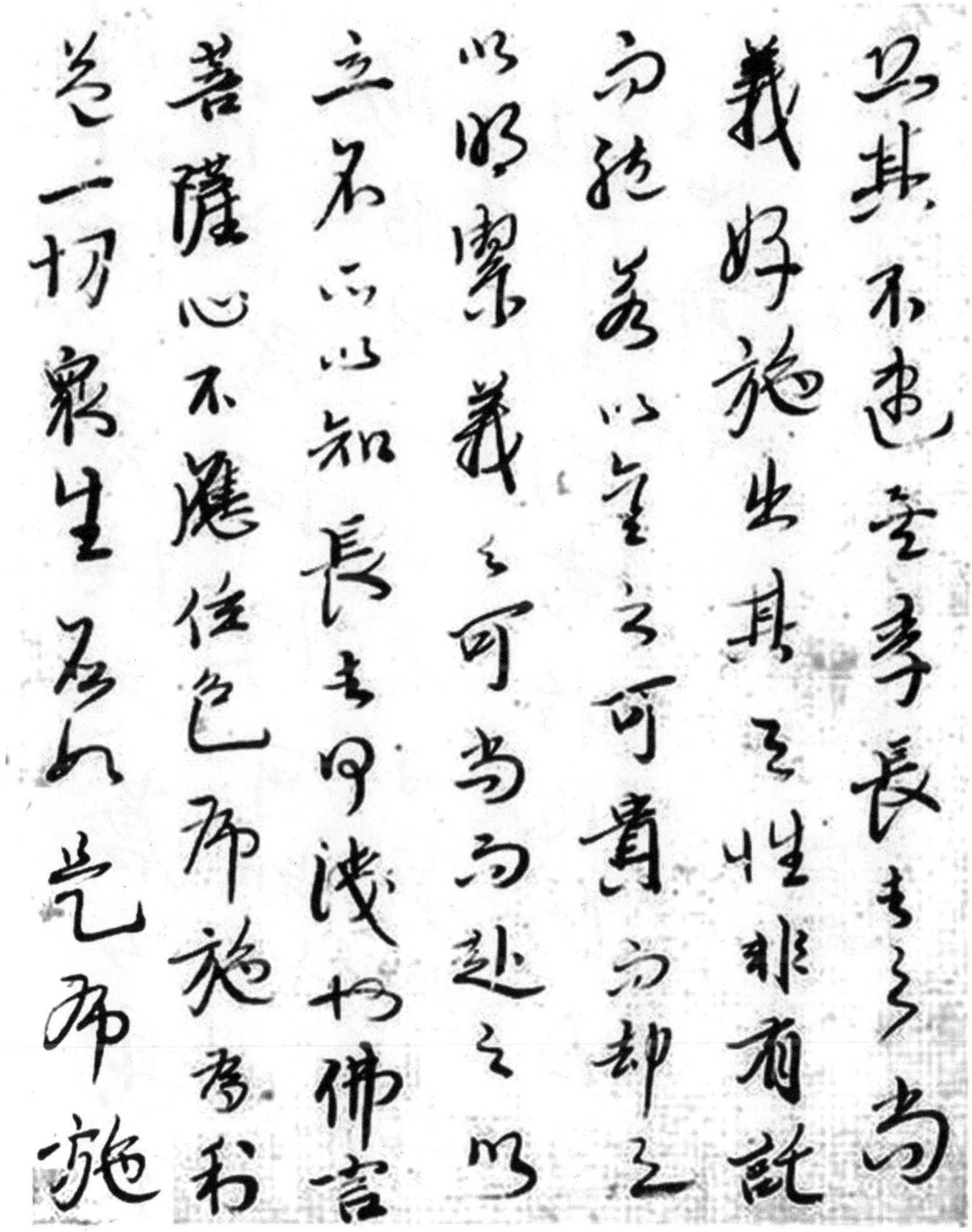
只其不違至孝長者之尚義好施出其至性非有託而施蓋以是之可貴而却之以明罪義之可尚而超之以立不可以知長者甲淺於佛言菩薩心不應住色布施為利益一切衆生應如是布施

持此說以質諸君蓋以其不

以予言為河漢可知也

萬曆歲丁巳元日吳興蔡

善繼揭首書於毗陵友芝

之忠有翁

璞樸以太史公進遊俠爲非不知從貧招閭
太史業已然之而所進者特存亡死生而不
德如朱家劇孟之流矣又烏可非也晉江陳
及卿爲清侶旋義孝之傳之文甚偉而大
旨謂之行近俠矣以布衣行顯名天下亂
世迺識俠之盛衰乃生爲梁劍渡志禹闢
闢以來之德而義之以身殉焉識仁結於中而
不徒皎皎於名行也者已善信之俠蓋之猶
朱仲達抑有愧色而竟朱家劇孟之徽堙
乎儀之手不以位然不翅重百里餘蓮蓋

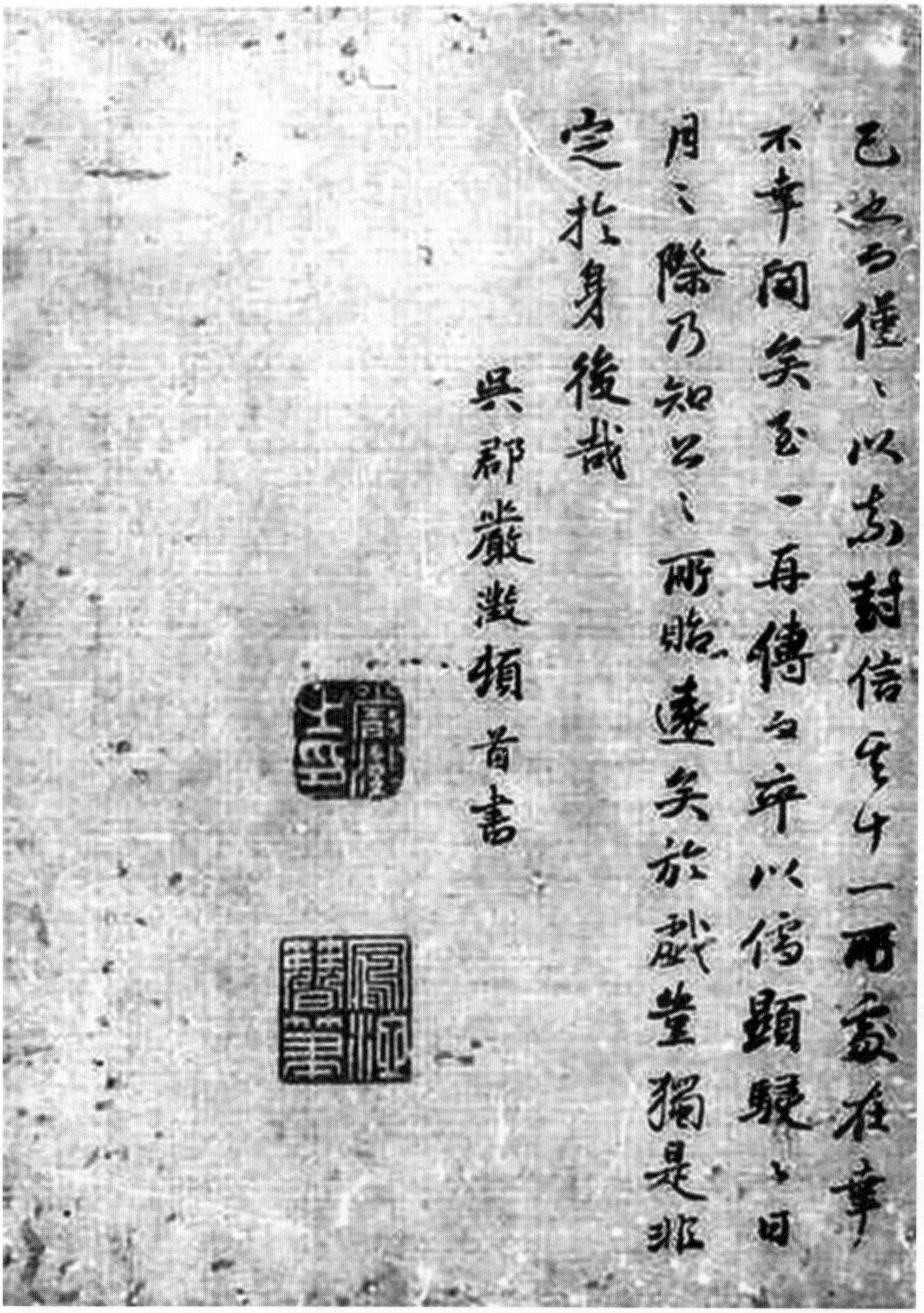

已之乃僅〻以志封信并十一所家在華
不幸聞矣至一再傳而弃以傳顯驗〻日
月〻際乃知名〻所貽遠矣於戲豈獨是非
定於身後哉
吳郡嚴澂頓首書

讀旌義李長者傳

蓋自古治生家稱陶朱公云至於其饒贍饒贍而後知陶朱公非治生者也夫固有所託而試焉者也余聞閭地阸隘所少入其得不足以自食而贍食人乃今觀於淸溪李公前後所捐金行義不訾矣身力作致錢鏹棄之如土是誠類有道者抑其所以鬪智爭時競山林川澤之利者亦有道歟昔卜式數出財佐縣官之急天子賢之當其時國用大空識令式任少府水衡之事其所自見未必不如桑弘羊東郭也而帝獨觀其能於上林羊羣而已夫以李公之賢自天

子公鄉至郡縣有司無不知者累薦起家止於小官在漢天子用卜式之意而其用之有完有不完則古今之故可以慨焉老子曰聖人不積既以為人已愈有既以與人已愈多天之道也今李公曾玄至二百餘人孝慈肅雍之教穆如也而公之五世孫禮部君克茂以文章節義震世而無驕吝之心蓋善陰用公術於行己處物間而推致其藏者然則李氏之後又豈可量哉儒所謂天道者乎

太倉王衡謹書

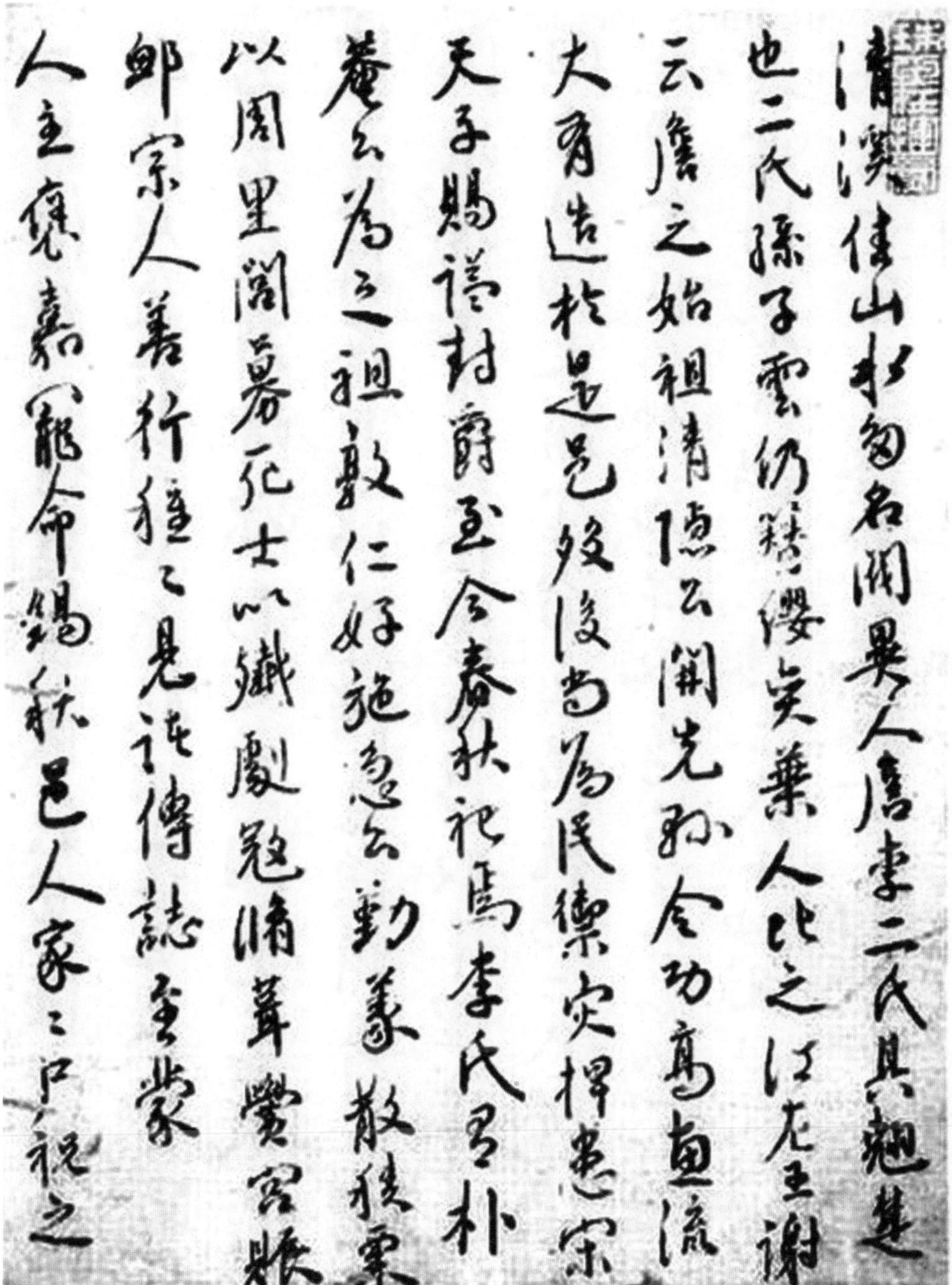

清溪僊山以名閩異人唐李二氏其趣楚也二氏孫子雲仍纓矣葉人比之江左王謝云唐之始祖清德公開先利今功高血流大有造於是邑殁後为爲民禦災捍患宋天子賜諡封爵至今春秋祀焉李氏君朴菴公爲之祖敦仁好施急公勤義散粟以周里閭慕死士以殲劇寇倩葬鬻寶賑鄉宗人善行種種是以傳誌至蒙人主褒嘉寵命錫秩邑人家家祀之

二公德行以垂後昆咸載其德以顯詹
迺後大發於司寇尔欽公李之後至羽翁
克蒼君乃暐爍高大其門克蒼風裁
稜稜毅犄藉甚侍寧階直頃時耳江浙
浣洑嵩東下起伏蕩洄歷數千里達于溟
渤洛日滔天犄宇宙巨浸孰謂二氏淵源豎
自耶余於尔欽爲筆友辱与克蒼遊因得詞
其世係表而出之以詩二代子孫且以風郡人
萬曆丁酉冬林雲程執書

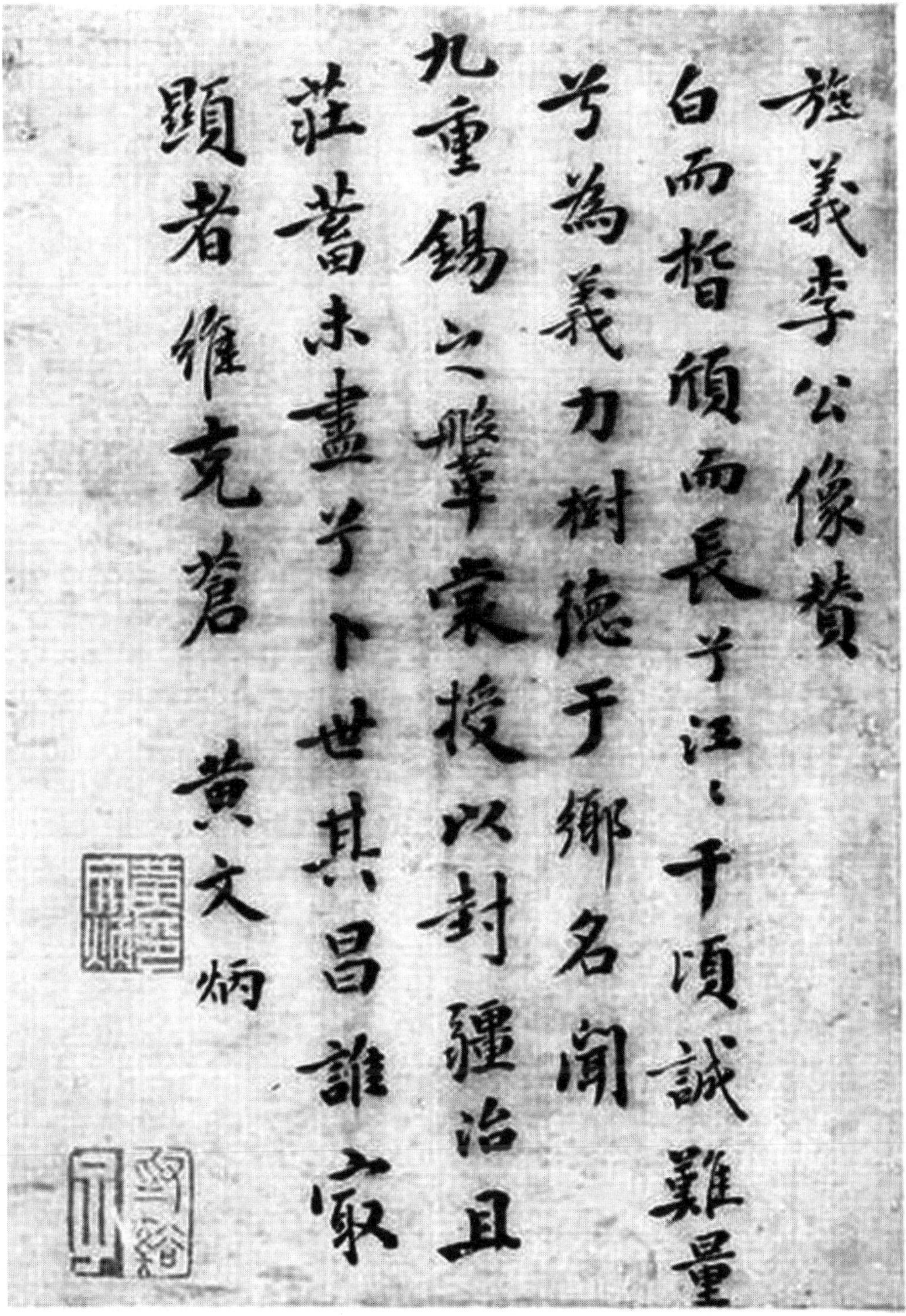
旌義李公像贊
白而皙頎而長兮江〻千頃誠難量
兮爲義力樹德于鄉名聞
九重錫之鞶衮授以封疆治且
莊蓄未盡兮下世其昌誰家
顯者維克蒼
黃文炳

余新都以白圭計然之策起家巨者百萬其下亡慮數
十萬雄視里中悉以華靡櫰栱紈綺僕御結納權勢甚
土苴黔婁一文變色輒成秦越甚至錢奴惡少椎埋緑林聚
哨劫殺以圖報稱一入訟庭買三木而唾面其賤如彼乃富人所
為縱有善保其子若孫寥寥耳皆与李長者反也曾未聞有好義
樂施除暴安良旌額賜幣而後大如李長者之為人也使長者
德闇吾鄉慳悋殷實之徒千載之下景仰而化豈不成富而附
仁義之風哉余讀長者傳名公巨卿揚扢不能外讃一辭
獨有慨於吾鄉富者焉敬以片言及之

海陽閔文逸敬書

旌義李公關之清溪人今祠部心湖李君六世祖
也公家累萬金好行其德而不有其德卒之來天
眷錫文綺典戎曹又三攝邑篆夫固以不用爲用
子孫雲如浸浸以儒業顯而至祠部君始大祠部
君始以比部郎建言左遷楚臬幕適余秉楚憲
相得歡甚遺兒壻輩師事之恨相見晚也居無
何拜祠部郎賜環有日矣會以讀禮行今年春
需次　闕下主爵者始以銓部郎請不得
旨繼以司馬郎請又不得　旨此其故難言矣君且賦
歸去余邀過署中因譚其六世祖以好義被旌已

又出其旌義傳余讀未終篇知旌義公之諸孫諶也而有祠部君祠部君之光祖德也而顯旌義公然旌義公一布衣耳能動

至尊祠部君既遇矣而又以上書浮沉郎署閒假令旌義公見之必曰夫夫也是能行吾志而非依阿取通顯者祠部君之有今日也所從來遠矣余因賦近體七言四章既以表旌義公而復為祠部君勸駕云

丈人高義薄雲天為善鴻名日月懸處處黃金

供結客山山綠樹待隨緣布衣幾見須文綺

鄉國那能借大賢公以閩蒲宗支屬特授黃口嵐公全稱失學永春德化縣不信君門咸萬
里從容謁帝至今傳公輸粟賑荒守臣以聞詔旌為義民錫文綺二公拜謝上命手滴宴勞云
非營殿閣即飛梁到處慈雲伴客航身在何須分
爾我功成寧復計存亡素封不作籯金計青史
億留片玉光別有遺經堪萬卷諸孫觸目見琳瑯
年少春風寵漢廷豈應才子見飄零客臺曾典三
千禮帝座仍虛十五星天官書云帝座後十五星郎位人向長楊占遇合君
從諫草破沉冥相看不盡憂時淚海內徵求幾日停
寥落雄心塞上行過從旅署一譚兵黃雲遙控朔
天入紫氣高依漢闕明稍喜山河聞宗羽忽看郡

國圖蒼生休疑陰日經時久郎署誰傳折檻名

豫章通家李順書

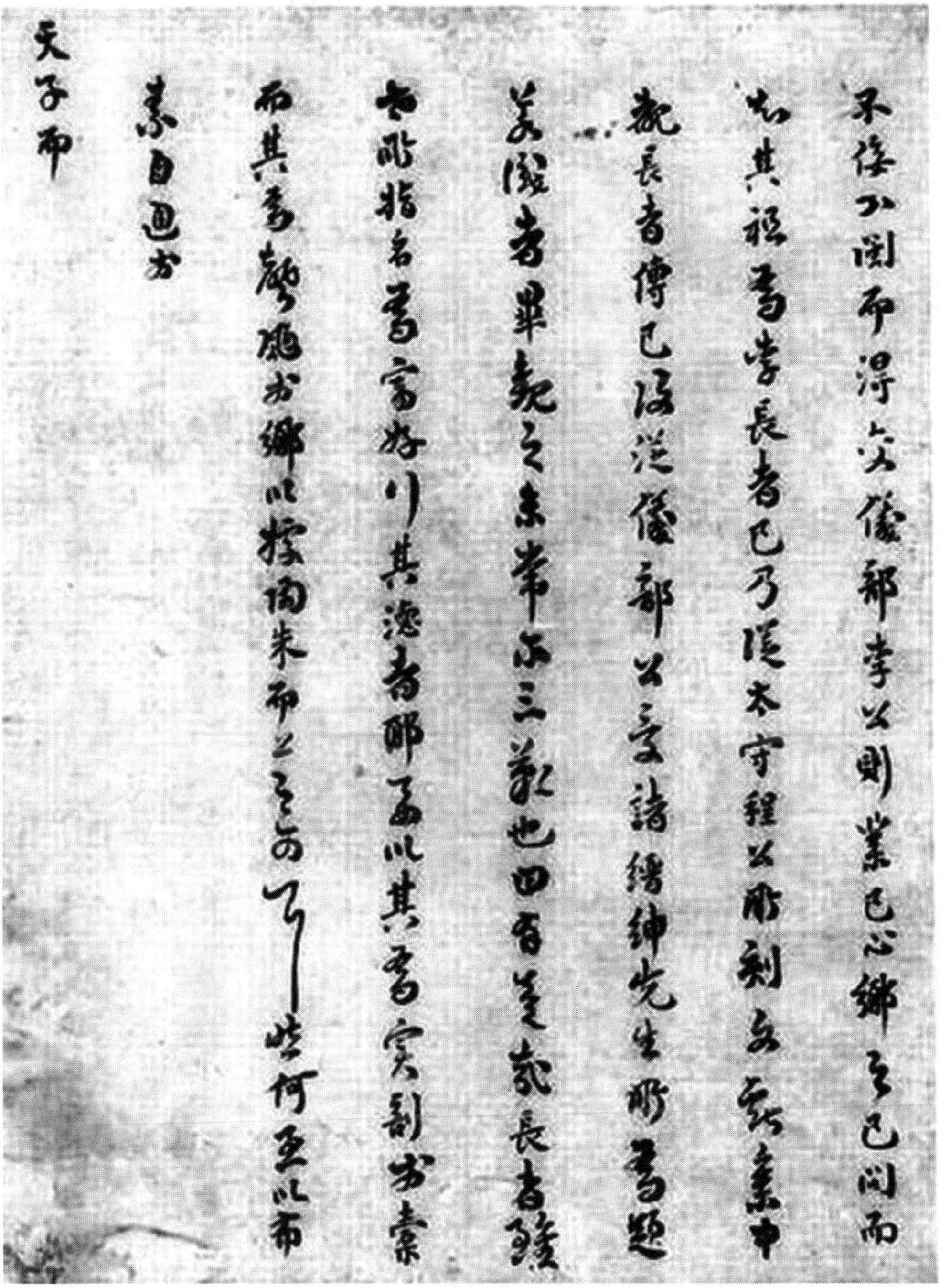
不俟加闢而得文儀部李公則業已必鄉予已聞而
知其祖為吉長者已乃從太守程公所刺取衆中
識長者傳已復從儀部公索諸縉紳先生所為題
美讚者畢讀之未常不三歎也曰有是哉長者之
所指名為富好行其德者耶而以其為實副所稱
而其為鄉施於鄉以樸陶朱而已乎 嗟何至以布
衣自適於
天子而

天子所褒予錫賚焉記常思至於士大夫所饑而不可得者
而長者獨蒙之德於子孫榮施顯頌美物采雲祥而不窮
護一何津津艷也蓋求之而得其故自三代以還仟陌開而井
田毀而民不得均貧富矣富者侈然吞并鄰數十百家
之產無以鮮衣怒馬奉其身以及其孫子而已然不肯
推而予貧其貧者則亦俛首帖耳泥淖無一年十指取
給自擬為棄而亦亂以有所望於富然後貧者食貧

人之妻曰衆下哉壽而長安洛陽之富民世之猶曰一繼者衆乎之
下莫之逾而竭力經訟者莫乎秦二世亡而傳緒為續也其用
權死也明真至
莫皇卿青海濡且數十年方內又安將作文脈衛霍之勇豐所
因忠民雖惠裝竭謹守峰模無犂揖讓之後而孫叢之旋乃
多長者為家下下晚時之宜非內生雖者守世佳名古收恒
山民以積為學而齊其家身有含養子孫大之以為長者而已
明德之傳來果萬之也
丁酉秋九月念六日東岩蔡宗夜書

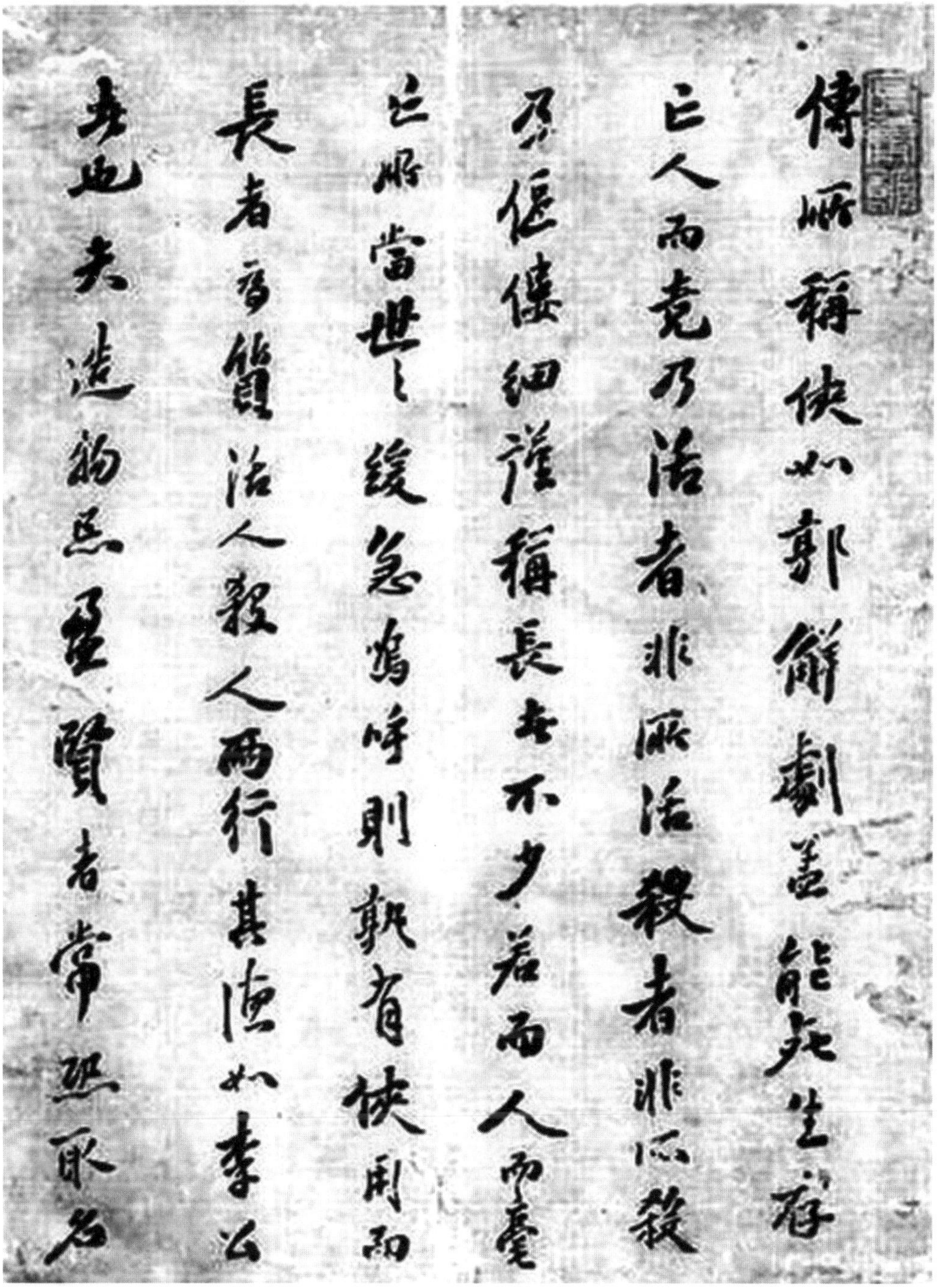

傳稱俠如郭解劇孟能死生存
亡人而竟乃活者非所活殺者非所殺
乃促僂細謹稱長者不少若而人而毫
亡所當世之緩急嗚呼則孰有俠而如
長者育質活人殺人而行其德如李公
者也夫造物忌盈賢者常避取名

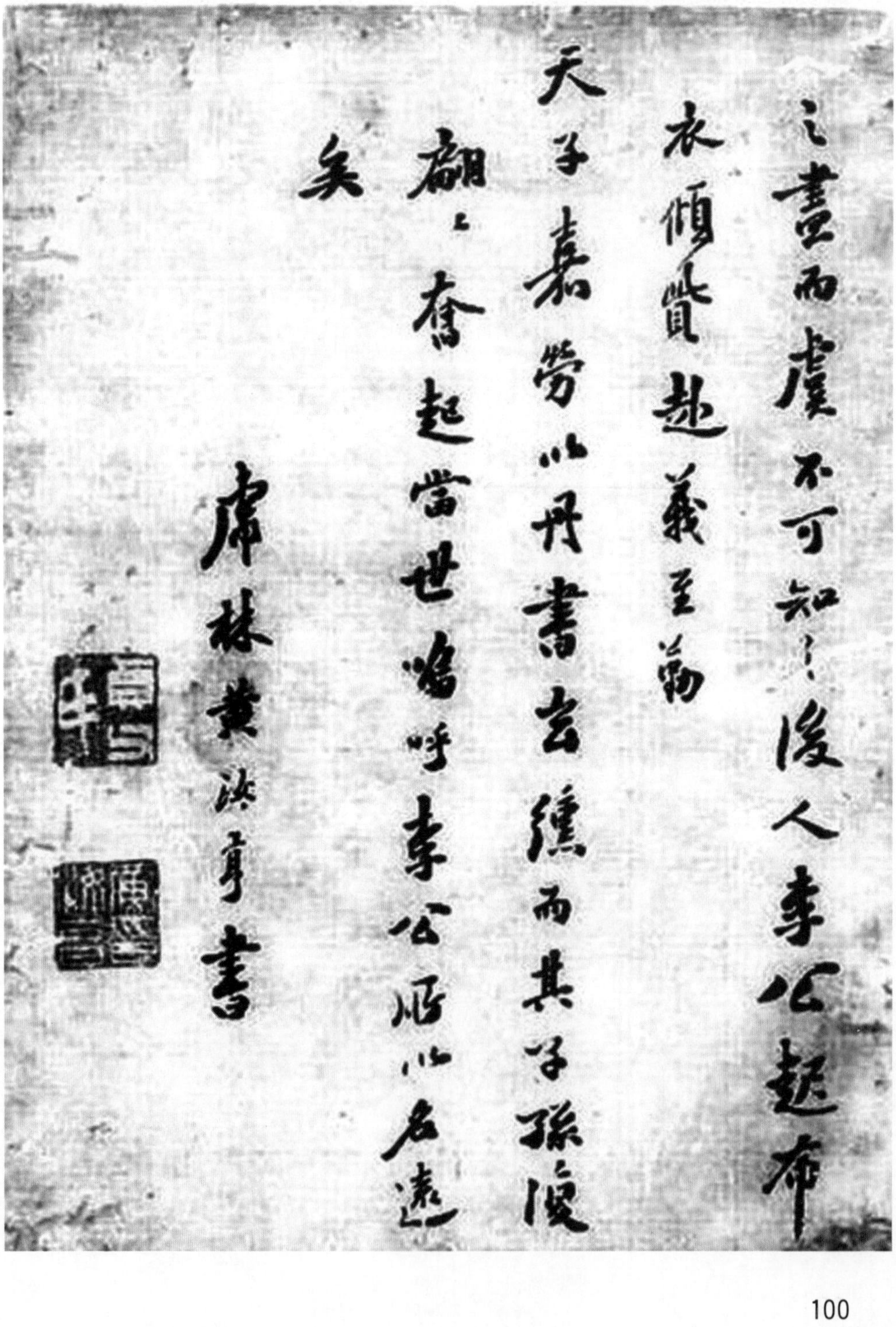
之畫而虛不可知之後人李公起布
衣傾貲赴義至勤
天子嘉勞以丹書玄纁而其子孫復
翩翩奮起當世嗚呼李公將以名遠
矣
庠林黃淡亨書

李長者傳論贊

家世得以吏事遊閩越所聞

英皇時溫陵李長者事至悵美嘗時已夫謂

人主來帛燕高壯於國郎令後世以其德子

姓數百人珪組相望嗟乎然

英皇時事亦其音人矣國家創始植禮愷厚

肇篤其於爾時蓋猶懸寓之有唐虞云閩

縉紳先生所論列長者遺事實以一布衣起家

積著錢布方數十萬億居以暴連范蠡白命

必欲為之其以貲雄里中蓋析心計籌畫倪

仰而身有之一日思貽子孫為伏波將軍羞乃
大出佐宗族所識窮之者生舉火死者揜
骼曰下千金裝不顧息也作都邑路寢西學
宮弁窮極壯麗為輿梁二十五為梵宇道
觀不計其數動必數千萬緡自温陵徂建
州無不食善德者歲餞出千石賑縣道官
有司以
聞詔賜綺幣旋詣
闕謝又賜羊酒燕勞又常帥閭左及家蒼頭
奴身禽流賊徐子通等擊沙尤寇撲滅之寧

陽矦懋保定伯瑶上功最有
詔賜爵一級為九龍嶺巡檢以民之從其急者又
調源口當時巡檢於地方最重
高皇帝以所手勑訓勞之官也使署永春德化尤
溪令事皆有聲於是數季贊畫之客告急者
無日應竟日懃苦弟俊德為之貸五百金以解
又其所作劍口橋圮家不能再甃歎憤而逝夫人
孅嗇食力作苦以綦素封一日感義而舍之至
盡而猶貸以周急也一匹夫部署滅獲禽雜已
冠如覆諸掌也布衣無位而愛

天子束帛蒸嘗之賜以此遇也以其鄉人貽小吏行三縣比為令也好施善欸不謂來仁而不得一把不續死而不能自跡也凡此不為偉節奇行乎然長者百五十季男子雲孫三百耳孫方不可計冠蓋蔭里甲第鱗比儀部君遂以直節顯當世天之報施長者可謂倫有吉祥善事非歟悉夫慫慫之諱撥冥以證曰孰知其量善夫先民之言自求矣夫有形之質可致之物靡不已取屢取之則屢得也無窮取之則無窮得也其以不取取之則靡不得也長者方積箸趣家時心計

胼胝惟曰一日不為陶朱以豈料其感義行德
一日而盡散數千萬億錢布以至於臥盡此
為得仁乎方感義行德時惟曰一日不為魯仲
連豈復念有所報施以責於造化哉如曰君子
強為善後世子孫脩吾業而息之大横之策矣
有大者豈若人之心邪
國家於爾所時肇建明德如春起蟄百行豐[illegible]
良士斯見且夫
天子之禮而下一庶人豈若造化之可責矣讚曰
湯湯大河其合萬里亦流萬里亦作四海人之

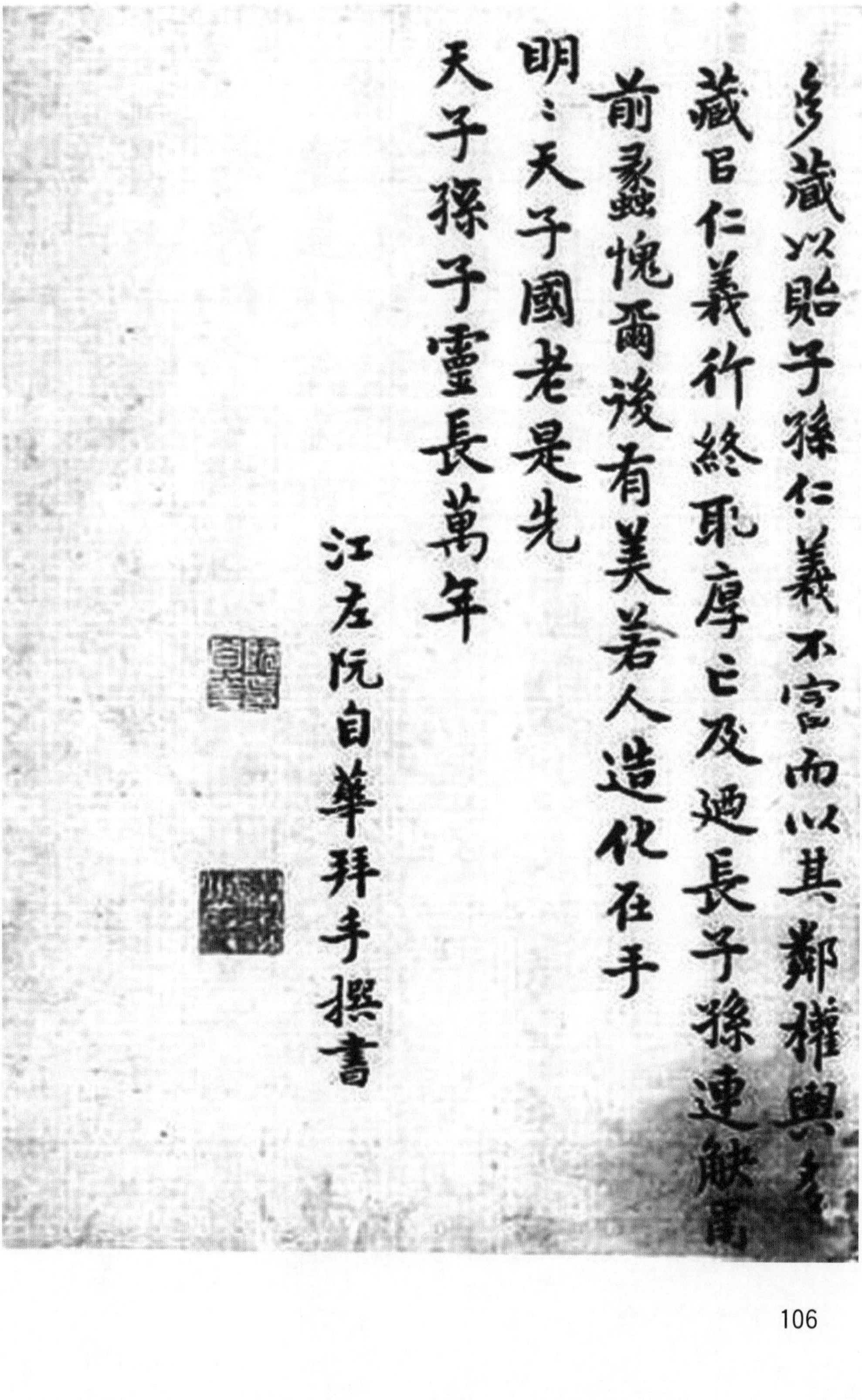

多藏以貽子孫仁〻義不啻而以其鄰權輿多
藏以仁義衍終恥厚〻及遞長子孫連獻嘗
前蠡愧爾後有美若人造化在手
明〻天子國老是先
天子孫子靈長萬年
江左阮自華拜手撰書

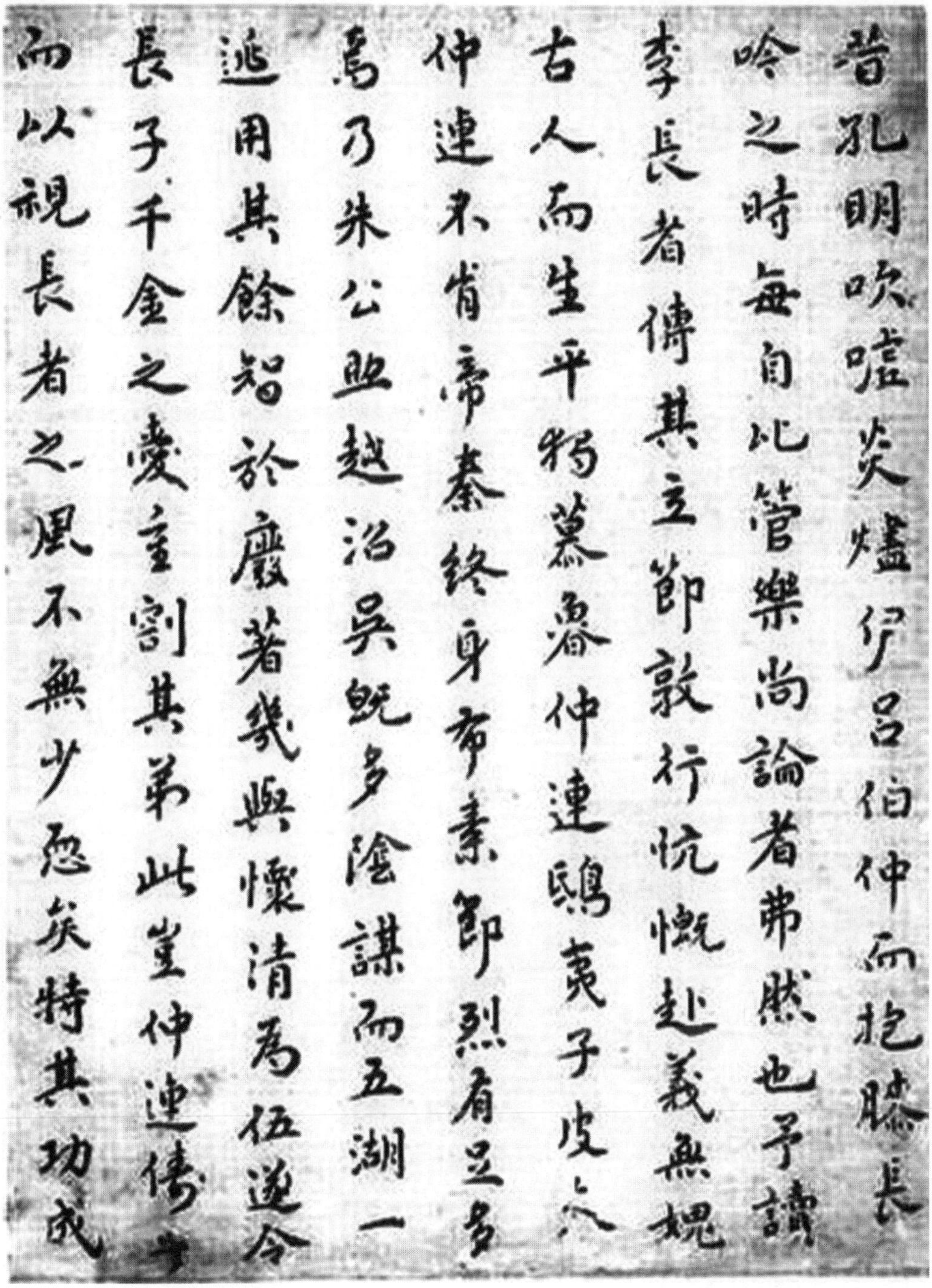
昔孔明吹噓炎燼伊呂伯仲而抱膝長
吟之時每自比管樂尚論者弗然也予讀
李長者傳其立節敦行忼慨赴義無愧
古人而生平獨慕魯仲連鴟夷子皮之
仲連不肯帝秦終身布素節烈有足多
焉乃朱公亟越沼吳既多陰謀而五湖一
逃用其餘智於廢著幾與懷清為伍遂令
長子千金之費坐割其弟此豈仲連儔乎
而以視長者之風不無少愆矣特其功成

身邊脫屣倘來飄然有達人之致長者蓋曰
吾迹似之耳其致朱公不能完其子而長者
之後熾且昌若是豈天之報施異哉則其所
以迹者有不同也余故表而出之使後之觀長
者者有所準且以明天道云姑胥張鼎思識

余與克蒼先後典符英蓼一相接而莫逆
于心余移官潁上英潁相望盈盈一水其於握
手未數數然也以故猶未詳其家世嗣是十餘
年所余乃承乏入閩謬承臬行部所至
采聽風謠側聞清溪有李長者誼至高
殁且百四十餘年人猶誦慕不已心竊異之
既而克蒼啣恤廬居則余得陳司馬所為
旌義李公傳觀之然後知克蒼之先有
隱德君子也余好讀史每詠遊俠之行不甚

執于正誼太史公至津津艷談之其率乃歸之脩行砥名聲施于天下數語是又何惡于俠也李長者折節好施急公勤義名徹九重而聲震千里乃其平生所鄉慕猶在魯仲連陶朱公二人所為脩行砥名淺可知矣至如貯金以贍宗族稍稟而周閭里仁心為質庶幾乎先賢希文諸君子遺執又奚論俠而已乎温陵民俗纖嗇豬利若飴即富者猶操乎籌談阿堵垂老不休甚而狙獪為心日徼

貴賤之數以年厚利蓋比屋而是年来旱潦不時爾司奉功令社為置廩日歷勸飲之舉若建鼓而求卒無有應者彼其擁爲貲以自封植者豈鮮其人要以如長者所為寔難耳以余所聞箴在癸巳民間有闔門絶粒而以者有婦姑相牽以投江流者父老至今談之猶然蘇蘇隕涕假令隨在而有長者何憂一方捐瘠矣宜其流風餘澤令人有遺慕也子孫蕃衍簪組相聯誰謂天道遠而不可知耶語曰積

水成澤積善成福長者有焉余特表之以風吾
民而且以風天下
萬曆乙未中秋日興泉備兵使者乾銘楊際會
書

及卿陳司馬坡其民史村當為書寺
孝先生傳之孫克蕃書吏窯凌
半牒陽迎玉答富轍而束以閑詣
豪富揉舩之士流羣黃頌意人之徒
要皆律志者之離吹人情之喬此煌之來
烈之夫修之擾之而利素住己孫己可為
寧积亦施于河內為萬足此為色撓
翻塘姓枝權世志也自者憂撒乎觀之

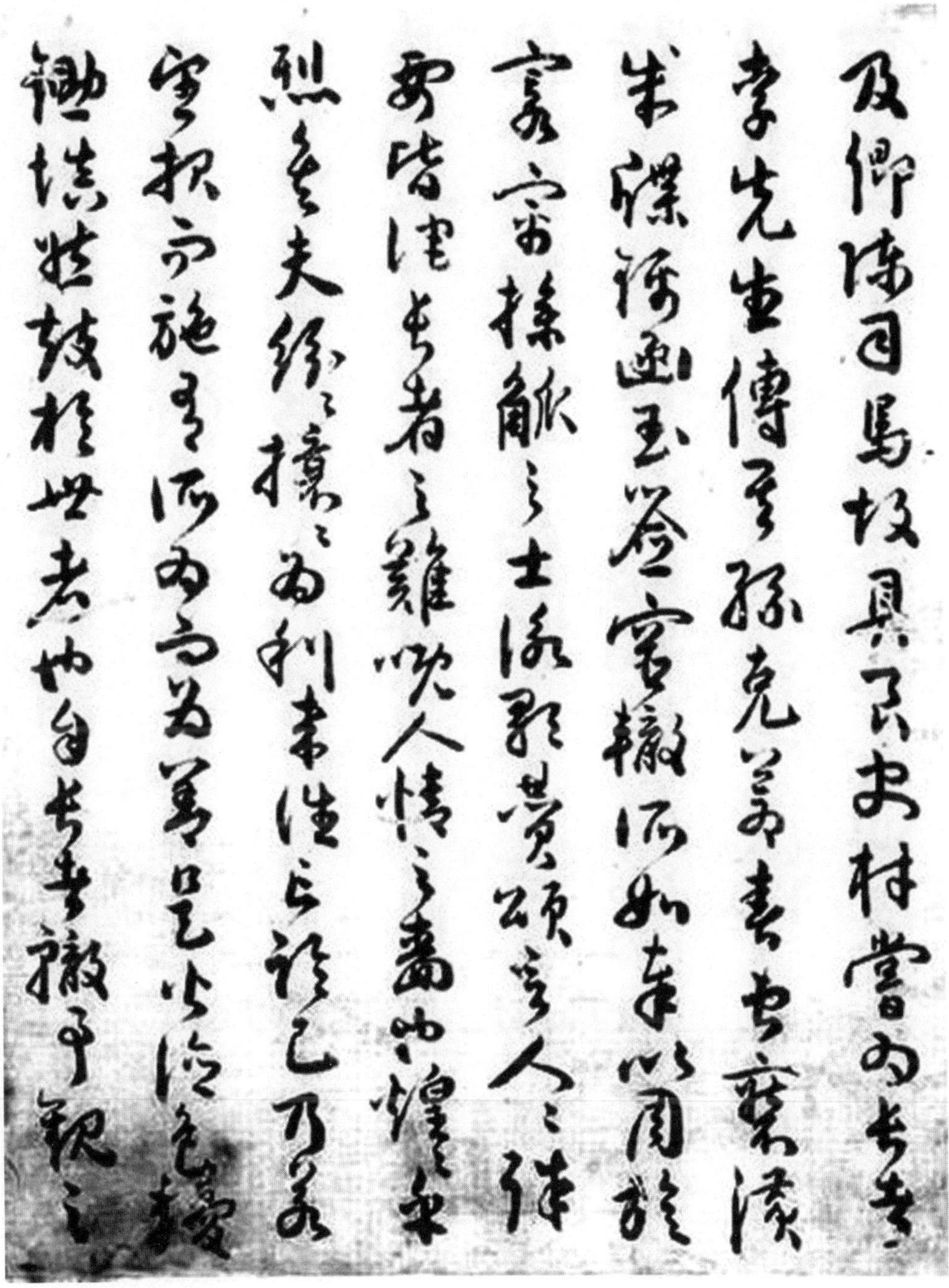

方不說難未備獸謂是未寬志者深
也本鶴世繁子業考動見色稽至至
一不与者敢言不在至以之大節人之郎
與固難染也多惺常智此花毅徵毫
彼以卿相隱言伯牧之考學士程世當
積之与夷趣梁鴻鵲坦履潔志之雅固
思珠程蓬蘿之以詐與考福之君子之林
窘逵又未可以於人也考此矣長者藏

身山澤畎畝曰垂守祿之歷名髙官

孫之裔褱以積產惟潙人而耗之力傳博

施不自見蓋有餘而進甲之畫乙壽者

學而临怳而為而至以国人見之

之始仁義而頍超乎可為而難之而乎

安以者子孫雲仍後先楨

祖有佳君無更言老川撑大

荷銀謂而悌不見最為之問岸姓

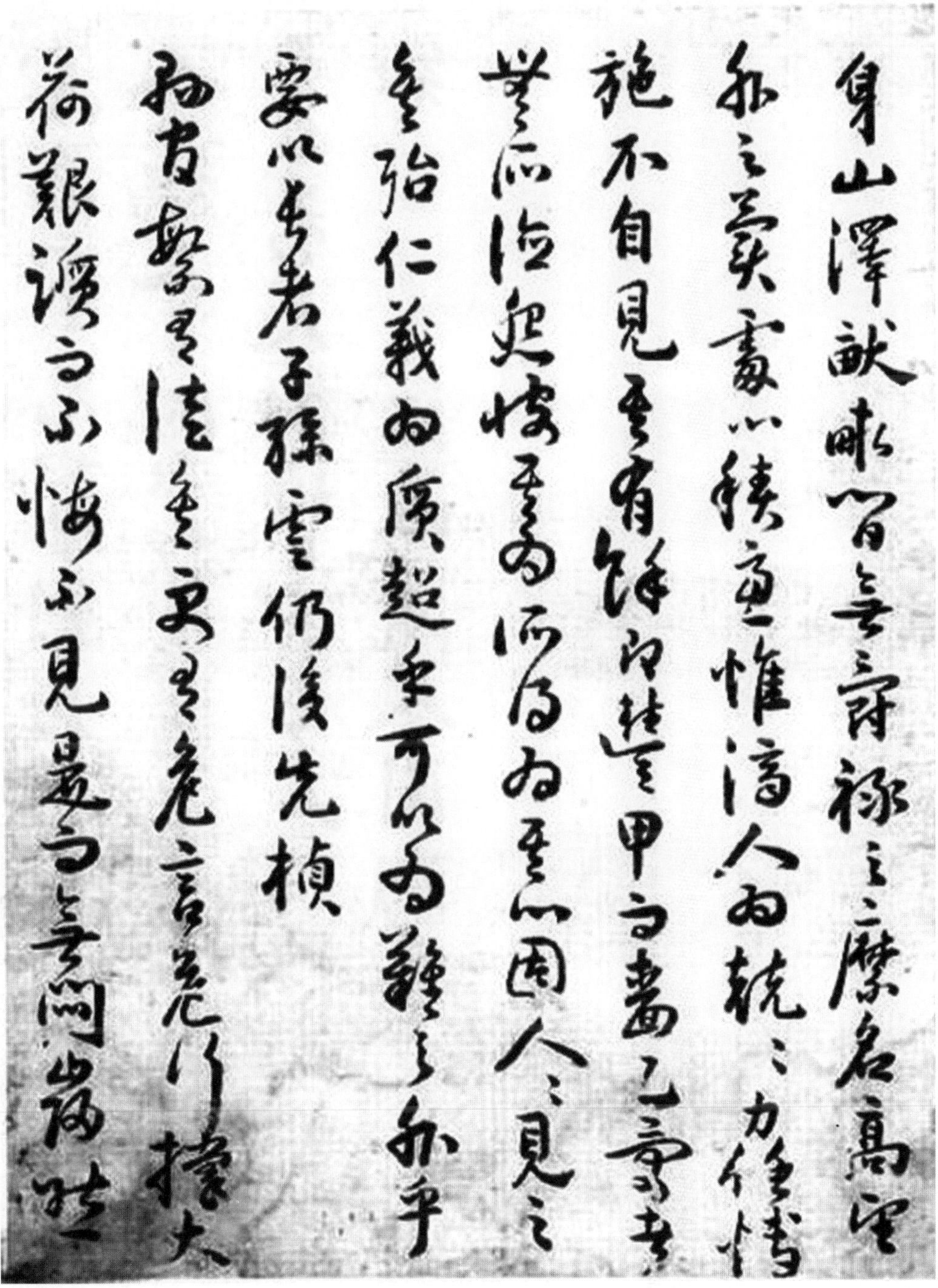

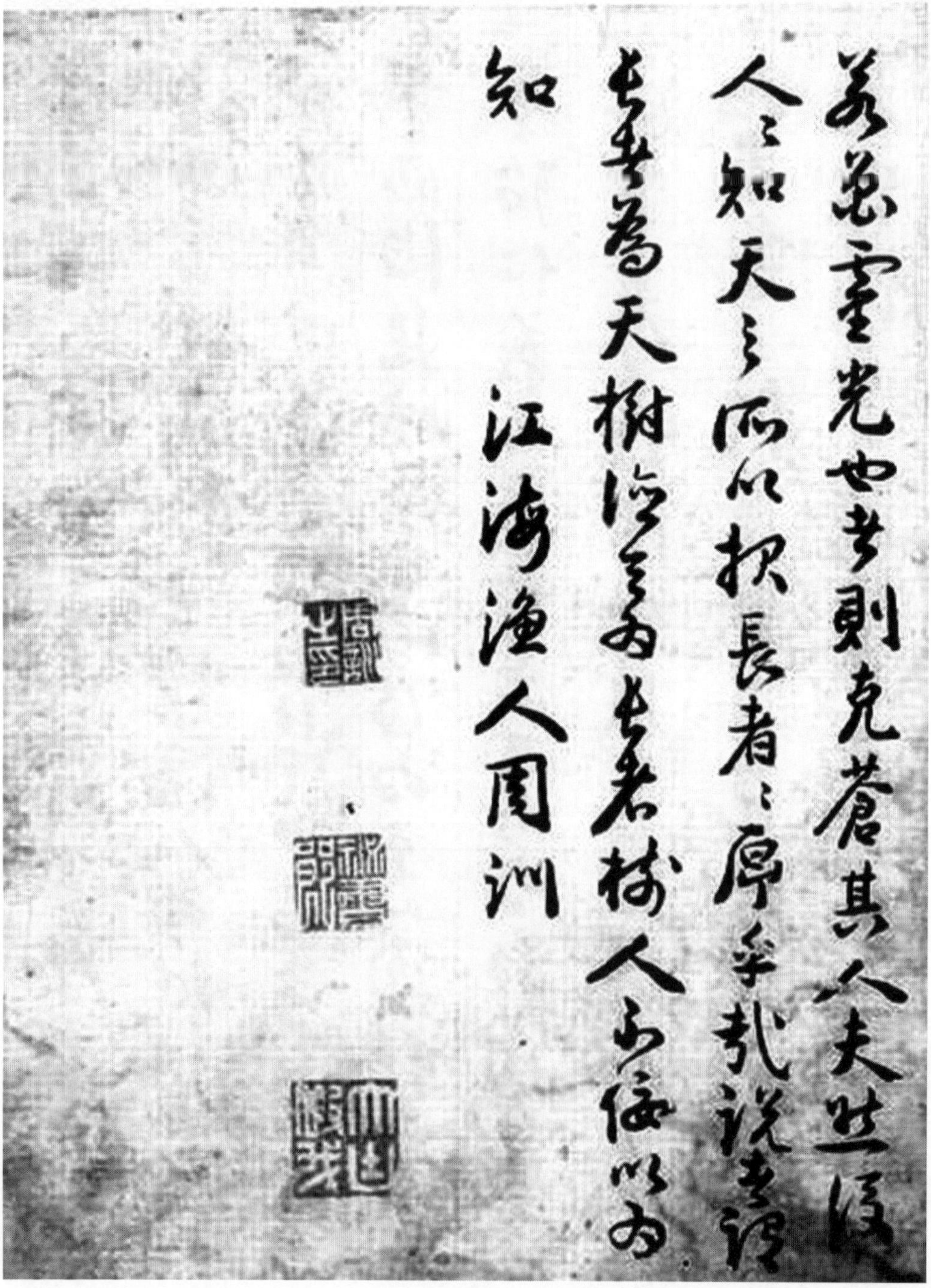
蓋亦靈光也者則克蒼其人夫豈復
人之知天之所以積長者之厚乎哉說者謂
其年為天樹將之為其年君樹人亦係以為
知　江海漁人周訓

卷四

題李旌義卷有叙

蓋聞騶虞蹈虛以惠物而豺狼竊厲於捲羣逸麟側足以全仁而蠆觸伏尸於蝸角物既然矣人亦如之故達士抗志於八荒而同氣或分燕越至人脫屣於萬乘而市壟猶爨錐刀世惟塵籠爭競鳶鴟之肉人迷覺路若洩尾閭之波至如任俠王

孫徒流連於光景希金上士求食
報於幽冥執有分一網之仁心援萬
族之險難如閩中李若者飢若棄
高季子節慕陶公悟我相之空花
結善提之善果徒以先人遺業殊
向氏之富饒加之十載勸農廣計
然之儲蓄千金可擲輒捐筏於艱
難片議不留甘掛劍於丘壠許功

無筭非凝之之局於萬錢沛澤有
年豈渠商之止於一息加以扶持象
化架雀帳於香城品藻鷄林敞龍
垣於淨土建七級浮圖之寶刹聳
飾禪山奉三世如來之金容裝嚴法
界綠房丹瓚彩綴晴霞紫閣青
跡光含蜃氣遂使清溪道上宣佛
鏡於無方温陵郡中演慈燈於不

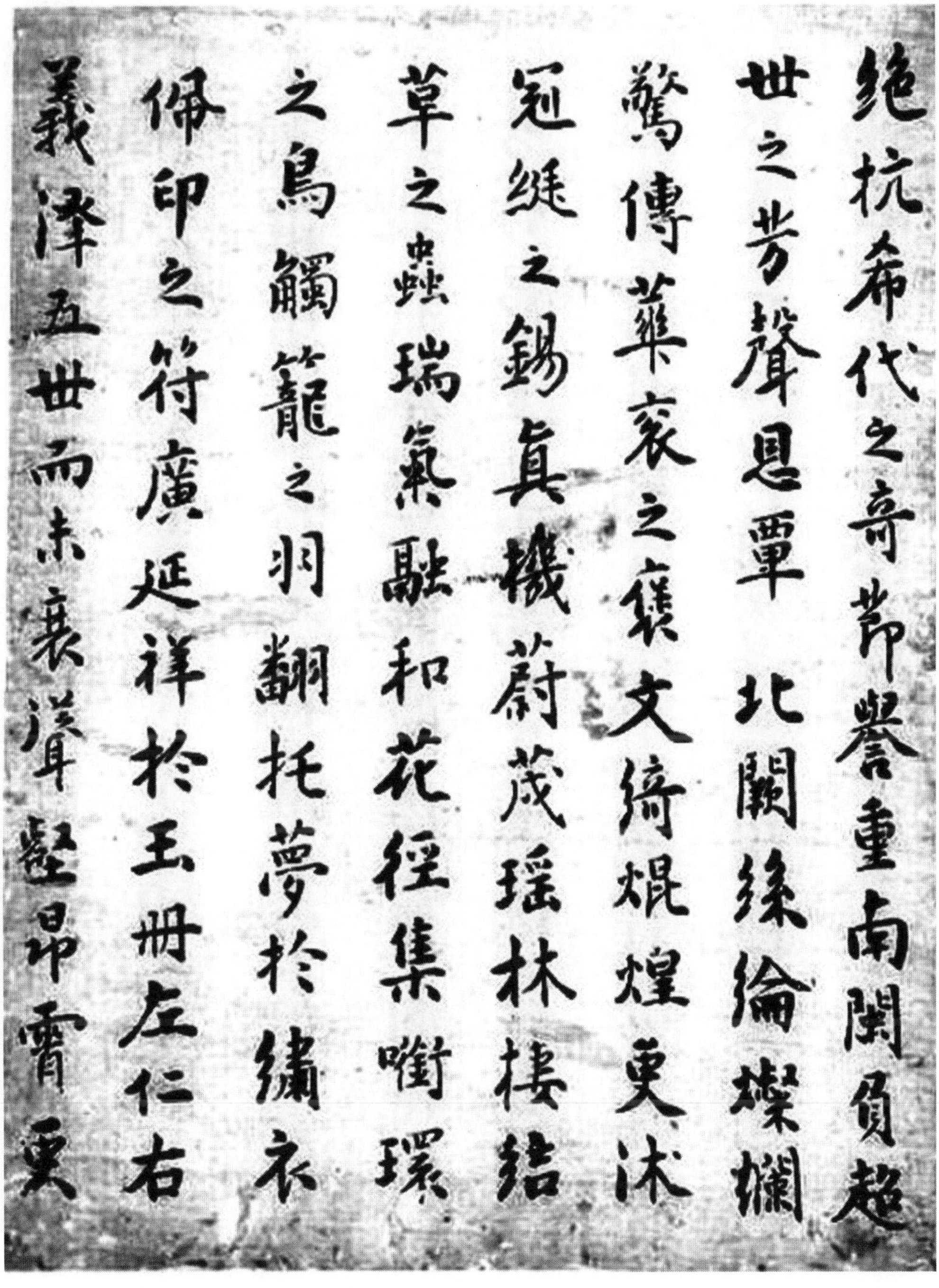

绝抗希代之奇節譽重南閩負超
世之芳聲恩覃北闕絲綸燦爛
鸞傳華衮之褒文綺焜煌更沐
冠綖之錫真機蔚茂瑶林棲結
草之蟲瑞氣融和花徑集啣環
之鳥觸籠之羽翻托夢於繡衣
佩印之符廣延祥於玉冊左仁右
義澤五世而未衰聲聳昂霄更

百年而彌盛或名高片玉蘭馨桂
郁之儔或文显三冬龍駒鳳雛之
裔雖留恩於不報惟秉素心而
顯兆於不誣薦膺後寵固將傳
芳竹帛圭臬萬年豈徒銳意松
煙寶思隻紙恭成四韻特著心蓮
敢布一言少攄意心綮附鴻毛而過
碣石是所甘心涎旌墩以度太山

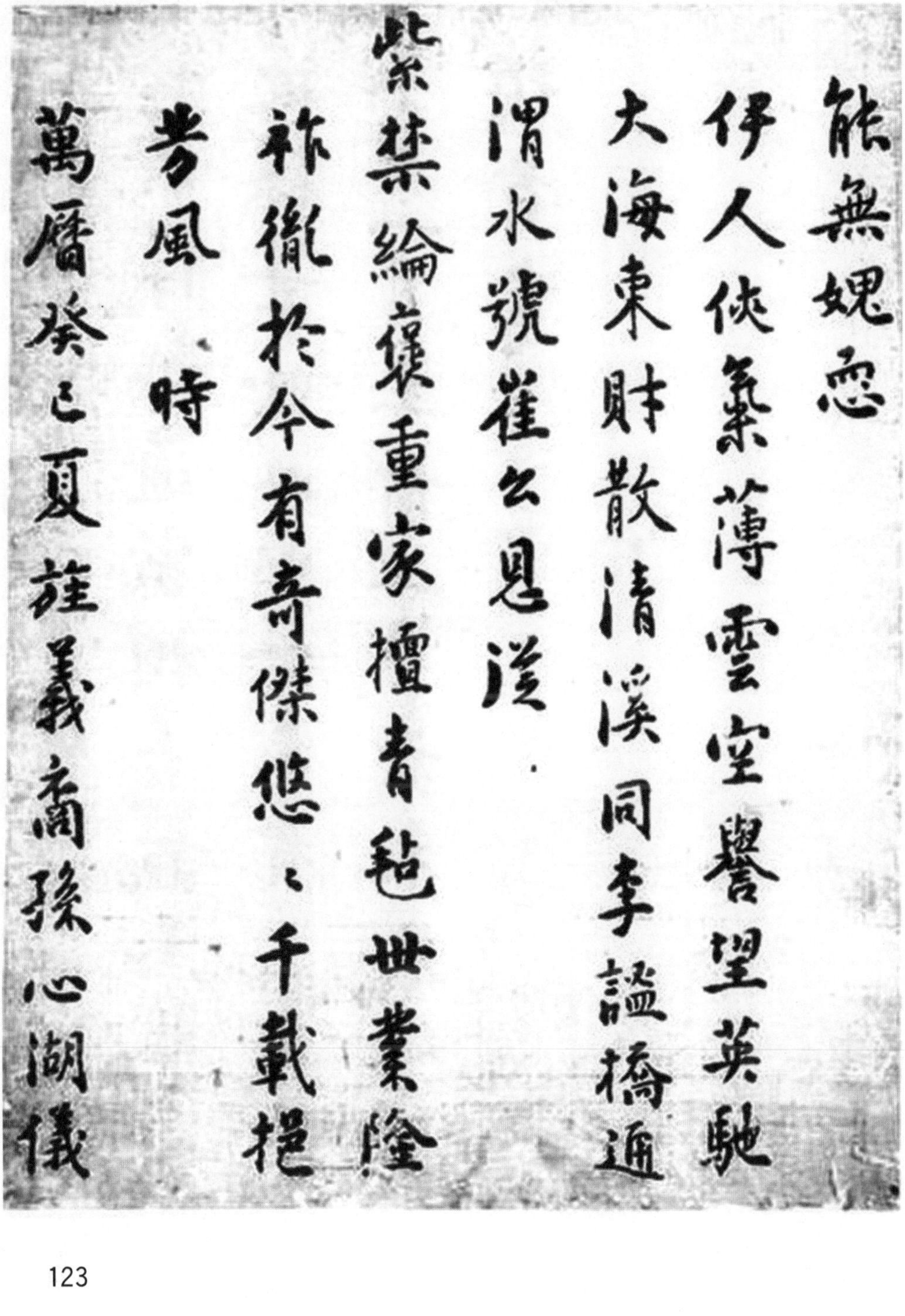
能無媿恧
伊人俠氣薄雲空譽望英馳
大海東財散清溪同李謚橋通
渭水號崔公恩澤
紫禁綸褒重家擅青氊世業隆
祚衍於今有奇傑悠悠千載挹
芳風　時
萬曆癸巳夏旌義裔孫心湖儀

部標諸名公題冊屬余一言爲齋
余於儀部通家相善誼不能辭
遂援筆賦此以風來者　是年
冬十一月至前一日嘉禾朱廷益
頓首書

旌義李公贊

龐龐李公，約結自屋，丹穴起家，蹲鴟食力。原涉緯滾，弦高犒華，應響叩門，義先急國。靈儿綿綿，公堂翼翼，執鞭執縶，直于私室。行動海嶼，音亮帝側。賜帛授囊，白手拜職。嗟公嗜善，饑渴飲食。吾儕小人，喟焉歎息。

萬曆二十二年三月丁亥郡人何喬遠謹書

景羡賦并序

昔司馬子長稱魯朱羡至高居彼雲棲木食風烈罔見裘而德音質行千里誦羡隱而獨曜斯巖處之奇行乎其砥志脩名亾偉矣余自束髮雅知李心湖翁亮節清風海宇嶽・萬曆乙亥余宦長安邸舍與翁隣得讀其祖李長者旌羡賜爵諸傳志歎曰觀禾知稼從穗識本世德固并關哉暇因抽毫以附昔人高山之仰而作賦焉詞雖俚陋聊寄懷於曩指爾

唯達人之閎覽兮握貞德以為符儼品庶之
馮生兮炳元化之靈樞彼貪夫之殉利兮竟
殞志於泥塗嗜重積而能散兮誠膚士之所
謨孰敦惠之悲賨兮孰攘・而悲愚吾悲夫
貞風既凋兮碩人之云逝韜明德於嶽懿兮
乃獨眷乎嘉族維竜首之誕神兮凝三五以
降裔湧珊瑚於閬海兮編蘅芷以為服鏡洪
濛之宇宙兮究吝嗇而愈慈赫法老氏之守黑
兮固默遠於壇弋撫長鋏以周章兮豈世俗
之所定鉴既有此內美兮孫蠖局於空谷抱

淳樸以為範兮蔚猷畆之光實蕃髮於五華
兮躍足於滄溟匪仁里之弗宅兮匪蒙跡之
弗行伊中情之信脩兮慕萬石之遺馨旌性
行以製佩兮纕苴光之熒・舉世競進兮荃
獨甘泉石之徜徉舉世厚藏兮荃獨懼多財
之媒然兄董賈而弟荊劇兮被礼誼之繡裳
豈立枯以為隱兮豈附崇而為彰現淨名之
弟一兮寤妙德于前三柝三車之遐軌兮閱
十行之梯詮鋪金地於秖林兮聚恒沙於福
田綺紺幞於塏率兮竇砌瓦而孤騫彼洪波

之決滲兮人方若於涉揭乃代后而為梁兮長虹續其飲渴物寍憂乎濡尾兮歷洪流而祇蹇蹇既無積帛兮廩不餘累重懸諾于岸言兮賓客紛以待火月旦虛禮兮州壤推風爵胡僅於下士兮祿等上農

譽命斯煌兮非夫子之所快也羕又懷邪兮豈抱關之為隘也何萑苻之嘯衆兮乃戕疆之為戾[illegible]奮吾鞭以除莠兮懇嘉禾之是憊也覽先民之巨程兮謂積善乃餘慶故吉人之姱脩兮諒介福之保定羌潛德之淳備兮周

神明之所聽兮申佑於後哲兮亘戩穀之有
餘乘青雲以翺翔兮齊玉馱於廣蹠揚卿月
之清芬兮振千古之高步矢孤忠而排閶闔
兮冀旒纊之一悟吾遒倚以朱紘兮曰麟鳳
之馳騖何中情之好脩兮猶孤憤於積薪獸
儵談其容與兮甘介石以守貞既滋蘭以九
畹兮又樹蕙之百畝唯昭質之無虧兮維節
頌之伸悔余命靈氛而卜之兮曰兩美之必
合朝發軔於咸池兮夕將遊於兕壺名世軼
丰兮毋寧天授植義犛祥兮祖澤維茂乎叟

高閎兮後且大以駟馬竇氏好施兮留徽賢之純嘏永清芬於祖烈兮曰懿德與榮名苟耔耘之斉獲兮知豕粒之已成亂曰夫人之義余所思兮如金如玉永為儀兮仰高山而太息兮蘭芷芬其未沫心懾、而何斁兮

峨眉王毓宗頓首書

續猶義李先生傳
李先生侗、人如其
稍私猶公為人之徒
墓其簡師範秉識
郡臣題山郡易王篇代

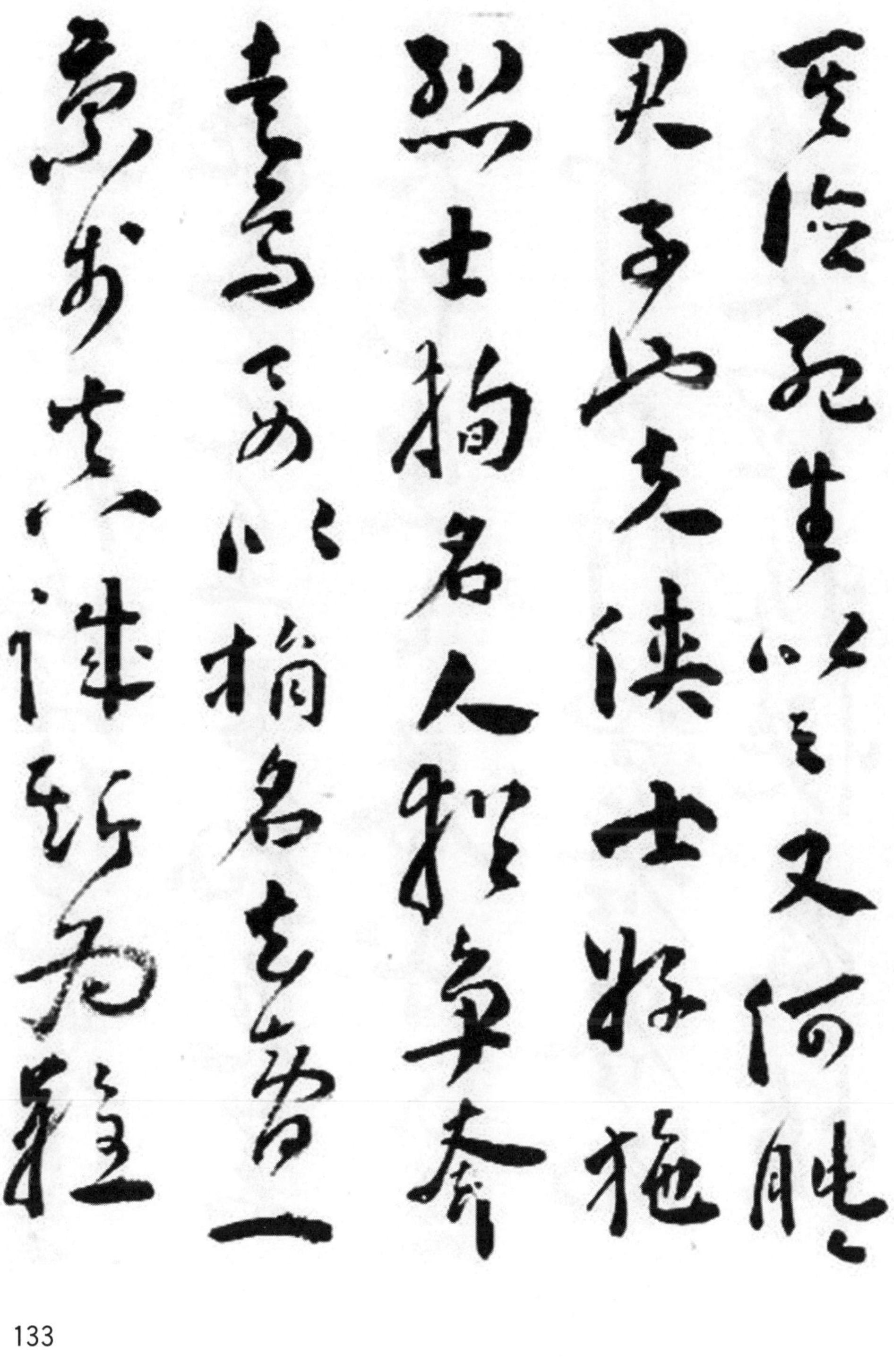

耳余謂君及鬼先生

我言至孤亮若

見超坐之參半迷至

即云沖字昔谷而

至文謂怪悅發憤

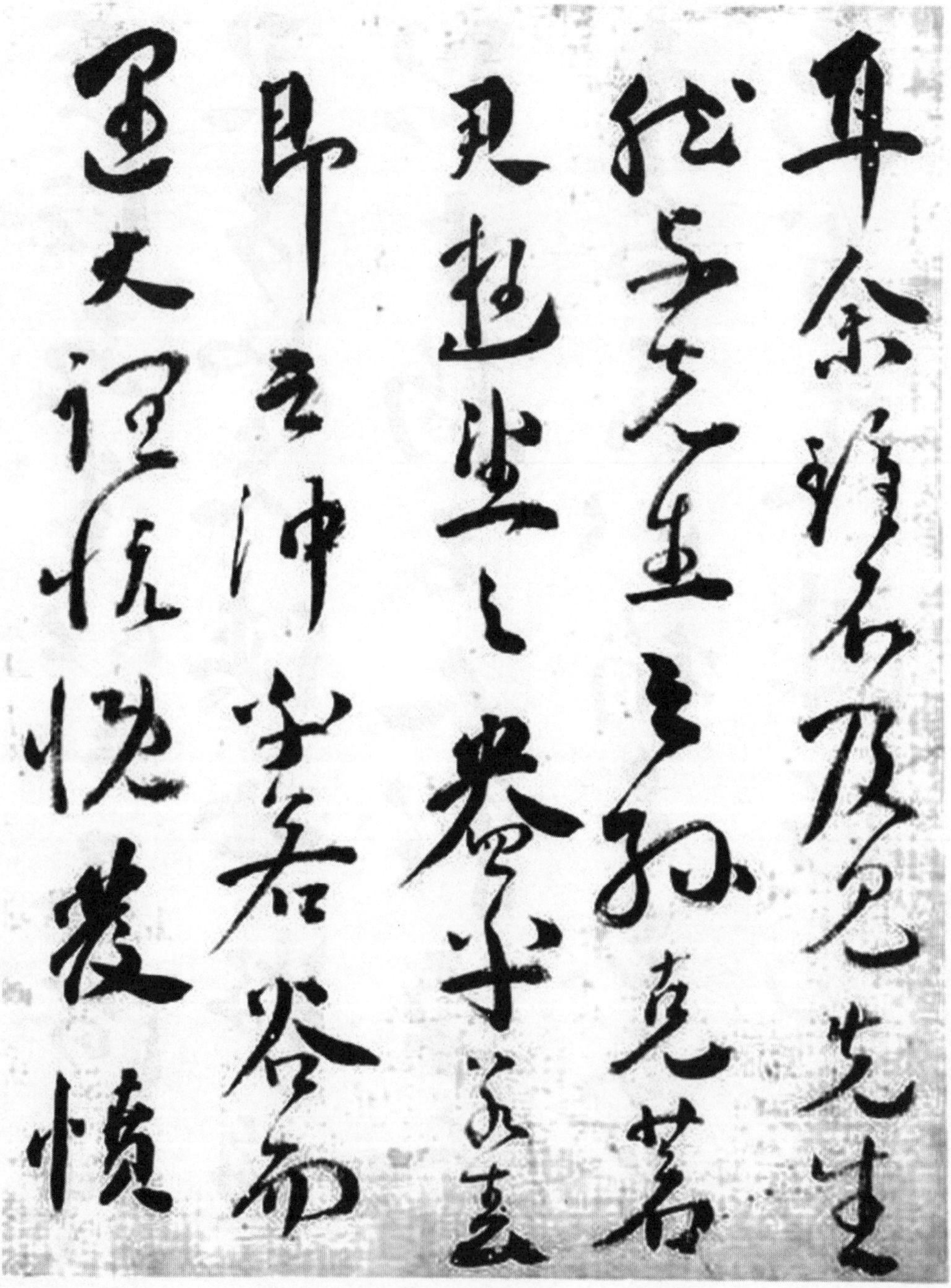

屐履屐堅乾容
慘越書太樸何
先也詩
亦元夫

莊愴

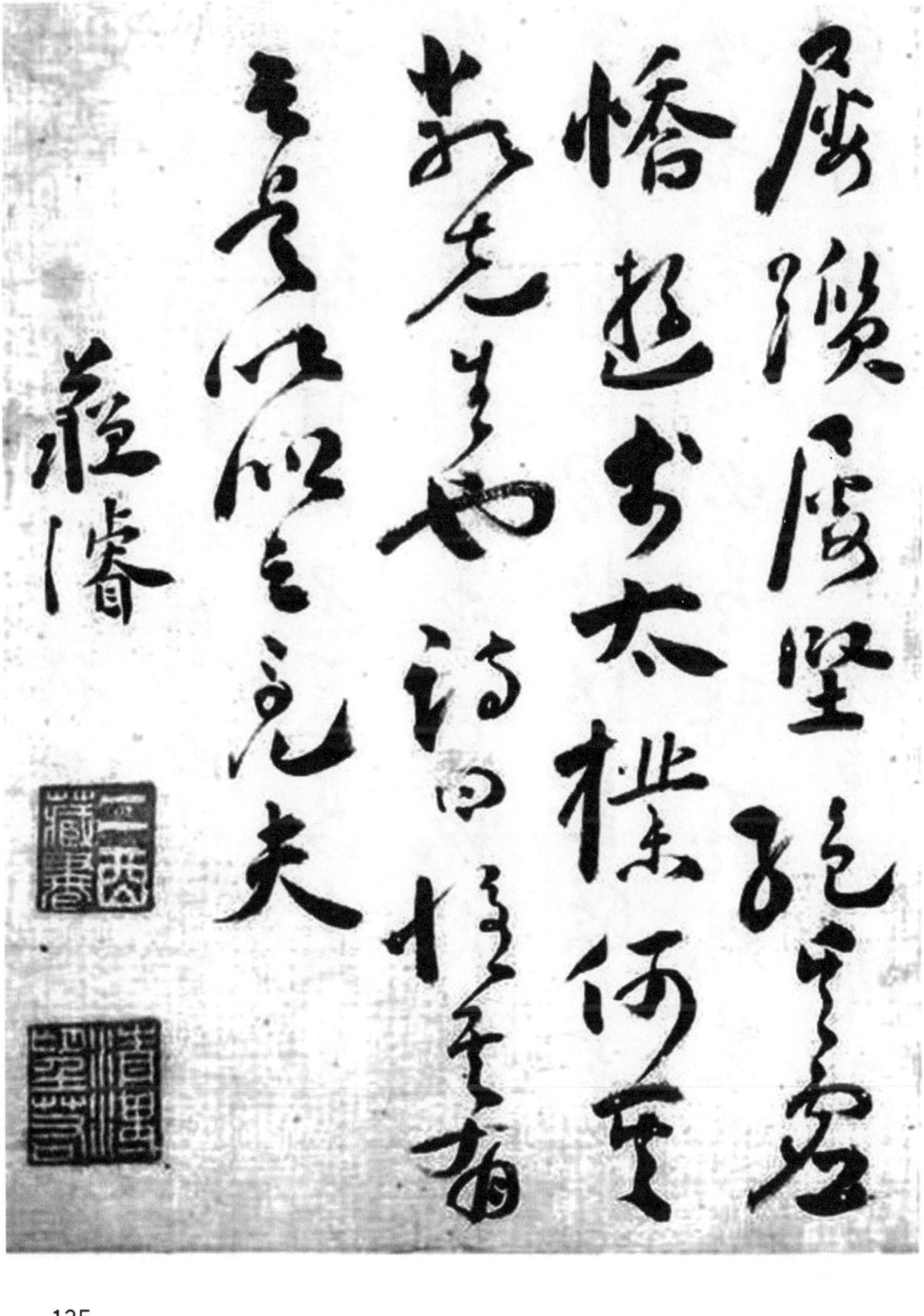

湖山勝甲清谿抗帶與橫航孔
道土色剛封植輿區以毓生乎間
者多質行而不逐乎秀氣風
莫逆於制驚李子觀民封君李
子羽氏因而習於法昆駿駿乎長
世含意乎况厚醇厖魁艾之士
克開廓先越大觀陳及鄉而為

推篆以傳寫蓋信於推君生不

逢中興之會出不羅邁東之典

化以鄉黨晉以公士粹然蕞然

家急人困科王慝分之而可為

与時之而弦為者類如是耳術

令与法昆易地而寡除熙豹束

明揚界銀大寧聞疆正典譜紹

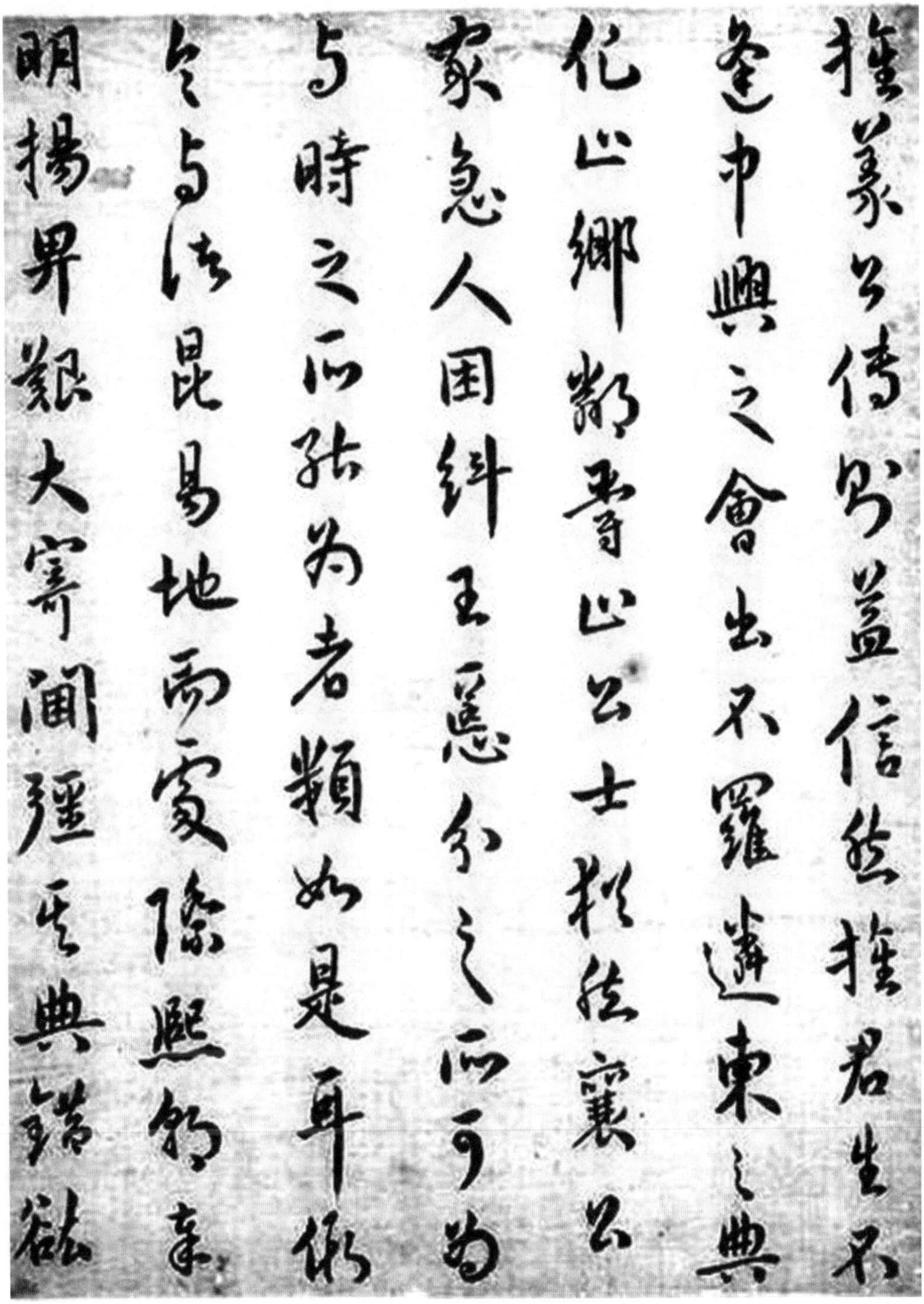

鉅必更倍第々諸昆出而循良入
可蹇直撓衆批鱗艱危匡予以
憂社稷先公々之而後為可未為者
後之人方豐々無昔極公卷々雖
頌以昭積累功仁之德不寧詎止
多方懋閎三恪毋忘龜訓德媲增
修令德以無遏佚前光々同敦君

當皇華鼎鷄之時諸凡簡淡
無而湛績獨於法君子傳序數
然後勒諸堅岂能實念厥眉
之深意內以飾躬而上以亢
宗耶余素畏先業於釋教
謂丐揭換而善自廣益也用
次法作者之辭以附毗法毘

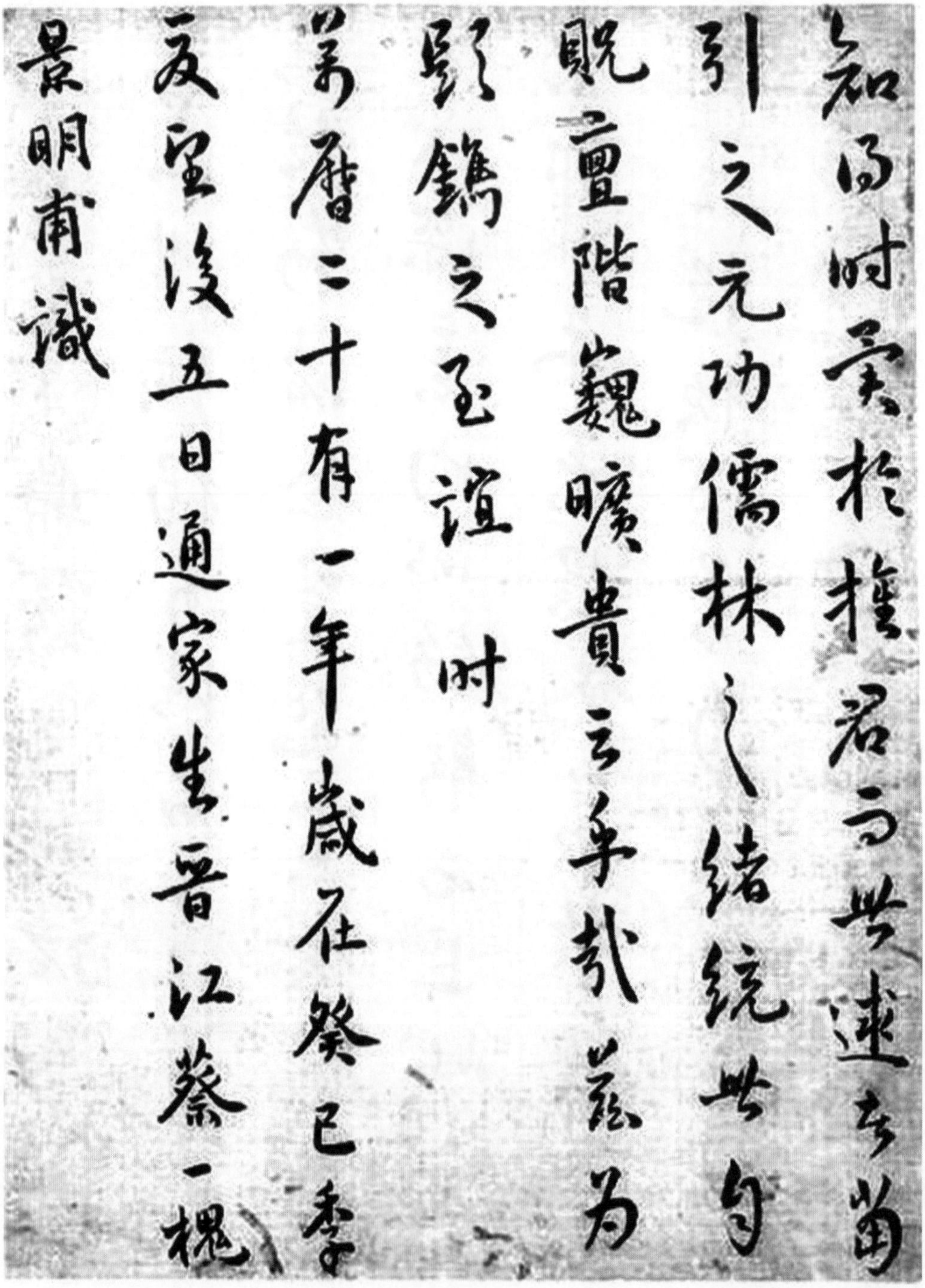

知何時異於擢君而世述者蔺
引之元功儒林之緒統世胄
睍亹階巍曠貴之手哉茲爲
題鐫之至誼時
萬曆二十有一年歲在癸巳季
夏望後五日通家生晉江蔡一槐
景明甫識

第濟臺推業傳以一□海□居□□
人□新以□□□□再見□□右□敦□□□
遍□三□孤□□□□□□□□
□□□□□□□□□□□□□
國□醇□□□風□□□□□□
□□□□□□□□□□□□
□□□□□以功□□□□□□
□□時□人□□□□□□□

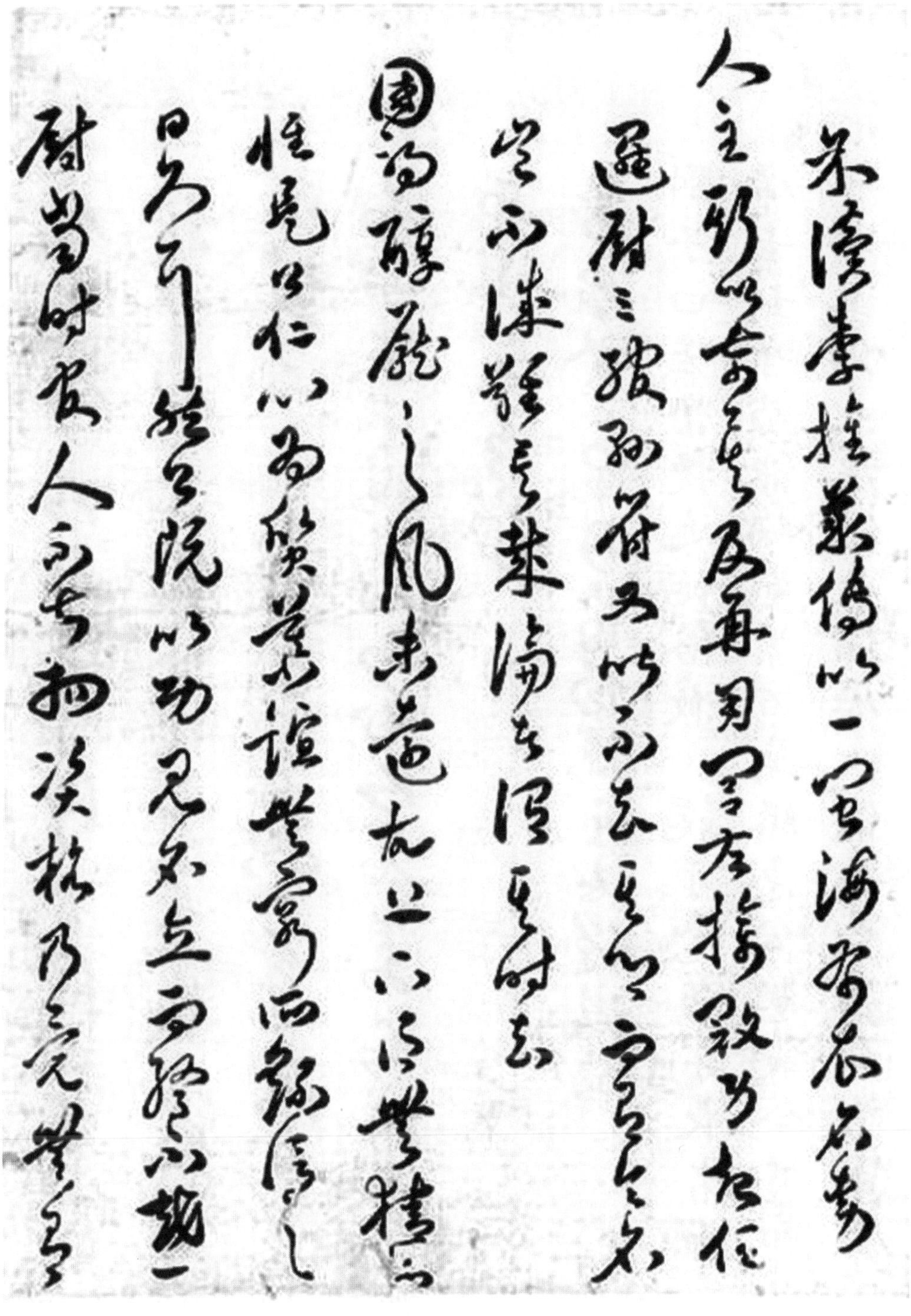

稷辭之瑤一旦剖以爲河魯猶山谷乎稱
新筆形至時多才思而至奇拔而稱乎
此算而身未成之名生執至忌果直鑒
志乎集至鐵膺爲取色如見篤於潔名矣
西泉小艾爲此也　仍
萬曆癸巳冬月蘭谷陳至志謹識

劉子曰嗟乎輓近佻俗潡潡競于毫芷李長者即
席素封乎乃能捐貲累百萬緡急公馳義今百四
十年其鄉之薦紳長宿歷歷能道之甚至爲貸糜

食橋圯齋志爲公慷慨好行其德固天性耶且也以布衣撼萑苻直令枹鼓不驚至歷天子璽書臨長其土抑何豪舉也夫史遷叙游俠々一脈雖鑣々中古不可磨滅然余知公獲仁蹈義掩口不欲道俠視其所為殆漢世高門之儔而倜儻踔絶什伯之乎藉令身都將相方之古者彰君之賜及近代麦舟義倉之為尤烈々者也克々葛父高標峻行親賢愛人有如饑渴蓋至性所自來長遠矣

年家子廬陵劉日升

書李翁冊

余讀清溪李翁傳或曰俠或曰長者而疑焉夫長者與俠不可同日語矣曰長者則慷慨之氣常少曰俠則文罔之扞常多柰何比而同之已乃畫翁生平翩翩豪舉都自不忍人一念流出大都有長者之行而不靡於氣有俠士之節而不

骫於法君子哉若人乎翁裔孫儀
部郎克蒼氏為余同年友聞余言
謝曰微子疇為先大父知己乞書
之為重夫余書曷能重翁能重翁
者是在克蒼氏矣舉斯不愧人之
心措諸天下可也是善光祖德者
也甲午春日漢陽蕭良有書

余游燕則睹儀部克蒼李公望其貌雍雍肅肅蓋博大長厚君子有指樹數馬家風抵掌而談當世之務則又若懸河而數計也惟其多世德云及讀李長者傳而異之人貌榮名不宜耳長者以布衣用貲起家乃好行其德顯名天下其周卹族戚類仁其趨急縣官類忠其剏署結梁類義其結士職冠類俠乃其掩口羞伐其能則又居然長者是大不可測其老乎猶龍乎世傳老子化身於春秋為范少伯於漢為東方曼倩乃長者以貲連陶朱白圭共合為一人者耶語曰山高而[illegible]

興焉淵深而蛟龍藏焉人富而仁義附焉矣已下者
之謂乎夫朱家備怨而扞文罔卜式輸邊而爲鄉相
泆長者乎何有乃紆青拖紫手綰銅墨視閭事
民瘼若秦越人肥瘠者不足道至如朋黨比周
設財役貧武斷鄉曲侵凌孤弱恣欲自快則賊盜
而居民間者耳此乃鄉者朱家卜式之所羞也
視長者韙之矣書李長者冊
萬曆己亥冬孟三之日華亭范允臨敬書

李長者林不盡其用而託於好施數
散千金有鴟夷子皮之風百四十年來
人与骨皆已朽矣好事者猶張而大之
義往而名在也墨子曰為義猶築墻然
能築者築能實壤者實壤能忻者忻
然後墻成也能談辯者談辯能說書
者說書能從事者從事然後義成也長
者從事矣諸君子之論著亦曷可少乎

歲歲甲午首夏廿四日琅琊焦竑題

弱侯

予讀此冊蓋太息為嗟乎
攘必報人皆知之世之為孝
長者何少也今夫富而慳者
以一錢為命貧而高者亦以
一錢為命是二人者命竟可
必哉夢得百錢使

食其半而留其半曰以待明日覺而曰吾早知其夢也悔不遂盡之則人莫不笑之矣醒夢之今日昨日與生死之今日明日夢無以異也盡不盡皆夢也而

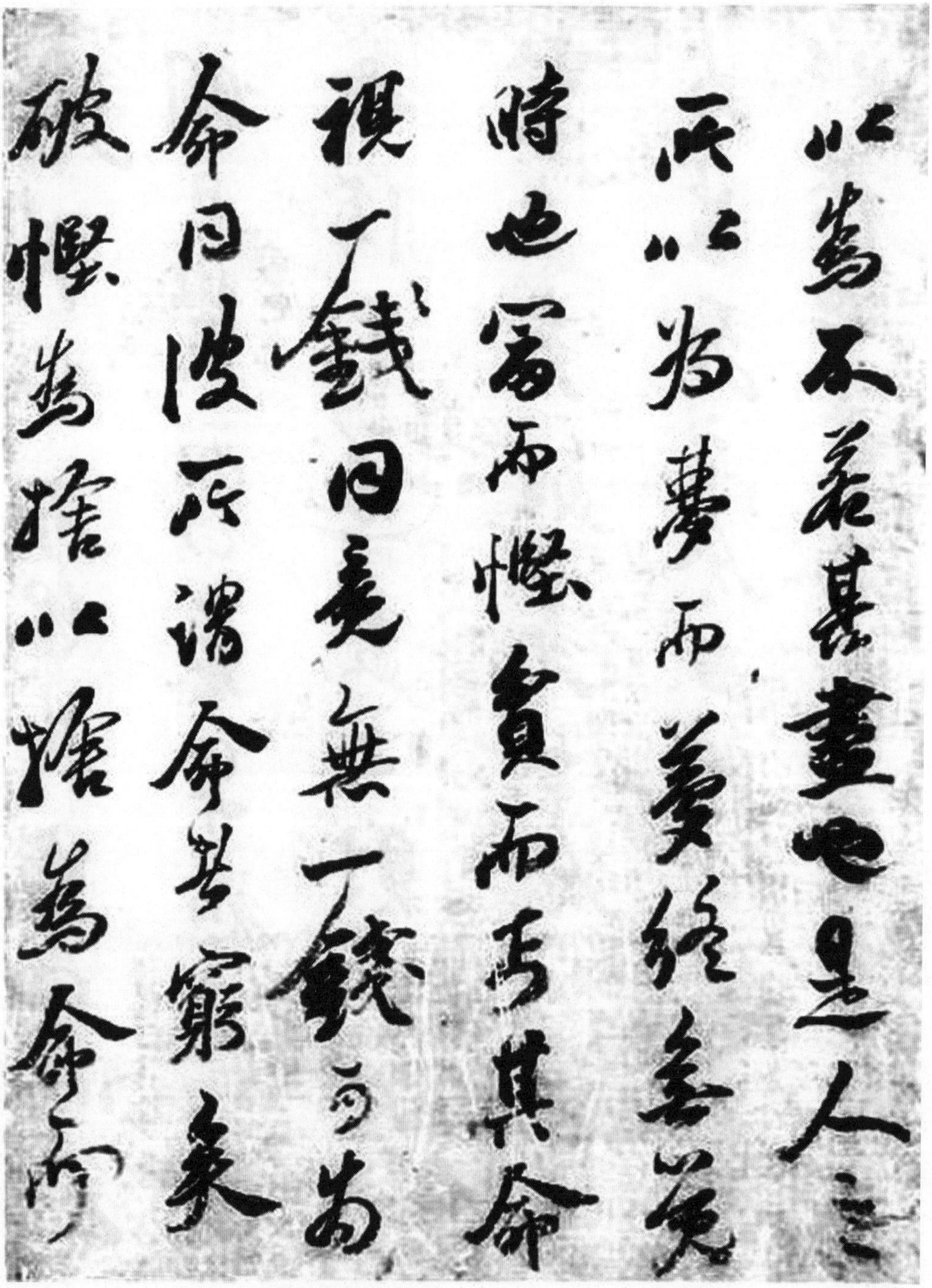
以爲不若甚盡也是人之言
所以爲夢而夢絕無矣
時也富而慳貧而焉其命
視一錢曰是無一錢可爲
命曰彼所謂命甚窮矣
破慳爲揞以攫爲命所

命非所擾故有懷之夢
有弓之夢有擾之夢
則有懷弓與擾之辭三
夢而其為夢也一也然
必無擾歟曰何為無擾於
以夢擾則窮以覺擾則

無窮其據也覓其報也
亦覓、則據無所據報
無所報無據無報則命
之而無窮矣至人之道宿
命也其千萬億劫之所據
固無足云而其所不據其

乃玄於懒极而衰陸夫
未有撘之不能而能撘之
芳也故以覺言撘則一钱
以法省可為善家
言撘則此一钱芳慄人
對之為泰以好人術

爲鴻毛是富人之壽
命曾不若愛其之
輕命也因題此冊而歸
該長其之閩縣儀部
堯蒼氏曰世之君子將

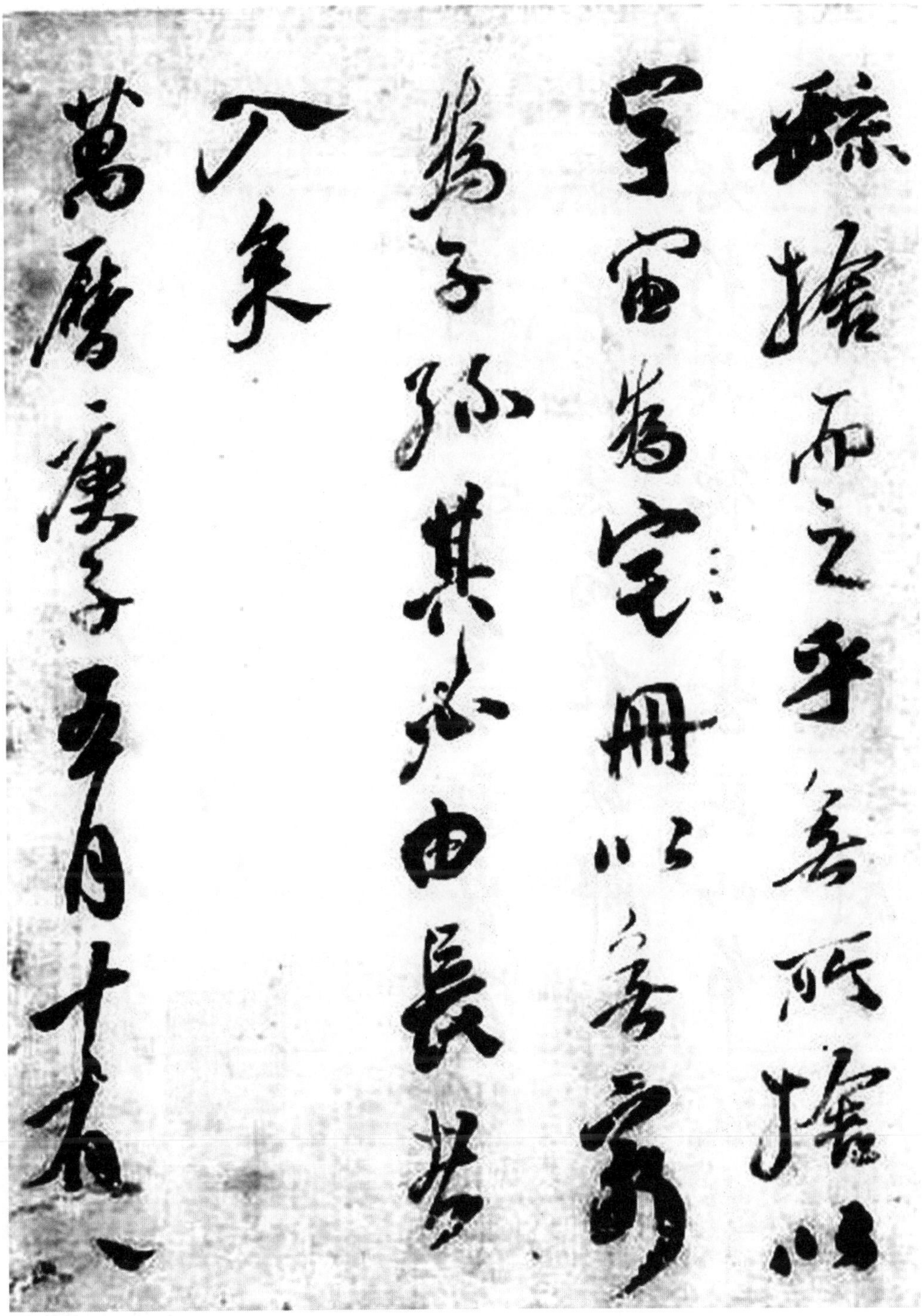
繇據而之乎善所據以
寧留為宅冊以善寶
為子孫其必由長者
入矣
萬曆庚子五月十有八

白石細居士黃輝書

英廟時清溪李公數散厚貲佐
縣官緩急而於族鄰鄉閭間
好行其德益甚其以布衣蒙
璽書襃寵特拜署尉良有以樹

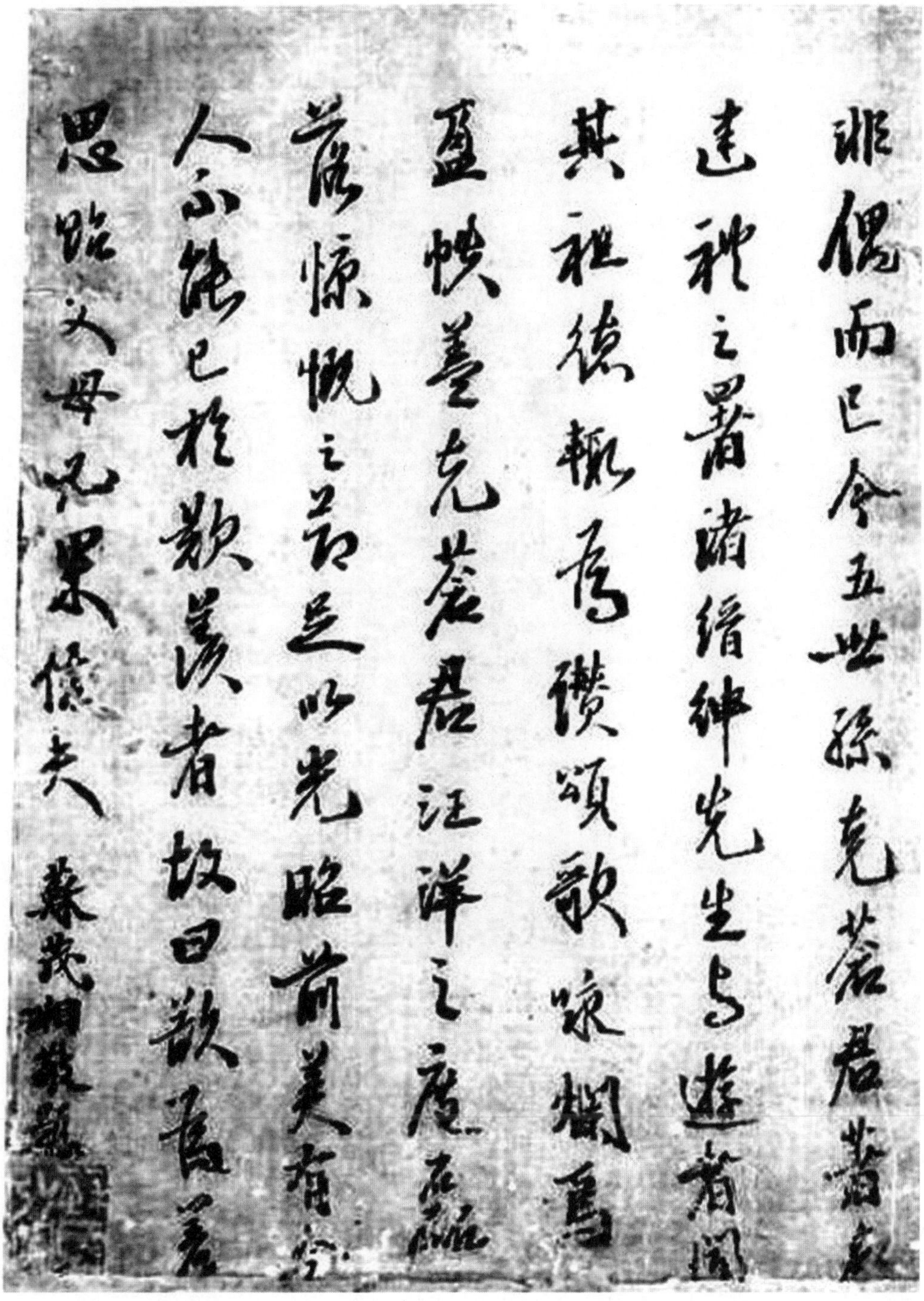

排偶而已今五世孫堯蒼君甚
遠稽之署諸縉紳先生與遊者閣
其祖德輒為讚頌歌詠綴焉
益快善克蒼君汪洋之度在臨
落懷慨之音足以光昭前美者
人不能已於歎羨者故曰歎為
思昭文母克果懷夫
蔡茂湘敬題

楊祖傳覆瓿略續

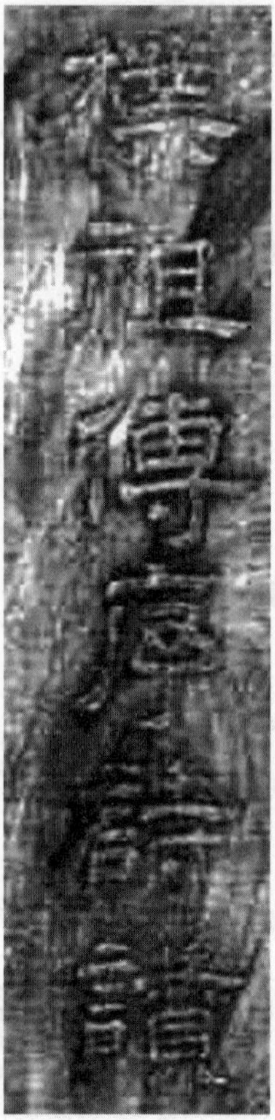

卷五

余先世家尤溪徙清溪常樂再徙感化河洋
里里中世變什一自玉山則武公以來汲汲豐
人伍余始以武功起我諸兄幸以翰墨致位余
幼喝喝慕義好施與壯即攄所志而措諸世
業用致饒厚則本之什一仍商擁兼鹽鐵之
利以故稍稍為清溪族右而艱難辛苦備嘗
閩分五子克自豎立既而遨遊四方惠濟困
急其素志也即如病涉者造之輿梁已二十五

座餞餓者賑之米粟几五千餘石若司府縣堂
嶽觀庵岩慈樂施建造載在誌書碑記間可
覩也生平所自許而自酬者則從寧陽侯平江
伯大司馬誅沙尤不軌諸酋大征是臨奔莫
及但余慈祥人也不忍一方之魂悽愴無依經歷
大深里社諸岩寺院將彼處田租施於寺着本
僧歲時脩齋超度孤魂以穩慈惠之意云而
施田之來則令僧人就余户備調余恐世遠人湮

謹陳諸　縣父母請給鈐印簿書以示案據
仍序以識不忘吾之孫子覩其所以創垂之艱
與所以惠濟之雅武功之顯示爾祖爾父之
鏡也

天順柒年秋七月　　日森序

今將優歷施與所費條具于后
一慕義起架本府木石工資等費三千餘両
一起建本府東嶽五帝殿木石工資費銀六百餘両
一起盖本府玄妙觀木石工資費銀千餘両
一助建福州開元寺費銀千餘両
一助建本縣堂計費銀貳百餘両
一施本縣龍津觀地基并起盖費銀三百両

一起盖常樂建口海潮庵木石工資費銀百兩

一起盖本里清溪宫木石工資費銀五百兩

一起盖本里泰山巖中殿并東西畔蔵堂齋堂費銀七百餘兩

一本鄉溪尾渊墘石壁嶢巖舊時船隻到處灣泊渊尾余見本里貨物裝載挑販艱辛費銀五百兩鑿開水道疏通船隻往來始便

一遇病涉津頭堪造輿梁以濟人便者共建

橋二十五座惟本縣上下源渡及常樂里建
三橋浩費銀兩將近萬餘其他小橋或費銀
百兩或費銀五十兩難以殫記
一經歷南鄉目擊歲飢餓莩相望余不忍坐
視賑施米粥三箇月計米五千餘石
一慕義助邊粟三千石蒙
命頒榮
勅賜九龍嶺巡宰

施田着僧脩齋超度孤䰟田叚土名具后

一田感德里大塝湯頭上洋種子壹石租貳拾秤

一田坑頭種子五斗租拾秤

一田土名門口乾種子五斗租拾秤

一田土名八斗塍種子五斗租拾秤

一田土名山狗頭種子壹斗租貳秤

一田土名後田大坵角種子壹斗租貳秤

一田土名湯墘種子叁斗租陸秤

一田感德里大溁石鄉土名後西坂上種子貳石貳
斗祖四拾四桃
一田土名緇鼻嶺厝門口種子壹石祖貳拾桃
一田土名後隔乾并厝溉火炡種子五斗祖拾桃
一田土名後隔種子壹石貳斗祖貳拾桃
一田土名雙壙種子五斗祖拾桃
一田土名芥菜坑及大坂大帽兜共種子貳石載
祖肆拾桃

一田感德里大滐太華土名大乾尾種子壹石載租貳拾挑
一田土名沙坡種子壹石柒斗種載租叁拾肆挑
一田土名翁厝内種子五斗租拾挑
一田土名半嶺種子貳石肆斗租肆拾捌挑
一田土名吞菜坑種子叁斗租陸挑
一田土名新珠洋中種子丁五石租壹百挑
一田土名屢後壠種子貳[illegible]斗租伍拾挑

一田土名仙宮後種子□石伍斗租叁拾桃

一田土名水口龍種子壹石租貳拾桃

一田土名大埕種子壹石租貳拾桃

一田土名後坡頭種子捌石租壹百陸拾桃

大溪天湖岩田一段土名白石杉安種子叁石陸斗

天湖岩租柒拾貳石係吳達一佔去

一[illegible]桃

一田土名嶺富種壹石租拾桃

一田土名草横種四斗租捌桃

一田土名擦頭種弍斗租四桃

一田土名礤𡏖坑種子叁斗 租陸挑

勺兄棄世佔去

此段租係百石徐吳嘗鈞今佃

厚德廣施浩乎廓犹大貴自千萬而上約略在籍百十而下無紀焉當其負戈從王居有訓練出有賫操薪芻不擾于牧人行竈不假於公精其供億也大矣力濟其志利吕和義盖盡心濟物豈爲求有此名哉自天順底今垂二百祀存者寥寥大橋如倒斗上下源渡洪流崩圮公以此無生是其及見者無論耳聞省中之初創芝山也僧裒緣疏設齋誓衆曰贏千金者署首行占首位公時進方物歸自燕直入上座呼僧曰筆来吾署之署如其旨坐皆辟易僧問期公曰易耳旦日啟藩伯借千金伯亦籍甚其名授鏹無所缺數日家僮舁篋至完若所兑者寺成僧德公庸為

祠祀公主前輩子孫科舉咸宿焉至萬歷中年賓興員夥散而僦居事乃廢予生也晚至省求祠故址之湮淪久矣考僧亦茫然今寺亦再興再毀矣興化江口橋者公自建芝山歸經此適會興築檢篋中尚餘千金悉襄之予嘗過其上讀梁亭遺碑循省往復無祖名私訝千金非寡尠紀德見遺豈積薪者黜前庸而自為功邪臥波猶懸非長流之所能泐而弃隱蔽美是亦不仁而已矣在郡元妙觀今祠朱不祠李相傳樸祖墓志朱簡菴先生所筆廉不受潤用此酬具勤故李之子孫無有至者若泰山青林獅子福山龍津殿神宇巋然猶峙然其欂櫨傾欹階砌剝落匪昔

觀矣諸橋或圮或存各已過半自喪亂以来遷徙荒山於樸祖經營之區靡不踐歷若橋若菴或披榛而進之或招遊而過之所見梁石樑籤悉登祖名反稽譜牒俱無一載然則公之作德如日用飲食皆㠯為不足於炫侈也留于家乘什之五耳予之兢兢書此近於續貂但其引伸於嗣孫之望惟敬惟勤飭癈舉墜為其易者并為其難如東嶽之一再脩亦其一也樸祖曰是亦爾祖爾父之鏡焉耳夫鏡又曷可不時拂而時磨也。

七世孫日燝恭識

十二世孫斌敬書

府君以天順七年八月二十五日下世七月中書此記相距纔閱月耳前一年以上官疏薦謁銓入都舟行至建溪夢衆僧帀岸遮留計是以大期告之遂不果行綜其行事留此數袠慮不及後人言不及家事其書行蹟非伐也欲使子孫繼其成勞其書大深施田非戔戔顧此也府君六十六年中家脩而里里俟而國赴義之勇兼濟之勤聚散百萬畧勞於朝野可勝既哉而獨結情數畞盖平生不忍一物之命非浮己稱千用鉞悲軍士之橫草見滋亂之委骴魂骨坑填無復魄之親無國殤之禮所以鉥心疚緒惟懷永圖傳曰夫子加禮於死者況生者乎嗚呼知德之君子於此觀仁庶無譏焉

八世孫光坡恭跋

十二世孫斌敬書

古之所謂豪傑之士者出則宏濟蒼生處亦緝和鄉党故晏子之在齊也春補秋助而外其待而舉火者七十餘家陳式之在漢也輸粟助邊之餘其廣為推恩者終身不倦僕閒披育左俯覽漢書盖嘗心識之而求之目前則未遇其人焉而亦不敢以為絕望也歲己丑由龍溪權篆清

溪識

李氏拔萃于山
文貞公裔孫也其人孝友睦婣義洽族里
其行事於二子爲近惜高尚其志未獲
見之推行也予以爲
文貞公之明德後有達人固然其無足怪而
不知

李氏之積功累仁上自
樸庵公始也公在前明天順間其立朝大
節史傳書之邑志紀之過晏陳遠甚
而讀手撰序文平五邑寇亂以靖黎
民置義田以贍宗族建橋梁開湖口
險灘以通舟車又非若晏陳二子之沾
沾施濟已也尸祝者至今未替則留貽

者至今孔長然則今之有
李氏于山人以為
文貞公之澤予尚當溯自
樸庵公也故誌
樸庵公薰以誌于山焉抑予見于山諸子
英爽之氣溢於眉宇人以為皆有祖
風云是為序

閱卷之俠急人之急千里赴命此
豈非人之所謂賢豪長者耶況
以一布衣而振國家之急難其義尚
可勝道哉諺曰饗其利者為有德
名聞人主士不虛附彼之術也以予
所徵李翁篤於善無厭不矜其伐并
所謂接之寘之者合於何有庶幾矣
無所為而為者與讀其事者為之

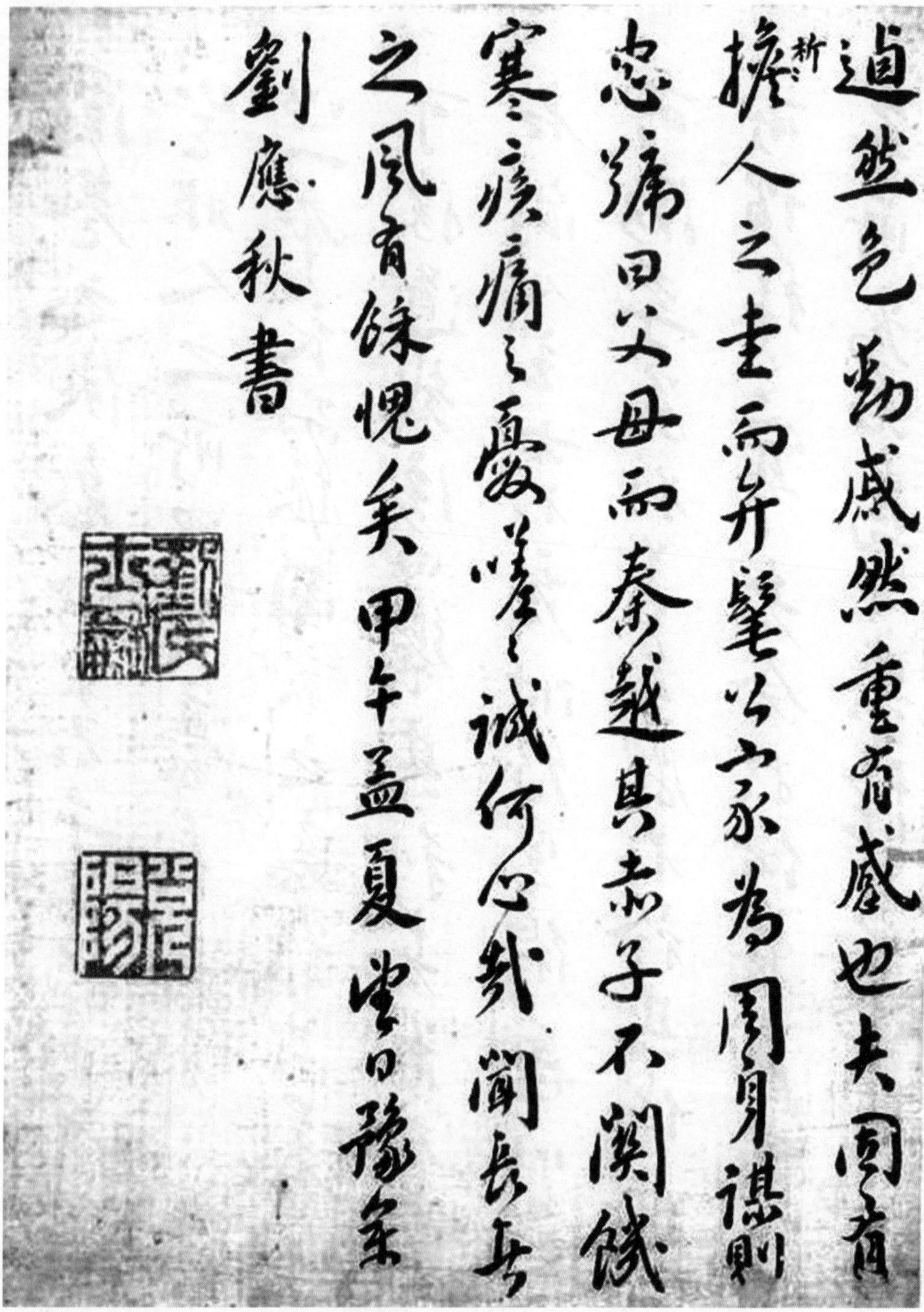

追然色動感然重有感也夫周有
擔（析）人之圭而弁髦以家為周身謀則
忽締田父母而秦越其赤子不關饑
寒疾痛之憂嗟嗟誠何心哉閱長岳
之風有餘愧矣甲午孟夏望日豫章
劉應秋書

世之論陶朱以賢魯連以俠斯亦乎其於陶朱
魯連奚當也鴟夷子皮捷財自豐托名殖[illegible]
其祖以治生嗇其精以自毖目睇阿堵不翹[illegible]
賈豎望而去之仲連海上布衣窺屏趙之秦時
目大呼欲伏劍斬祖龍不悼蹈東海而死千載
而下猶存士君子之志節故陶朱善藏不盡之
用吳越遂而猶渺扁舟之一粟魯連獨抱奇
餘之氣秦鹿失而尚餘義士於海濱李長者
邃矣讀其傳而夢寐其為人儻所謂用朱書
而氣有餘者耶長者不得行其志於亡[illegible]
壟之散金以鼓知〻人丟之慷慨撫雞則白[illegible]

剸人腹萬金醉死士梭昔慈悲釋沬[illegible][illegible]而教之
者善用而不用不用而用勃勃奮迹之氣已自違
壓不可收矣吾友竟蒼君林志軒邁人倫百四
十年未盡之藏醞濃黃淺一書郎抗顏章
國是不恤饞馬之忌於都哉魯連之餘矣長者
之為竟蒼耶竟蒼之為長者耶陶朱晉[illegible]
吾不與焉又安能辨其孰是也

黎陽王在晉謹書

荀悅曰立氣勢作威福私結交以立彊於世者謂之游俠太平之世武勇折脅其在流搶天下徒涉怯者震慴貧者亡篋於是天下何可無俠聶政田光隕身而已齊有靖郭賓客譽起朱家振人自貧賤始雒陽劇孟行頗相擬關東大豪漢有子高自是之後俠亦不多世無司馬子長既立傳之無人亦何恨乎蘢井之無豪嗟夫禍虜之于千古皆同吾所服膺旌義李公

乙亥二月莊鰲獻書

仁人之於仁若鳥之于飛魚之於潛不期然而然不期致而致李先生總角好行其德而獨為名聞 螭陛遠近景附非所營也踸踔一尉莫騁秋駕非所陀也先生善人知之而勸人不知而勸何有於外也 遇合孰鳥不歡于飛魚不厭于潛仁人之不歡于仁而若是則已矣故先生即蹩躠自好畢世而莫之知吾知猶不厭也

海虞瞿汝稷

北海甲東南渭陽杼鍾異代
興偉丈夫丈夫豈在一第於赫李
長者錚錚秉高義以俞加忘私
傾金結死士出民水火中英
聲振天地孳孳急好施講學
賢博濟乃金者金易蘭孫曰
善繼鵲起翔天階初郎儼赤

懷風節高龍門四海淵意
學源源且派長食報良有自
邇以不朽名璇題日月際
余慕克蒼先生高風貞節久矣華於
詹對其領教言殊歷飢渴比伯東大
出一册見示則海內諸名家所傳誦
李長者即先生王大父也忼慨伏羡何遜
卜式魯仲連其人竊又歎曰詒謀繩武

豈虛語哉顧為執鞭而不可得敎綴一
言於簡尾倘獲附通家小子之誼幸矣
萬曆丙辰冬日雲間陸應陽書于
贍紫堂時年七十有五

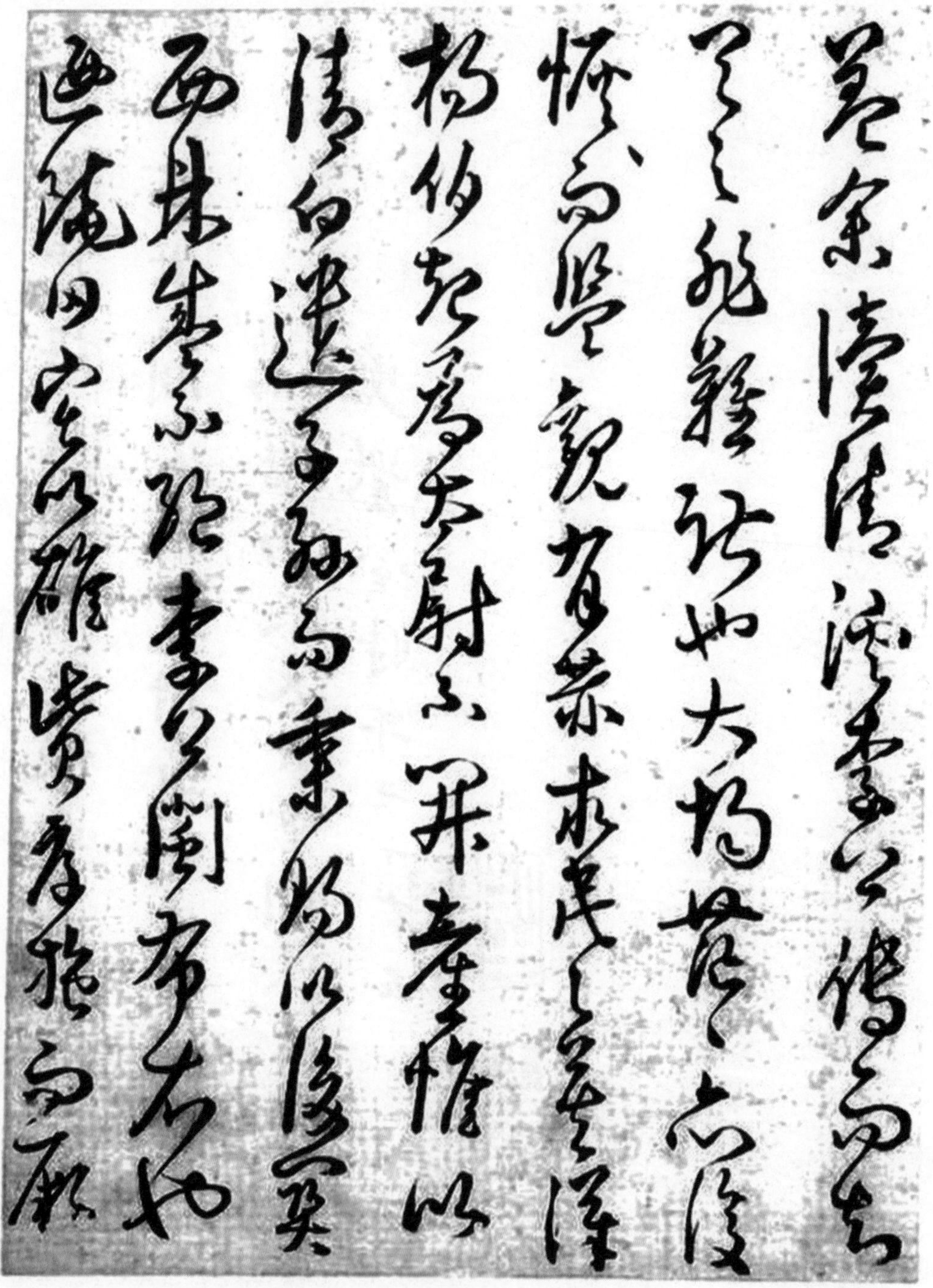

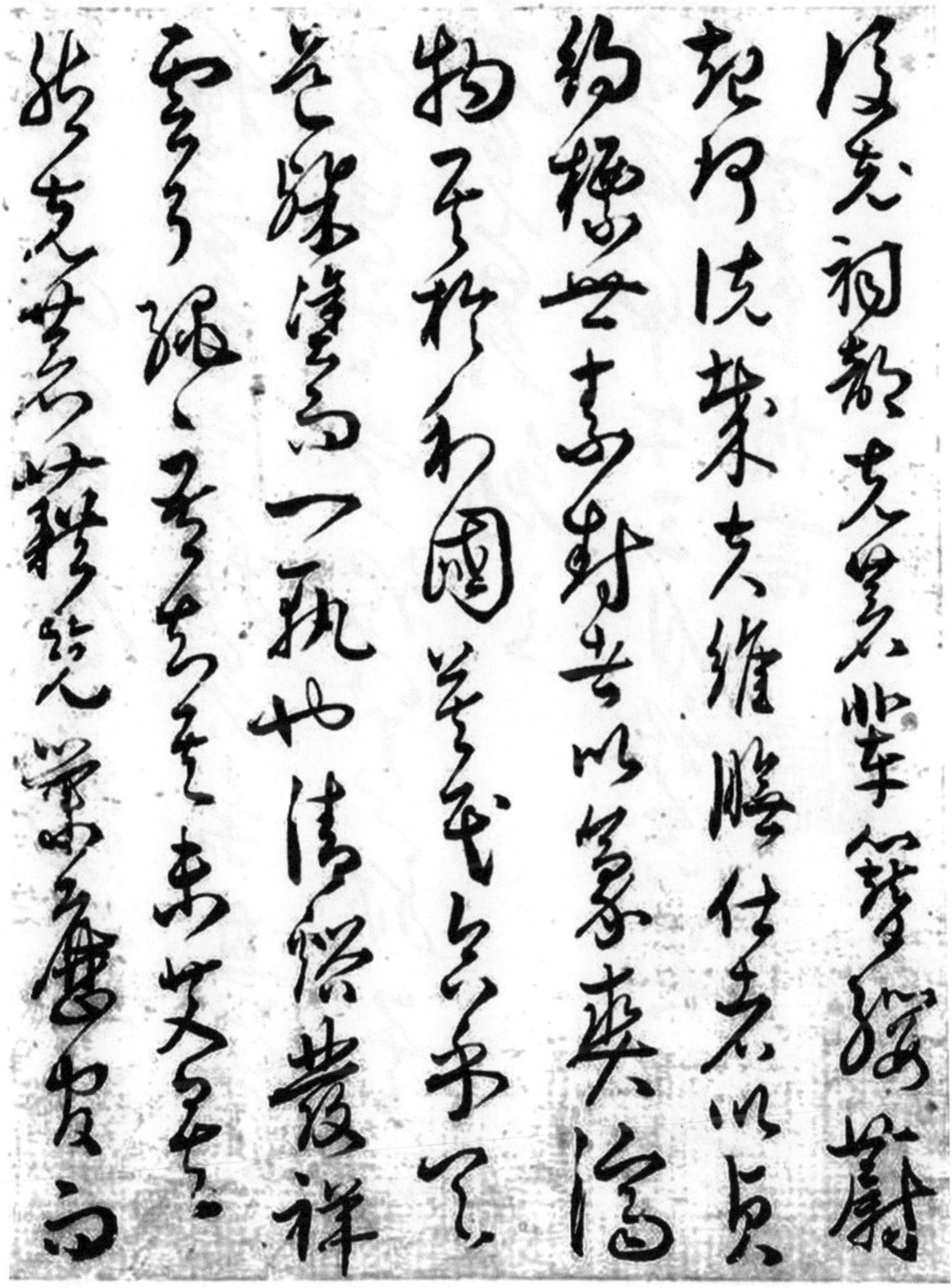

獨歌弦寓廖、猗兰弄
以穆安君冷物兮其□難
者□□□□□飛至祖
□□□其勒之
□□甲午三月□□吴興
□□損書

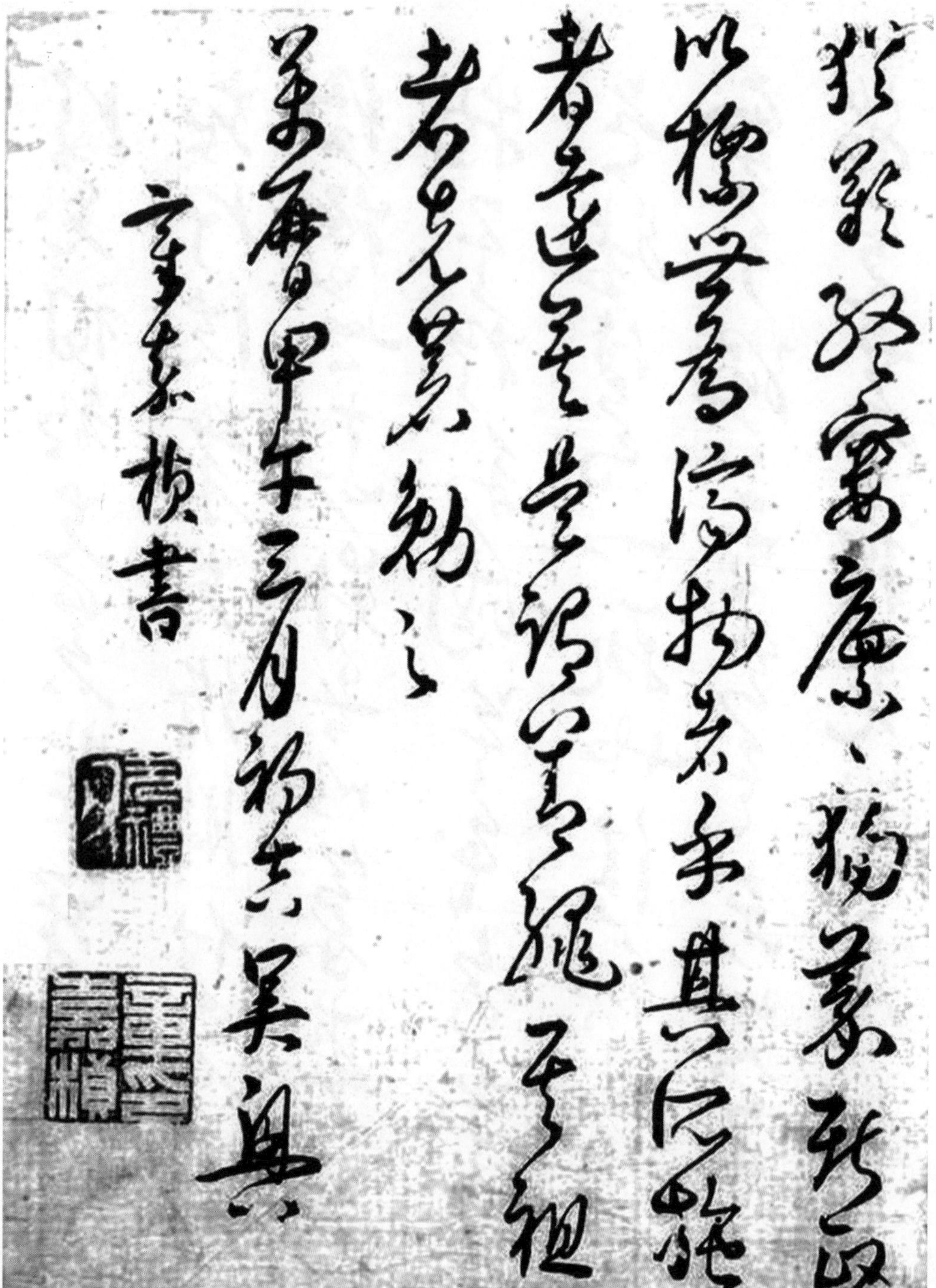

釋氏有財施有法施李長者以財施人以善施子孫於布施法蓋兩用財法語曰橙木不生危松栢不生痺其子孫以功名顯天之道也

江夏郭正域

李長者古之市義者也布衣而數趨公家之急其踪跡不類世人好奇者爭傳之長者有孫儀部郎與余善因得讀長者傳顧咲曰我曾見長者來衆惑之一日余與儀部論國事中夜慷慨儀部舊以諫諍左遷再徙入長安久不補斯豈肖其任者邪余顧儀部笑曰吾友已見若祖吾見長者

劉曰寧

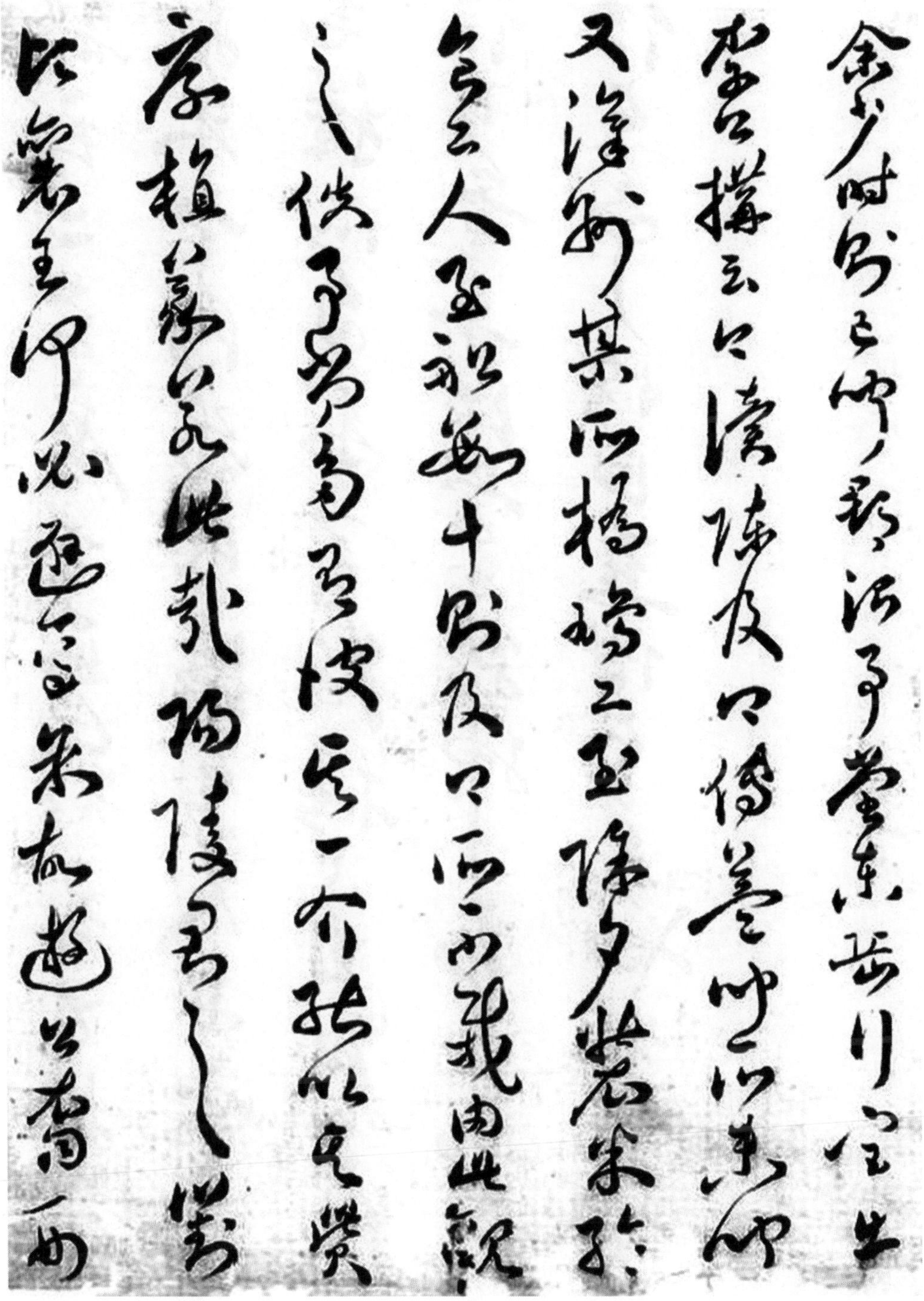

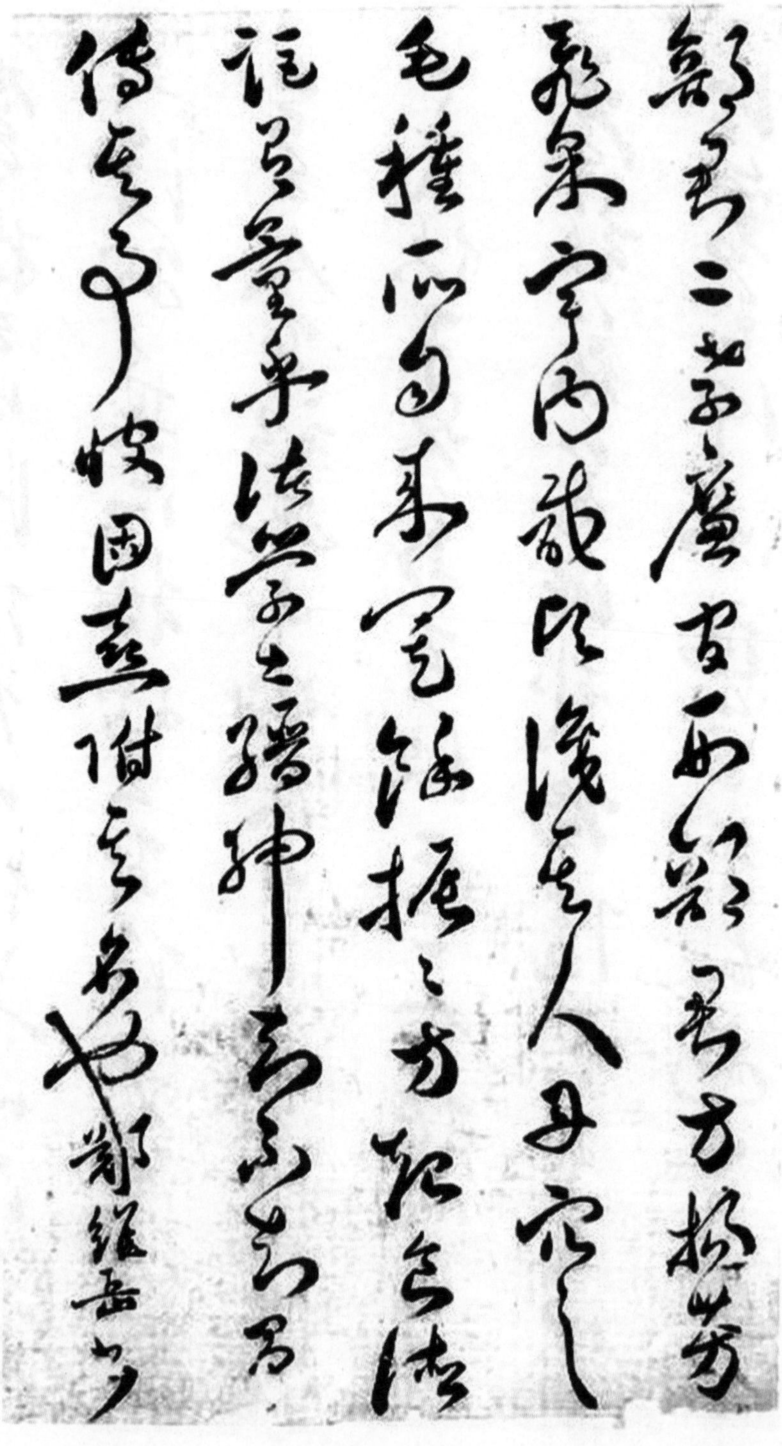

晉江李光縉曰李公所謂閭巷布衣爾貲雄郡中急公稍私聞於
天子至令縱帝 尊賓宴之可謂難矣世論公者或俠非俠又欲俎豆
公於魯仲連陶朱公之門庫左袒之竊以為未類俠莫如翁伯翁伯不
敢從他縣奪人邑中賢大夫權彼豈不有其大夫權耳今如公綰墨綬
於旁近縣尊臨其鄉人勢得行所志陰賊之心睚眦之發何但一楊主
椽家公得以其時三儆令親握事柄里不聞有得失者傳稱其所至不自
潤而多惠績此於俠何居乎則何論輕財喜施也魯仲連辭爵於邯 秦
范蠡脩業於陶居各遇非其主有所托而逃必以例公非然矣今連受

爵非智士也今公辭尉非順氓也公以貲應縣官急與欲用於家之意

異崇卑貴賤惟

天子使故尉可今亦可第不以真令顯予使位稱其施興學去姦中

外爛然勳與潁川渤海等爭烈矣使乎何有

後學黄志璵拜手敬書

余少小則聞克蒼名既遊京師而克蒼
繇遠籍入為禮書郎
縣官尚靳璽丞不予藩封不使蓋猶以前
過也每克蒼一騎出人競指之曰此以
直聲震世者徐睹克蒼為人恂恂者耳
是必有世德焉今觀李長者貌若不勝
衣顧席先世素封婁積而婁散之藉公
署營飛梁一靡數千金亡恡色豈所謂
好行其德者乎及至捍菑圉患以身先
之剸刃敵人腹中不少孫辟又何勇也

以是享有令名

人主不難以韋服榮一布衣區區從編戶

中操兩邑篆而人爭尸祝之實心信於

上下也夫長者迂狹而術儒克蓄秉直

而外温總之非誠心為質惡睹此矣余

方事事載籍見瑰節奇行之士欣然顧

為執鞭詎可於里中而失長者要以長

者之義徽克蓄當不朽矣蚓克蓄為之

後哉漳南高克正題

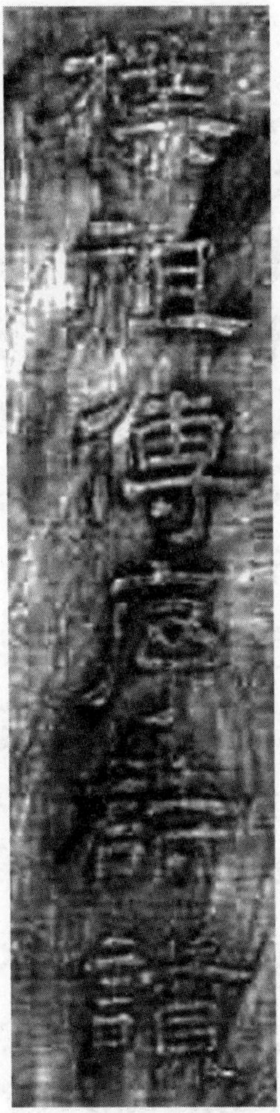

卷六

李公富而好施損食不餘粟所全活人無萬數
天子旌為義民宴勞之已用平盜功即家拜巡檢垂
兩攝行縣事有丈夫子五人傳及雲仍可三百許
多賢且貴海內稱右族焉學士大夫百餘曹撰次
詠歌其事凡數十萬言以張大公食報之厚余小
俟聞之易積善餘慶積不善餘殃而繼之曰非一
朝一夕之故所由来者漸矣書言惟天陰隲下民
夫天聰明豈不能就旦夕禍福人豈不能取禍福
明示人而又以積以漸以陰要在使人不可測屏
使人可測將歆取之試姑與之知故崩生而天不
權反為人用惟不可測而後天之聰明明威其權
常定常尊而、姑知畏善乎孔子思之言天之為

物不二生物不測、不測所以成其不二也善乎孟
子與之言人也成功天也彊為善而已以人之不
二聽天之不測也余觀李公仁心為質摩頂放踵
利天下為之至于鉤口橋圯而自傷百年之功盡
此卒以此死非怨其聲非要譽于鄉黨朋友詎責
報于天是為積善是為陰德是為天道李公精鑠
亡矣其子孫與學士大夫不朽公名以為世嚆矢
赤幟獎勸人倫識不可廢君子之喻義也沒身而
已他何知假令李公有意為善雖善亦私又安又
有今日報也

雲杜南新市人李維楨本寧父識

以余所覩祖留而好以垂法不
郵於世者不易於是後摘傳而
觀者長若任於我長若以寄於
嘗祖宗付數數平金玉屋寶者
褒美而竟蒼蒼隱不違之務為
上封事直書靈天下乃新一靈
承之孚因逢合之績如是不以付兵家

去以堯舜君之憤慨沉淪以寒龍

世世當有千金可救以佐物者之急

未死沉淪賣蕩至今升又西苦

使之傳旅直共不典畫傳龍

蕩恭和昌蕩於去如堂又仙诏

謹於李氏祖孫問全

莆田年家子吳兿書

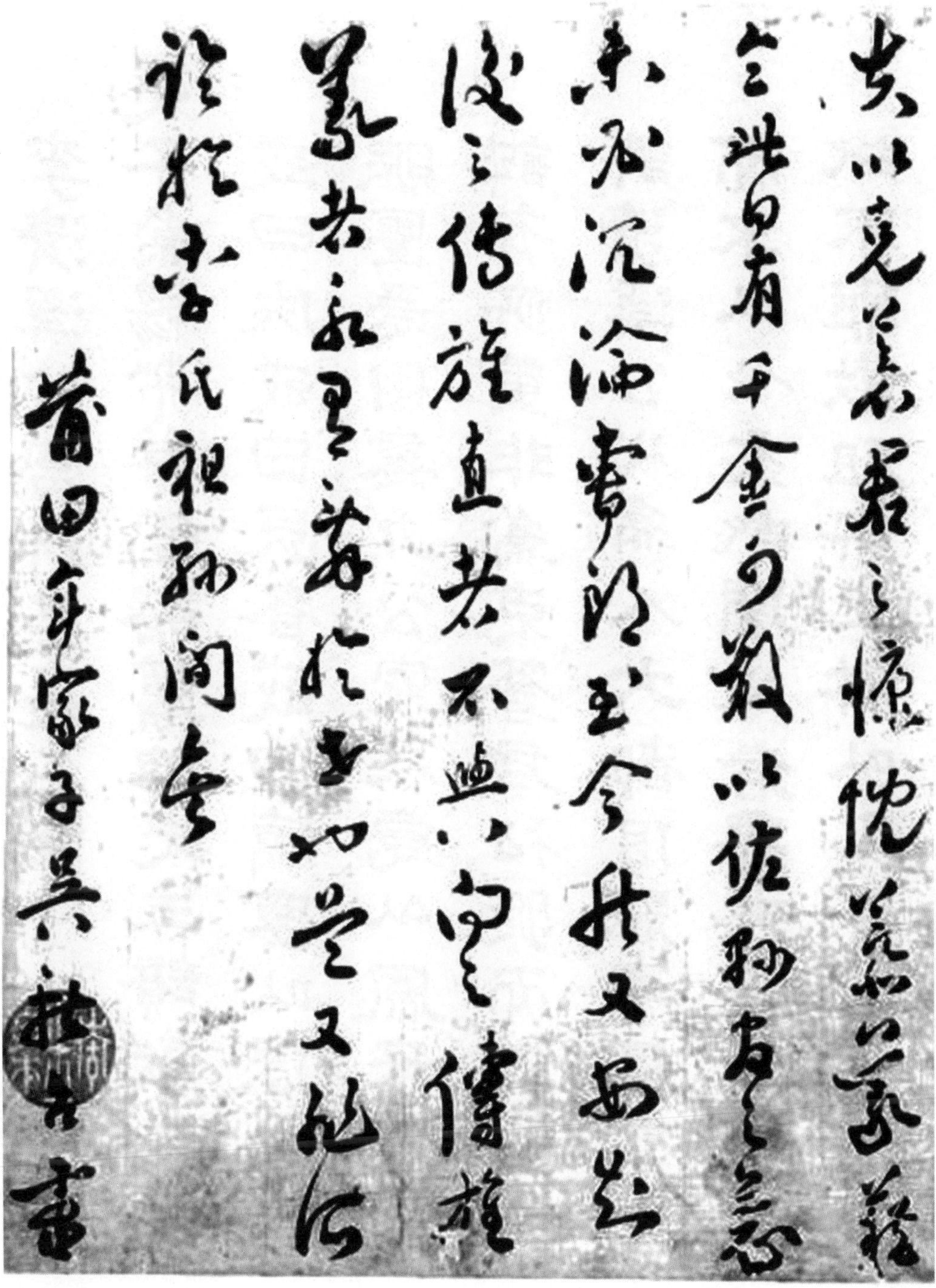

李清溪公富行其惠名勳
天子爲賜幣舉官譜薦紳先生讚歎甚具
或曰俠或曰長者或曰德要以張大其
賑匱急困盡力公家之意以風來者意
誠有所重非爲克蒼君私昵而已也余
詳清溪公之爲人大都似張率其本心
而不以一家故闌之者與夫惟彝我相
故不難散祖宗之財以急人又不難

捐身家之重為國衛敵寧計其俠而俠行之寧計果長者而長春行之寧計果儒而儒行也後人徵其證甚高以為卅所崇尚在名號非此不足以彰美休而標論著即以為俠亦可即以為長者亦可即以為儒亦可以清溪公之所以為清溪公者余固歎窺之于名號外矣義

燮馬經綸書

李長老世以稱任俠好施以大爲之
丈也予於其若奇士鐵冠扞衛閭里
若特加讚焉云丈冠之集紀祭義
至示惜其氣爲一勇者猶惜其財與
不惜財安以積得家而致其豐富
乃無經素莫孫能乎哉至於而循核
故至財而財殖辛能以布衣繼
人主爲屋　靈世蘇禁羕又好古者

以魯連俯朱以儗不智蔑迴二天

咸至弃報論東海放五湖巫奮勿恍

之丑後移子裏萬如長去於得携筭

坐以弧矰一意活人婇悦和柴之果

之為謚如至于二界子又囙如某祿陰

予与夫肖公植堂臨其夫睡眥去害祖

初弟為狠修日之世之儗公侯不弄陰

自儗也　　如物為害羅泰出

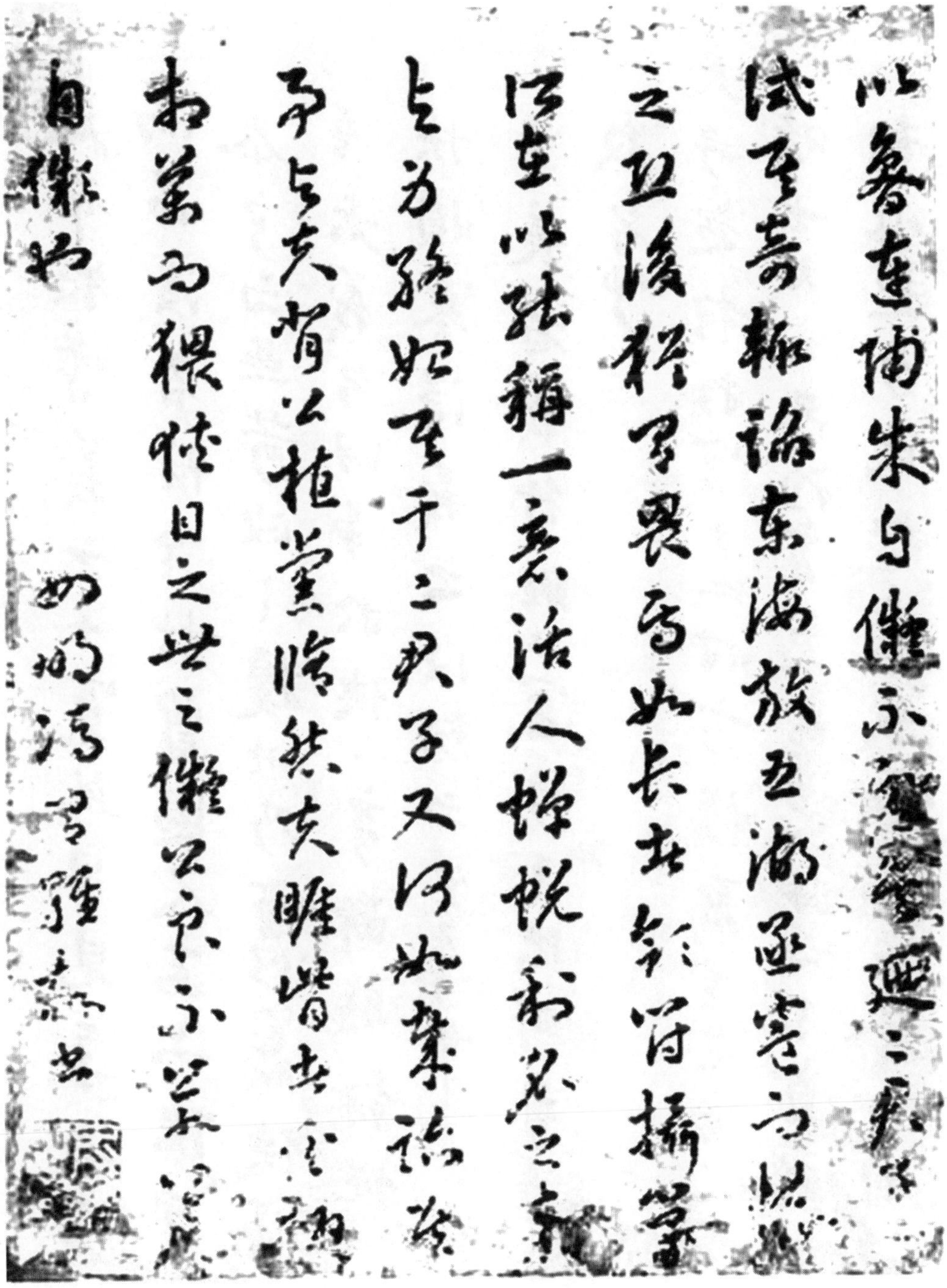

布衣嗜義之士寬然自見其名字
而昌後者往〻林贊過人處際望
泰亨而無苛政〻〻擾世乃旌以義俠劉
吾老義名何事於俠、亨斷臟輸姚[illegible]
快憤塞得義之以勁而[illegible]中
李長者義行既〻當行〻提所司褒
敘名也
天子超擢拜官大夫時方樸義至其言之
時士大夫又翔胥、東墨之游為至真亂
韜以起李氏振〻〻義[illegible]堂今日以

世何如升降哉
西吳朱國禎頓首書

讀外曾祖朴菴公旌義傳

朴菴公廷梁外曾祖也其平生行誼與功
伐閱之先前大夫之言與陳司馬一可傳之異
則信非諛詞也竊謂公之輕財好施賙人之
急一以其為公私出貲與之是此類云義士之
義行至于出粟數千石急
明詔之賑協剿賊可謂德者務意之哉此非特
國論表其以未略者未能使一二當

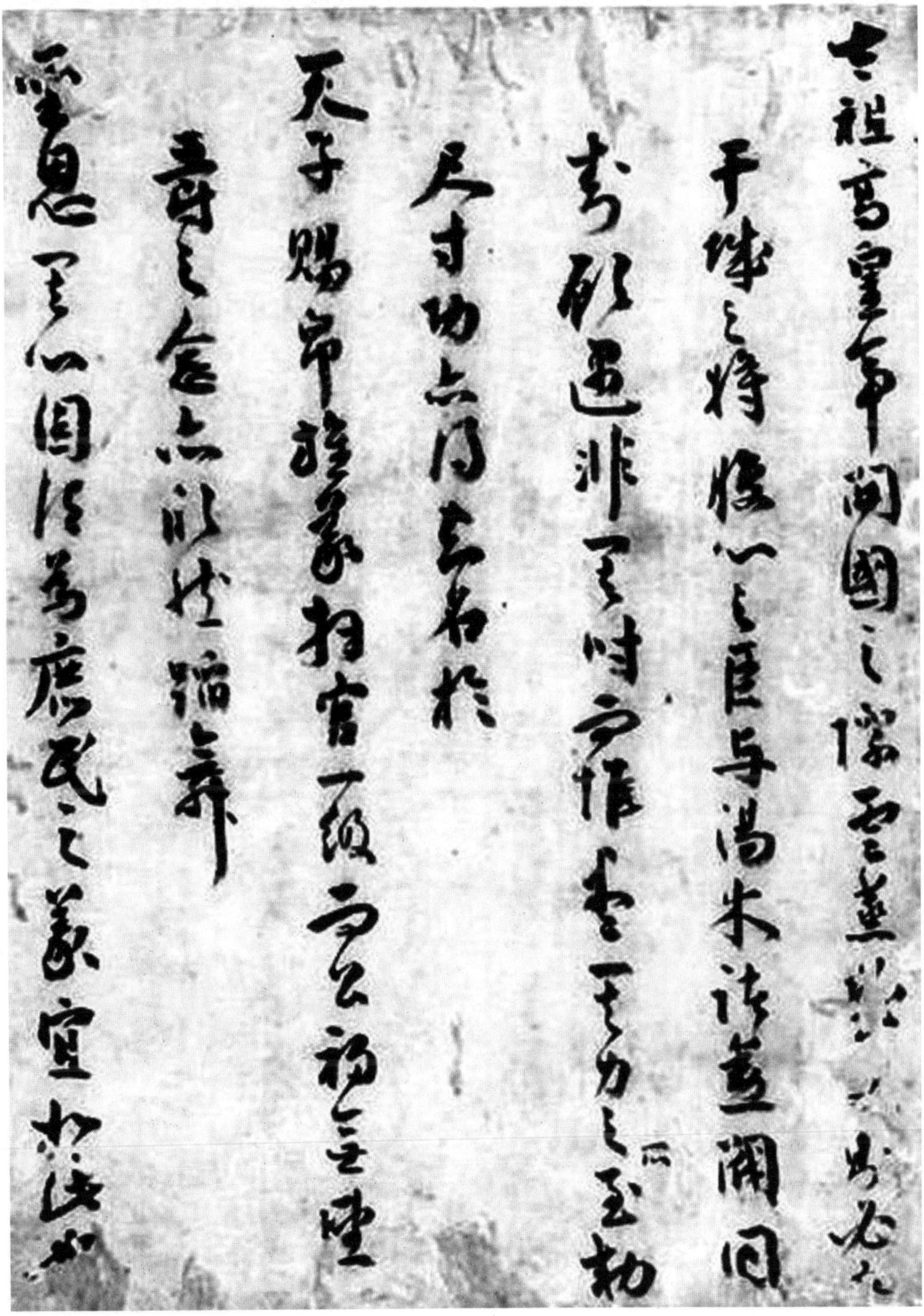
太祖高皇帝開國之際雲蒸龍[illegible]一時名[illegible]
千隊之將腹心之臣與湯沐諸藩闊同
[illegible][illegible]遇非常之時而維[illegible]之功之至勅
尺寸功亦得書名於
天子賜印號象相官一級而云福之壁
壽之官亦將於社稷[illegible]
恩之仁周俾為庶民之美宜於此如

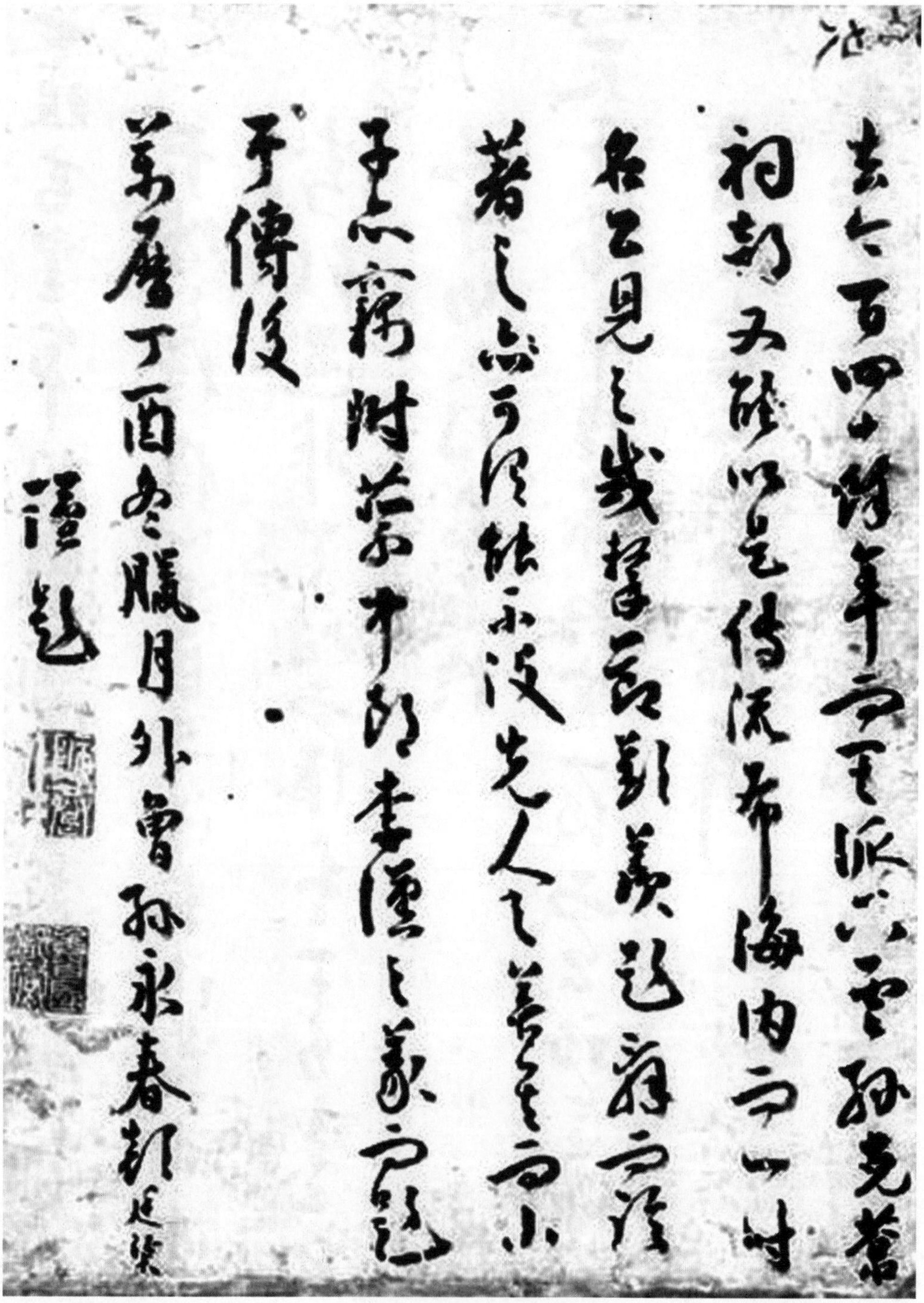
去今百四十餘年予氏派下雲孫克蕃
祠刻又能以是傳流布海內予一時
名公見之哉擇吾劉義趨翁予從
著之亦予從能不没先人之善之而不
子志竊附葉末于將李傳之義予題
于傳後
萬曆丁酉冬臘月外曾孫永春郭廷策
謹題

余讀旌義公傳而有慨於古今之際也
公一布衣用積著起家好行其德所
賑乏恙困及穀署繕梁諸事不可勝
紀其大者在捐貲結士殲剿逸以寧
境内
天子下璽書纁帑褒勞之授尉攝邑所
至有聲可不謂賢哉頃東征軍興不
給余承乏所司見當事者日懸金募

民入橐塞下誠得如公者數輩奮其身
佐縣官緩急於濟艱乎何有卒無窺塞
足以應者嗚呼當
祖
宗朝操鼓舞豪傑之權而杖鉞登壇
者又以公從蕭將之故雖閭巷頌義之
夫往往為用然論者猶以不及大用公為恨
令令之世有如公者恐亦未易見奇也公
生適逢時得少試其才以著名於

朝而樹德於鄉令歿百五十餘年厥孫克昌
君顯揚而大之而李氏且食報於無窮
余固有慨於古今之際而又信天之果可
必云萬曆己亥仲夏五世外孫陳濂書
于許部自公軒

清溪先生逾百載高名百載令猶在
丹崖約結提素封閒氣英才邀難
再陶朱魯連古流芳先生崛起伯仲

待一揮慷慨附仁義布衣韋帶勤

君王偉哉鬚眉之丈夫義問於昭簿居

諸我攜蘭書來此地渠渠日坐君

堂宇 府堂先生尚義修葺 俛仰先生不可見

坐此堂宇如對面清溪一派長發祥

薛鳳荀龍人共羨先生樹德天樹人

俾世爾祚世爾昌太守揮毫作此歌

用興好義於四方

丁未三月延陵姜志禮書

黄汝良曰余婿於李瑁聞李長者佚事為詳適郡觀所謂郡堂嶽廟者巋然雲靄人猶指為李長者營建云凡陳及卿所傳載大氐洛寶錄也夫長者起積著用纖勤息其訾然乃好行其德樂施無厭至以布衣特達

人主可不謂賢乎厥後蕃之遂以昌熾爰香克營民為世直述一

時賢士大夫莫不願爲長者言者
談次爛然益所謂不朽者耶非
耶
萬曆乙未春仲吉日題

李旌義公贊

嘻其排難遺榮肆志嘻其好施千金三致魯連
不作陶朱既逝貧夫殉財維世之季寥寥千古
廼有李翁素封佛修頌義無窮澤及鄉閭祲歲
為豐罄餅竭箘厚輸于公　帝曰都哉七閩之
特錦綺絮于用章爾德戴寵趨朝式瞻北極肯
湎羔羊大官賜食載儲戎器爰備不虞蠢彼姦
宄竊發莊衎翁帥養士振臂舊呼死者以醮生
者為俘懋德懋庸克文克武當事上公功簡茲補
處兩攝令尹仁流惠普豈弟興歌齊聲名社嗟

翁貴重發迹自徽大都義烈今昔寔希亦有哲
后不畀布衣九閽可徹二曜為輝迨于今茲亦
孔之炎馮夷弗戒鯨鯢鬐立突祲流行殄瘁道
集執捍疆圉執佐綫急撫時悼邏島標百年俠
鄭可儔是宜史遷仁人有後本本泉源稽首慕
義忻然執鞭

同郡七世孫塔洪啓容頓首書

續題旌義公冊尾

曩題旌義于長安正值東事劻勷恨不起公輸邊如上式
不覺髮上指未暇及它閱今念餘禩克著君為令祖丐言於
名碩腎豪不啻充棟來請余題額一額旌義賜爵示寶錄矣
一額葵及克昌示食報也且持此卷黃大司馬近題冊示余曰善言
必再令百世下閱家乘者重有淂朋之喜可乎余曰公生平備在羣書
一辭莫贊乃食報出于天蓋難言哉語曰作善天降百祥又曰天道
如張弓又曰如執券取償又曰如響之應聲此皆以人之心思意智而推測
于天爭知天固寧之于不可知有非人所能測者是故有善必福福未必
速甚至有大謬不然者無他必其人當作善之時心必有所為夾雜於其中
已而退轉於而怨悔有一于此則安能叙責報于天如張弓執券響應之
說哉公長者也往由義行非德行義善念充滿毫無欠缺在家[illegible]
鄉社國滿朝即遣[illegible]廿此藏公命[illegible]而[illegible]到[illegible]善提[illegible]

金，而市施之，施之於縣，而□之□十一年□觀，無望家之好者□□□□
必無病涉之□者矣。艤船必興於洪濤，必無累恐於原野者矣。聯□許於前
歲必無須臾相於溝壑者矣。乃此等時遇日所不忍見之情景，將無公一人念□
捐濟渡於其間，故至此耳。此非余敢言，閩公施於常藝之日，易而施於空之□
者無濟於物，所無事者易發憤於劍口橋，循以自損其身，難其所謂□
以為己任，死而後已者乎？誰敢謂公之善念有一毫之不真者？厚公者斷然如
克蒼君以儀部郎振直聲于海內，人猶能之；至善繼祖武，倡率親子姪重
燒君肯尚義，近脩箏江橋梁，以百金購片石，緯有祖風，此豈人所能哉！向歲
程鄉公為公豎綽楔于東嶽行宫，正公檀機處，今泰中丞復為公崇綽楔于
聯閩人之助，信與天之助順，適相協應。公裔孫二千餘指，甲第簪纓，輩接踵聯芳□□
之詩云：樂及皇天，克昌厥后。余為公演說，食報也亦復如是。
萬曆四十三年歲在乙卯九月十八日充鎮天台子李開芳拜手書

吾祖之德其至矣乎無論當日親於其身躬何寵嗟来慕也即今百五十年八往拜留賢士大夫備唱歎不能以己秉立教寬之風奚啻與我在斯册者位則公相德則名碩雖纓帶兼兩莫為之先也而懿義自心嘉言咸同弇好之公蓋有不期而然者焉吾鄉何鏡山今之龍門也所著名山藏列公貨殖傳中咸以為不然嗚呼贊如端木出而基置五國抗尊呂馳之亦雖是行德中之理取奇贏之道耳大而用之精微出焉豈皆由之而不聳也曾謂貨殖之道之為蠡乎以吾祖之志苟其可濟吾心大較於物以之為少伯為陶朱固所樂附雖被之洒削之倫無油然與之偕矣尚何不可之有

第六世孫懋檜恭跋

十二世孫試敬書

公生六十又六年耳創造經營百十大事皆非歲月之
勤至於繕兵翦寇輸邊濟饟馳驅域外又不下數年其
走八千里獻方物于　帝所錫綵宴勞乃歸綰綬于鄉
南面其桑梓蹤其終身無曠時虛歲上世非有金穴自
公而上者載在譜牒可得而數也內黃叔合鄭貲佐中
人貲耳敏祖獅居積大不過三倍烏足以當公之揮斥
哉公之所施者公之所積也積之如邱施之如川積之
以仁施之以義而無不從其志即使總角專家此五十
年中出入劬甚矣勞心忉忉維憂用隕勞不為子孫命
不及耄耋得則生拂則死公其性命於功德者乎中年
時隣人李敏孜病死既甦言曰我為明淵神所繫方窘

急淂李長者入言獲釋及歿之前一年冊上官疏薦起謁銓至建溪夢僧衆帀岸邀留不果行公義徹幽明神鬼珍其譽欽佛天護其動止由是觀之福物者物福之夫豈恒哉

七世孫日燥恭跋

十二世孫斌敬書

諸公在隆萬間皆一時之選也雖奉常善揚祖德然諸
公靡然共聲可以觀仁矣蓋吾祖之仁洽於鄉顯於國
斯是以不可罨也今吾子孫千餘雖有惰游食舊邑老
嗚呼仁之遺不其遠哉山之豐雲以澤物也雨於山而
草木潤滋天地萬物施應之道如環在循智者昭昭乎
見之仁者亹亹焉行之豈有勸哉譬子孫於祖如草木
於山焉山之澤不涸故草木不殺然益自栽植茂翳以
蒙覆陰潤山之澤其愈長乎燔熱斫伐澤且竭矣而亡
何可恃之有是故今日之祖稱祖德也不以幸而以戒

八世孫光地恭跋

十二世孫試敬書

旌義

賜壽

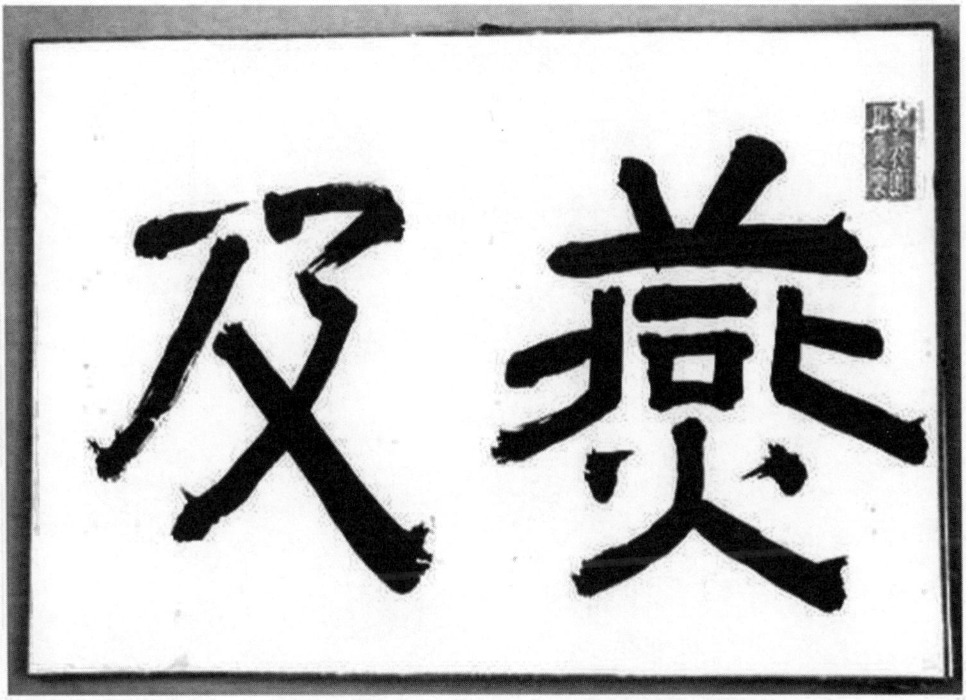
燕及

克昌

至誼堂實紀

（稿本）

李存齋先生傳

李日藻，字存齋，世居泉之清溪。自少以能書名于庠，每試輒為一邑冠。
鄉薦上舍，三次不售，乃拄杖以游壽梓間，結識藝人士，諸名公若思曰李子日藻以
公御間高義，窮年累月，好以風標入群，雅馭擊于京師。于時好事者
文也。文少年雲游，波瀾之起，稱之曰文武才兼。後清溪地僻，而於一又榜登瀛桃源之路，以山谿
源峻林密，結遠道致家，穴舍宮樓，居高枕，弱冠而壽窮，每歲年以惟諸子來省存齋
古我等，李子以其精舍名存齋，以存中古道，又能一家，隱棲十里之人。當是時，存齋先生
處之。存齋每對與御處，論書史，忘倦。子復定以志而知我意，請動友誠其
生死以為窮，自失形書，動人居公之事，未論賤貴，沛然而起，據座數里而不識之
於其家，而陵上豐潔，祀祀道之所，終其生涯，若以為人倫，以是得其正者
後之健，一面而過，階古祖，當慎至存齋而祀，强韻和雲，李家傳家為世之繼
未所相季，晚年之交，斗為簡，手記此義，賤夫齋，春洪，和枕藉，晚而長篤
後詳之餘，覺其子孫，從事至論，萬年之戰，不避，路存，黃而，復錄，所留，始以堂

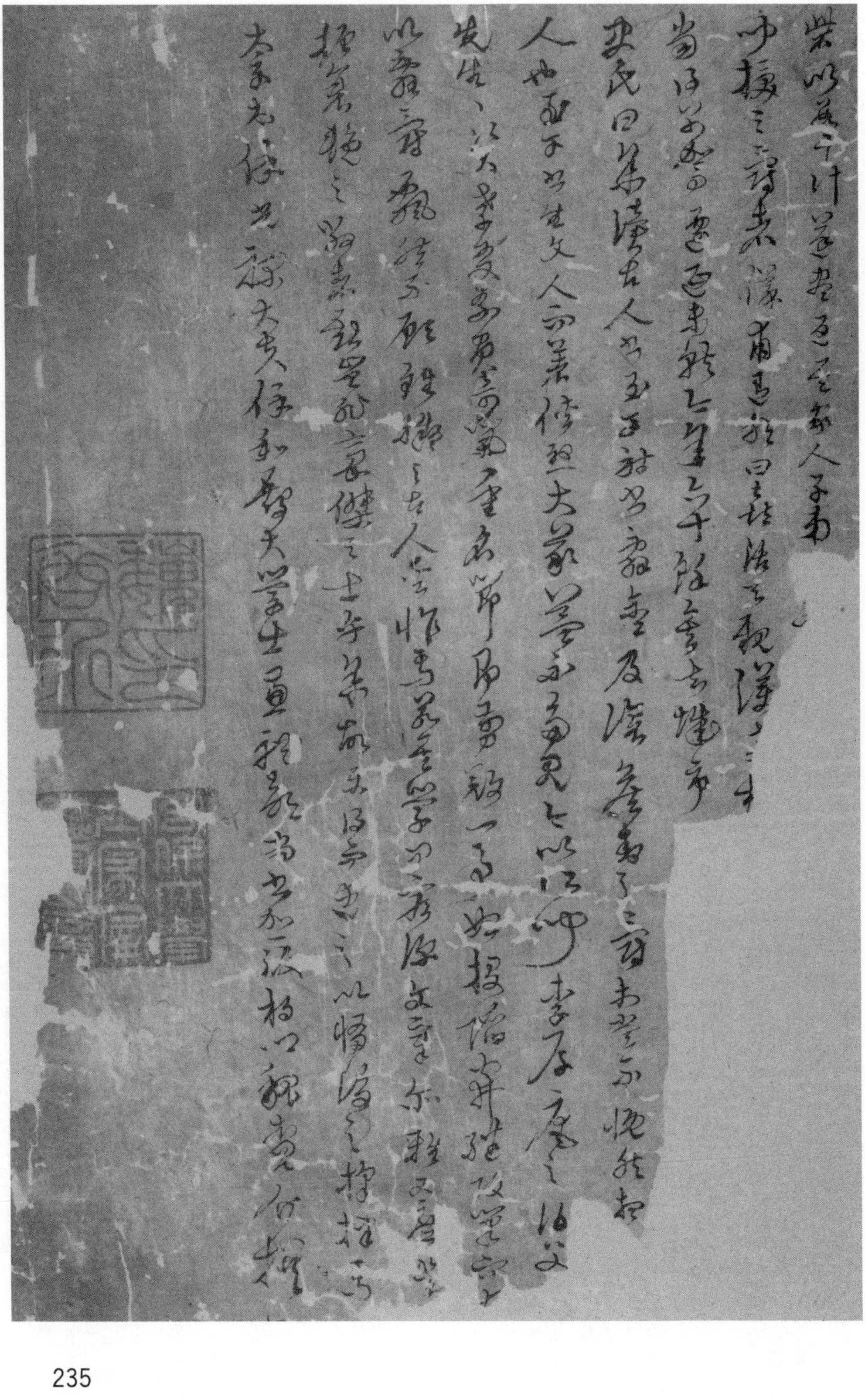

減食辭 有序

乙未六月初三叔季二弟所居壘毀劫一家十二人以去獨叔適免挾質逼睢氣溢面口高望八老父許以越軍君子求贖數年居兵燹閭宮寇盛征尺帛寸縷盡於無藉外觀未劣內腆久隨訟則隸道凄復斃環魁望太賦父思大竭怔忡憂憤結疾而瞑甚時孥室求直待斷於進季聞難欲奔告公不泛遺蛻且式僅乃達家前此日耳可得而聞目不可得而見也惟以內兄弟三雙惟二存焉況一之在羈惟以外孫曹六雙惟三存焉況五之在羈追從所白病及所由殞謹用夫差對告者曰不敢忘而已哀痛稍定彌念鶺鴒以身造魁衣麻衣麻、說不知有斧櫍纆之在前後也瞥見弟鬔鬆如老羆瞥見姪藍垢如丐子季已絺綌僅□諸女藉草數莖鴆因面羅跪伯前咽嗚相持魁亦有感凌晨辭去四歲幼姪呼我於門曰伯早救我嗚呼聞之痛矣從歸不寐救之緣雖未湊救之志曷敢衰告於先靈三食損一雖不爲助饑則生觸苟有冥護春完遂增之見

厄道天所施蛇龍走八達舴艋爲宅窟追風跑不宜大山象鷂首其中藏獍鴞可是舟中客無分攬輿湄我家指千餘垂白攝護之顛沛逼日來蕭然千橐無鴆之數十載一旦見盜虧季子保地險一□竊自奇細草不足薪小惜奚用癡趾趾附肩謀捧腹總不知騎背遂登項雞號漢然圮堞中桁甕盡絕絡欲□馬劫質發高言斡聳無底枝窮似四壁立門屢猶舊摺老人傷中懷偷子撫肚皮謾言從田廬北戶無所泱用此成癡瘓聖儒遽輟劇總內□一駿惟俞少五騎父爲群子天父棄吾何資獨恃意難情剛鐵磨爲錐技險望天屬纍纍鮮顏儀陡然剝余心感駭多魔眉一別悲痛甚往門號哳兒朝至日中昃循環有三餐亦如吾昆友三雙唱壎篪騤無克蹙計聊與子同飢波平理不爽跗膈共薦脾喬松非久矮當春發華滋

丙申五月初九早報道鎮单

初九早刻某率寨丁由鐵爐起身過永春擬就三都長汀寨劉營蒞長汀寨與景山相對景山者賊徒所聚賊之斧逸大半由此今將先圖景山為駐足之地僕到彼方作區處念某孱弱書生當此糧空之時賫帶無具又鄉兵各秉私見裁制無權或前或後委難調理誠恐奮力不齊徒滋罪戾奉令以來日夜憂悸伏惟仁臺憐念之先使某得行其權而後任功任罪允然無辭守將劉錦繡熟於調度遣劉小擄為某犄角預示呼吸必通之勢庶其投誠指日可决耳聯絡寨分名未集尚未察其誠否容至長汀安營後具冊并前所得賊人及有功鄉壯開詳具稟

十一日再報单

初九日賊林日勝已棄后洞駐險岸今四圍賊砦皆空但有崎兜與此僅二耳某初十率鄉兵劉營永春三都長汀寨去賊五里而遥旦夕伺其出入絶其餉道甚便

十五日報单

某駐長汀三都地方次第皆受聯絡所有一二或為賊黨所據未易反正容數日緣索圖之十四日已發一都練總黃麟就札景山寨與某犄角凡賊出入要路分命遮伏其有賊[illegible]所[illegible]記罪又時遣本鄉嫻熟僻徑者抄其糧運謹報

十六日報单

奉密諭立即劉營帶二三都鄉丁各於緊要分伏不謂此間人情從

日而無一兵到者如福鴻林寨有約之其處截禦而徑之他鄉刦掠者如三峽霞村寨念其百人入群賊之中號令不動進退維谷情實可憫今探得崎兜險岸二寨僅有老賊及百人存無糧連夜分散與湖頭蘇耀湊合五六百人入安溪還集里乘其後虛聲言欲掠鐵爐益其深入前則渠乘空以擊吾後亦勢然也其誠恐大兵緩至各鄉觀望數日後情形必有不可言者即日顯叛而陰輸軍情顯抗節制僅其黃麟二股合兵未滿二百離鄉俱有百里萬一事端不測何以已迅發多馬星夜前來大師一到保十日之間老賊授首唯命而觀望者亦固志矣機在俄頃施行激切稟報

廿四日已刻報单

青前割營永春長汀鄉已分派二三都各寨就近堵截要路各寨長俱領去自守詎其即於十日過安溪常樂里仍分各路割伏其自割小橫鄉扼其出入廿三日賊黨莊進等四百餘人自崇信里流劫回來負糧甚多夜踏火爐崎破寨即率小橫劍斗由義霞村左梘東山鄉壯傍晚圍攻殺賊相當詰賊[illegible]鋭死者廿餘人而鄉兵不習節制稍不利而歸死者一人重傷者八人察此行惟東山寨最為御鋒有力餘亦雄壯可鼓切思農民守則有餘戰則未足而林日勝據孫寨觀望縱莊進諸營四行剽殺[illegible]敉順之言陰逞爪牙之利一日稽誅彌自坐大誠可深慮伏乞老爺迅行天討不勝雲霓之望謹懇稟報

五月廿六日呈道憲

其自初六日奉韓老爺命回調各路鄉壯審剷賊巢初九至永春長汀聯絡三都諸寨詢民情習賊已深

陽奉陰違或召而不至或同在兵間而陰輸軍情於賊或驅之搆戰而黠然逗留於後認截寇為某家私事度天兵為永無至日驕縱觀望難以理爭今賊黨莊進出坂驟歸帯回五六百人合老賊舊營八百餘夥去某小橫劄營正五六里切某以書生攝戎本非其質抗制無權庚癸難久自安入永由永趋安提調幾至嘔心呼縱全無一靈已經一戰互有得失雖賊之情勢無能而我之攜二可懼惟某自率家丁遠駐百里以單弱之旅逼強寇之巢戰則四呼無助退則憲令惟惕念某本為家難功成七八積月微勞家破力竭衛賊之不意易為功抗賊於有備難為力誠恐大師緩至衆志益懈方今新稻將熟賊徒指畝為糧二十日以外舊黨大合斷須成萬某雖投命行間無裨委托初意伏乞天兵迅臨師到賊滅刻日可致一□司聯絡之情一以剪方張之翅某竊不勝江河斧柯之慮事機一失後不可復徯師雲霓激切具呈

又五月初八日已刻報道鎮单

老爺如天之仁軫亡賊於垂盡委曲推慈開以生全之路素老賊奸計巧延又推托於後月蓋目前糧竭衆孫浸潑十餘日後指田皆粟則兇黨復集矣勢無招降之理自去年七月至今何嘗一刻不言撫何嘗一日肯出撫老賊故智欺三尺之童亦不可得逃逃老爺之金鏡乎此機一失復起爐竈正恐無此時此勢耳伏惟老爺裁之某久在兵間今衆鄉皆散獨某率百人守此誠不勝焚身之懼乞明示進止憐微勞全某微生激切具禀

又五月十四日龍通上本縣書

某奉命驅馳提孤旅走歷荒山逼賊而營衣

明係為賊鼓浪劉光捷係何等人察其從賊中來耶則回其黨之言也如不從賊中來又昌從
令叔數語實洞肺肝今戮力搏寇方將傳致上人德意綏集奬賞尚恐逃散而漫聽一面舍沙之緩
一生何怪者捧腹而笑也尊牌以十三晚至書奉讀驚疑立即鮮戍奔謁第莊進流封在崇
集之間誠恐修怨截途中有不測當灣淀來春曲道趨叩計其路程須有五日大抵雖無為有其始
俟抵臺端一表白之此中釋誣全恃老父臺剪拂之力不勝拳拳統圖面海臨楮惶惕

又五月十八日上本縣書

某奉讀牌文立即離小橫營空身回爐喚胞弟某代攝兵事召劉龍通以遊莊進歸路十七早即以
一衣春出私謂樞詳在望日事矣忽於路側遇令叔老鎮臺傳回口諭俾某再為十日閑守大兵既
而入某又無索再稽行李呼集各路以為壺漿之迎並此迷既竊但些猶豫觀望大兵至則為撫
需時而決耳某奉此旨誠不勝懽忻以致也然憲文未覆又恐遲時自悞呈詞一幅乞為申報某於
始終皆賴老父臺照拂此生渴麋未足言酬容稍暇趨叩未一

辯九千賊狀呈

為垂憐微勞昭辨黑誣事某因去年六月初三日被賊林日勝張吉等攻破洋山堡擄去至親男女
二口索贖金六千兩另派差禮一千八百兩傾家營贖尺土寸縷決賣無遺詎日勝貪饜金完人禁楚酷
難堪某父七十七歲哀痛莫何長戚喪身兄弟六人分析四方至今奔喪不敢披麻未能某誠積苦成責
密謀三箇月養兵二百人內謀附寨外謀賊壯以今年四月初九夜攀藤緣險平明克其老巢當日入

之役計算止一百八十一人賊魁走脫未遠四圍賊壘如墓林寨姜庭寨岐兜寨景山寨險狩寨船尾」
船頭山皆賊衆叢居咼峙五里之內誠恐反戈回向寡不敵衆立命所帶家丁乘墻據守並未暇散搜賊
家至初十晚仙友寨率三百人至三峽蓋德後坪二寨率三百人至十一日恭再召安溪聯絡遂集里感
化里各寨合七百人至十二日又召漳平縣附毗各寨合四百人至十三日永春福咼三寨合三百人至
十五日馬跳寨長汀寨汲洋霞村等寨合四百餘人至兵衆雲集耗糧甚多即賊有逆粟數厥營守
日食齒三千口雖不無近鄉瀕危要以良民散賊稍方欲壯其氣何敢掣其肘且守將劉錦繡又率
近千人一毫一粒誰不就此取辦彼時大衆殺賊非奉上令某一書生何敢阻其不使不取為匹夫之
復仇也但不知所稱九千石劉光捷何所見聞為此含沙射影之事壞此已成之功乞申覆上臺幸而
勞苦之身無俾墜污蔑之計勿負某使某轉質同事不勝激切

又五月十九日報韓鎮臺

白爐

某以十四日奉本縣牌文召理劉光捷黑誣事即日移扎龍通尾寨以截莊進歸路某
過營安輯適值老爺臺票召益不敢後行二里又值郭佐回傳老爺
聖守
復辭裝回營廣召聯寨密傳老爺必至之期令彼細心
宅處也一名新寨乃賊腹心所居賊姪林光全家處
東以拜林光单身赴見使家丁六十人陸續入
充某糧食某以為真心向化加之上賞証

情□詳七命乃止即喚林光出同看書渠知情故

邸詐敵一也縛致營中待大師到日送上僉柔旋

虎穴送子孫於晚地無稗分毫□□扎口口萬

哨寺回大師所臨如摧枯朽伏乞獨□□撫二

比載見蘇何敢貪惜以俟大計先前後□□非但

爾也火乞迅餘不□□誠

人五、廿七早上□

穴老父臺回教其視其之事□之昔□□云獨有二天其之謂也然里□□月乞

有能明之旨全此兵亡之禍□進猖狂譬如劇病在兆法中而魔氣蹤張手足□□良醫過

之知□□期矣舍此不搏以貽□爾也一呈乞老父臺虛心循省知賊萬無能為之狀立為申□

上臺蓋□此財有三策乘其此日□□□睽遲應時而臧工也若以熱不驅馬只求道臺自委一有用

□官銅十餘人通行安永各委廿徤長嚴牌紳選各路丁壯遴三百人合其同事兩月之間困獸自斃矣

也若徒以一路寄孫生功乎責也□逅乎責其斷下矣剎偵老賊妻妾幼男廿五寅夜由景山擑入碗洋谷

寨此地毗連德化合飛文湊邑單□□長搜其逃六老父臺愛其逾於至親故不禁胸中微見凡佩言之

匆冗之中詞有不給復求幷訂書戚□□母成我者父母也不勝懇切臨楮主臣

呈稿

兵兼
想移扎龍通十日之間，智取龍通新寨，理服石門寨文合
仍諭糸春三都各連絡天川賊禾糧囷穴拔，計可即擒首
賊〻窟木
於此月廿四晚，役率三百〻走回文兇與老巢合營，究其回路由恭富入呂屏
詰賊〻
過嵩山蓋奉溪及呂布係鄭先贊領守，景山則係仙分黃麟領守，不恤公事，徑任已使撤兵不開，盟主縱
賊不〻宮兵〻詞五月間往道，領多賊從霞村鄉出，其寨長向亦同受約東，分道捕賊，緣賊遣一折東借路
徑歸境縱〻〻饒不相理，大抵其書生力乏，又當家落四壁之餘，多養兵則財見寡，養兵則〻〻携滿百之
家丁悖慝〻〻之數〻〻馳驅，攝捏遮前挚後，呼左不靈，挈右不動，待官則眼已穿，恃民則意俱涸，故使賊前
日偵其劉在右方，使衛從〻出，今日偵其劉在左方，使衛從右入，首尾跋躓，不相聯緞，〻其雖悟弱〻苦
經營今成三月，前後所破賊穴〻〻〻所，所化歸正凡十五六所，賊僅以數百餘夫合據二〻寨，內無現貯
之糧，外無可刈之稻，獨居三月，必出情閑，除將書生不靈之扎適通各聯寨外，合無情叩臺端，立中道府
又爺真言此賊垂亡之狀，官兵不可不至之故，官兵一至，則積擴皆化純良，枯備皆爭〻〻保，大兵下營
之〻即老賊授首之期，當機不撲，後必手力，竊為惜之，即使兵法六月不興師，王爺萬無聽孤生遣重將
之理，止就當道勅下本路，安人嚴牌各還各路，丁壯合其同事，雖功不能如師至迅速，而傻游坐窟可以
〻有成，老父臺一方生成司命，伏乞將緞生所陳詳列，代悉其書生不達時宜，自謂此舉算無失策，轉
悉道府各爺臺虛心籌畫，立賜機宜，使其勞而有成之事小，俾地方危而獲安之福大，激切具呈
六月初六日上本縣書

其積勞成病今但臥護諸丁以後大師而已數日與賊眾搏大有斬獲允搴旗斬首之勲非人一
喪氣落膽無可柰何聞其每失利歸則坐名數眷肆細辱以洩憤耳賴賊中頭領諸犯眷具在其所或恐
我亦用是法行之勉為勸沮賴得生全茲來密訂欲盜取救眷與伺抵換來往數議已堅確其又懇格
招之令其乘機致老賊之首必竭産以酬其勞亦驩然而去念其疲勞積久雖有裨於郷里曾無益於骨
月且賊勢窮必逋逋必挾稱子與俱救眷非女則吶安能乘㸃遷徙終當乾枯道路耳苟得乘此換眷明
白與時一意圖賊無所瞻顧爭當展馳驅以勞王事匪敢怠也緣諸犯眷皆經詳較非敢擅便姑以情控
請計仁人君子酌議情法烏鳥私情當不忍却耳其不知前生福緣何所托種苟老父臺慈愛尋奉來書
輙捧函而泣此番為其合夫犬馬之酬勒之世世臨稟惓惓

呈稿

為乞垂憐不得已徼情俾得一意圖賊事某本為至親婁難積憂成憤毀家破賊經紀三月雖老賊竄處
而性愎自如空約撫期以逢大師廣勒贖價以索多賄自五月初十以來每一枝進攻則夾八命於門板
以遮鋒鏑每伏路擒獲則縶八命於石頭以肆威虐某雖有殲賊之義不能無軟於舐犢之私昨廿三日
蓋德化鄉壯扎其寨下大刈其稻至廿六日推進率三百人至溪塔劄禾為淺坪鄉壯十八人衛殺斬獲
無算今賊饑且怯勢不久留偵得賊眷已陸續乘夜走山從永春道送在德化地方訖營中所存惟某七
命在内饑既難忍走又無力幾次送命於刀砧之下幸賴諸頭領勸挾得生茲賊領默遣來約欲贖送七
命與某令某將其眷屬密換切某至親在患已十三月初用贖局繼用劫局雖蕩賊巢之十九無救骨肉

之一毫幸有此機喜從天降第為各佗眷皆經詳報未敢擅便伏乞代詳道鎮諸上臺兩權情法之中得
遂哺子之情得眷以後義無瞻顧庶幾盡力驅馳圖全功以報洪仁為此激切望恩之至須呈

六月十一日與本縣書

昨緣至親之故煩老父臺代為控陳積月微勞庶幾上臺鑒而從之賊既敗而道伶仃饑餓勢似不能再
至今漸徙至湖頭此燈蛾赴火之時也表裏合擊擒元擊足雖有振天之翅豈能越暑而飛哉不知當事
何意舍此垂爐曾不馳數騎以完邁績為可惜耳伏惟老父臺立將塘報事理再加一看語稟詳當道其
時地方紀平賊勲自某候成口牌父臺者未艾也肅此奉懇

呈稿

為塘報事賊莊進緣初六早来刼某營被某率家丁掩殺於陣前立斬〻五人已經附報追至水尾五里
許又斃五人莊進交鋒腿傷一鏡肩傷二餅伏草至晚僅脫仍傷未死賊夥四十多人莊進自言卒生作
賊未有此敗遂於初　晚遁其主林日勝逃遁岐兜險岸二寨皆已毀訖某於初八早探知鄉□
義東山三寨疊跡迅追索狂雨如注溪澗氾濫不能及遠賴呂屏鄉丁埋□　戍兌
供緣由知老賊現駐□鵝與藴耀合夥某思賊窮而逃棄久巢以哀
亂又早塢脩峨湖頭與感化来藴二里相持里大人發勢必
可盡除其一面會集山底各路控敍外合呈請中報道鎮府
規畫表裏合搏仍嚴清㳄賊各寨保十日□閩熾藥㕹克□

山陳地二寨及初五晚長基寨[illegible]來通欵即撿百兵星夜[illegible]
每夜設伏昨初九巳刻直[illegible]營一股直衝其巢自巳至未計斬
驚抵哺燒壁迤入飛鵝合[illegible]到此地一戰頗有可觀尤可喜者
窩賊一旦聽其指揮於初[illegible]八下洋堡擒得老賊[illegible]官林呈林
一家皆得免壁明係各上[illegible]老父臺恩威禍[illegible]被負[illegible]起釁此[illegible]
或老父臺預就近備[illegible]鑿之後申上[illegible]行獎并[illegible]新[illegible]參落千切期
人可八百米無十口僅恃蹲[illegible]下殷五日決當[illegible]
竭力救百戰百[illegible]計大[illegible]一隅命如燼燈正在一鼓
轉申道鎮迅師會勦某[illegible]
七月十三日銅鑼寨上
此時協力[illegible]勦計坑內一彈丸地[illegible]割各山若[illegible]為搤搏之勢渠之不敢離伍而
矣昨復引一百丁分三路[illegible]無出謝其伎倆然可知也今不患其不攻僅患其
不患其不鐵僅患其接濟擇[illegible]路上層則在[illegible]崗中層則在大埔封寨下層則在來蘇一二不[illegible]
瀨長潭底過河沂飛鵝口而上此三處者惟[illegible]法制置之飛鵝口一路[illegible]鈔淳層[illegible]及埔尾寨
扼之可也此中兵樂聞大兵一戰相為聲援車[illegible]下可[illegible]彰華以示之臨楷主[illegible]
文上余將爺書

弟其久候台〻茲幸至止知膚公之奏反掌可勒弟已分札各山以疑〻勢計坑内一彈丸地老台臺舉之如振槁耳如有進攻確期幸惠好〻弟其當磨厲以須臨諸主臣

七月十四夜銅鑼寨二鼓上弟名書

此賊相持垂四月交手輒敗今巢壘殆盡僅三寨蟲時苟偷視息耳至於困獸必鬭知其死在旦夕而責兵以俟分理之自然無足怪者弟屢陳破賊之法惟四面絕其鹽米之道不戰而屈之第以其書生言之未免近孱故未敢急以其說上之將臺從來鄉兵多益為害合數十寨即數十心且其中胆智十無一二一喝而散勇者為怯者累往往如是昇刻徹營前百名遣主兵王俸省視將臺稟其發縱從山腰進来不謂賊窺吾兵未歸徑以一股突嶺上来鄉勇無遮因以稍卻日接家兄手函知老父臺望其之函本即寅夜馳赴茲如此景未免駭動後山當留此鎮之計賊所震者惟有歷来交持旗鼓相識僅數營一枝耳其去必扶伍與俱背後空虛又虞有變此自老恩臺所能亮也若戰功之成大勝之中必有小負至於稍有損傷雖孫吳不免惟老父臺堅持之可戰則戰不可戰則四圍困之恩臺只能湖中建牙一面催徵其為後拒止以半月為限若不縣林莊之頭竿之槀街莫大軍律其請當之王將臺既為地方於恩臺有主〻客焉濟大事以相忍為主但意見裁自胷中人論紛紜總以功成日自明汪度千頃聊為百姓弘之其亦意謂父臺相機即出不論蚤晚也其全眷在賊營時尚奮蜂不顧今托庇獲全尚肯與賊俱生乎一片心胆指天為証湖中情形并乞詳敎臨諸主臣十三日大兵及鄉兵札營頭時其時發兵前搏自辰至昏殺其先鋒及銃手十餘人而我鄉兵庸貴寨夫有功銃手一名為藕秋又傷四人俟事定開報

十四夜銅鑼寨俱二鼓上王將爺書

台緣責臨渴一領誨但壘在賊前又路經員橋賊寨恐拔營一去彼必乘虛邀擊意欲平此巢而後發所
以遲遲大抵賊勢窮蹙自永春繙回數十根株皆已盡華何但此區區之壘相峙乎此種醜在旦夕破之
之法不須張皇只四面緝絕其鹽米多則二十日活少則十日自餒死耳況將臺天威所加何敵不摧此
可算為籠中鳥也早刻緣未晤台臺情意不接故特遣主兵王偉詣營受命不謂回旆未歸而狂豕奔突
鄉兵無遮引步稍卻其無崇即率倦兵挽其後更深始抽回其持賊頗久極知此種伎倆不過闖然一衝
若我兵不動即渠悠然逝矣願老將臺勿恤小衄一進一卻兵家之常數父母最細心人求俯商之其本
為至親在難放膽為此今船至中流誓滅賊而後朝夕老將臺萬勿移於旁論自其破賊以來凡百三十
日在兵中未嘗一飽惟將臺矜憐之破賊成功自繫將臺威神其書生雪仇已足至於功名所不敢齒也

七月十五午刻銅鑼寨上本縣書

握勝在我只緩須臾便可著數鄉兵扎嶺上及嶺中者何嘗數千數十賊驅之望風尾鮮若有十人等
何以致此此非賊能殺我不過自相蹈藉耳弟前呈言兵不貴多正為鑒此々常情
道老父臺建牙於外擇本地之精銳者剪拂之外里之驍果若存給之
之數日定當立斃即談笑而折衝之矣不知昨日半嶺所
掌而易盡之事也其既守於此兼值賊勢新狂一動則々
不敢後也弟到此時已立身於毀譽禍福之外惟與旦夕報績々

□月　五年刘銅鑼寨上賀道尊韓鎮臺

具於初二自龍通移營初四扎兵銅鑼寨近賊數百□□即承老爺手教且荷惓注初九日出□

□殺賊併傷計十餘人十二日復出搦戰老賊閉關竟日不出十三日□兵攻坑內寨另遣一股劄嶺頭

至大營即欲趨利某復出兵扼之賊乃回戈抵晚大戰殺賊斃者十餘傷者不計而我寨丁名蘊秋亦

此人驍勇有功甚可痛惜十四日晡刻賊窺大營不戒暗從坑底沂嶺上鄉兵素無約勒望風引

攻兵不知緣□乘勢尾鮮其無索出兵拒其後昏黑無戰更深抽回勝敗兵家常理一挫未足

□糧絕只剷容劄坐制有餘既握勝在我繼以𡙇饋為成句竚看半月之外定有捷音敉

緣此事僻極苦心王將臺亦未免因事兵惟其□兵於內自□懸軍來臨未曾一望顏色惟老爺

之功如不成某與分罪不敢辭也臨稟無任悚慄之至

七月廿三日飛鵠寨上本縣書

□臺恩庇所向輒克廿二日午不勞而定飛鵠雖皮蓁而其仁有以勝之而寨民反正無所疑惑方

□自克者也老父臺勸一以厲其餘宜有以獎之今日勝□坑內與蘊耀相依為命直可持馬鞭驅之

□□各里嚴截制其外運防其內遏□治孤賊之要□臺留意行之不任拳切

廿四日上本縣書

□既順賊據坑內孤堡滅亡可待老父臺只勒各鄉截□俾渠進退無路則思過半矣某受各上臺重

□實役名不動得官數字賢於某致數函且某所能者不過音自己一路晝戰夜伏耳萬一出於他途

雖孫兵復生不能揮不靈之臂以為用明矣上臺用某可也責某則不可祈老恩臺此中短長曲庇之昨塘報計已徹覽頻承上臺牌示奉之惶恐然不敢不殫之驅馳也臨楮主臣提臺及道臺前後二示俱領竹莊進已十七夜與廖孔等出哨崇信里閒其大夫利復回行湯青年此二寨係與龍興源口鄉聯絡可特牌切責之

七月廿八早飛鴉上本縣書

貴役至即遣小价回爐取舊春一宗係科盤費敝營距爐凡二日程度其往反措置須五日足今尚未至也大要此事非某親行不可餘人其其正恐庭對差遣反來便耳賊聚在旦夕非鷙郎適惟若衡陽青洋一道通其後門屢諭不變今賊眷彌滿於衡陽公然與我抗若不質其應事現年則渠漫不知省雖有百某奈之何哉看早晚擒魁便即躬見可差領又聽鮮如猶未也亦當召舍弟某攝兵郎某自行斷不敢遺憂恩臺係以自慊也賊級本三十餘此間山僻待呼匠覓灰已遲數日其殺在林間者敗爛不可裝僅送[illegible]月外取十三級崇人致上係令寨長副到臺立結某荷老父臺百般噓植恩均怙恃禮不啻君之路馬[illegible]人且吳庚與弟有中表親就使漫有所作亦須私啟恩臺何敢徑爾若遽汙誣以塵上臺之聽不惟吾恩臺是白日而鬼魅自為也且上臺何知有緻生緣老父母錨好不倦卿一通札豈肯未謀面而遽及於地方政事乎亦非某言事之時也家兄某當日憤其毀成亦為其使者出於人言未有確見抵湖後無日不和氣相對背[illegible]而能察者當其有時必弟確証若此言自某出當有飛檄召[illegible]

丁[illegible]言

八月初四日飛鵝上本縣書

爲示併鎮牌至即傳諭之民情習非已久每奉官檄輙如故爺弟營中日治三百五十人食塩兵居其半自弟四月始事以来無片壤不驚令斗箇俱竭矣洪其亂者猶存三百啾啾呼庚勢不久持庶幾得藉威德常樂官派坐潤旦夕而鄉人奉票不過展紙訴哨而已察抗内升合無存其中時有剽奭来歸者某一出開大恩信接之知賊非久决適已嚴會湖頭分伏想揷翅難飛又聞莊進爲龍涓閭里所圖首尾定難相顧衆也可不決旬第苦衛陽西溪爲其出入關棙耳使其得一月餉給則萬事濟矣求老父臺立撥首役四名每出一催票星夜前来以拯弟飢賦除之後報覈之数弟當開實奉報不敢妄靡此官物也催票一言提臺即到不必函及弟名渠筆不知大義但以爲私耳懇望切切欽件事弟既未得行姑遣小价項寄数下號磬光景大不可言即一廝行李經營逼而後發誰其憐之弟不生耻以寒酸襲人然以私我恩臺計生成我者必不厭聽也臨楮悚切

八月十五日飛鵝上本縣書

月圖令節擬得馘憝獻捷爲恩臺懽而守此匝月未獲如願致乖奉侍之期有懷耿耿兵聚糧乏敢尊檄催頑抗如故至感德洪祐鄉如美人寡長者本縣之户書也慢罵不遜謂弟串同父臺猫鼠科索喃喃哓嘵差役而搗其首狼狽以歸致令感德環里無粒肯輸常樂初尚有至者今聞聲視效競不遵觧以捍賊之卒待不前之炊謀飽不暇何能爲雄今姑忍飢再待五日無效雖甚欲長居於此得乎弟司村井一書生耳自始事至今亷累自隨今欲蒙虎乞澤張之以威似亦有礙惟老恩臺裁所以行之老賊既用

嗣蘊耀頗亦心軟然弟雖百用其招輯新兵作敢亦恐負氣不降吳庚于彼有契誼洗來相為庇窩言入
。慮且真綫索所可達者渠其知之若用為勸諭使之就中縛魁請賞轉禍為福以此樹德於知交郎□
庚之計亦得也父臺密作私見諭之即促𢒉道或旦夕見功否戰尤優於力戰也。一詞所載近狀并善後
事宜皆酌參緊要權宜必舉之事求恩臺迅為轉詳冬熟伊通故須預議之弟無日不為地方壽嘆言出
至公非有所覬而發也伏惟留神呼應盼々切

八月十九日上本縣書

弟匪才心勞食殫真無可奈何至膺老父臺推食之恩以民抗頑竟如畫餅而甚者乃辱毆奪後貨苦、
害乃至貽累於貴差罪歟益甚今老賊計窮而遁閩崇信之間據有小寨安身山邊新坮丁黃而被司不
令之人與之為頗若浸淫既久勢必復大某坐擁盡未能遠退今日楚於賊營安搭明晨當領半於𢒉恩
臺面圖方畧也即晤不多

八月廿五日坑内上本縣書

弟兵楞腹在湖揭貸維艱自摳面老恩臺歸來瘁苦益甚昨所商維一呈賓出今日急務今冬救在望□
債之家紛至安定之謨似宜迅舉老父臺存心民瘼故弟敢以狂臆相效非有私也賊尚逗留
無壁壘徒劃空尺嚴檄彼地鄉兵即以官師擁之必可得志茶俟晨望音、
弟兵若唐七日之食即可漸芟新稻無憂飢餒第數日真□
念其有勲而玉盤念其凋敝各乞減四千斤救大寨弟相
與領□台之具在此可問也除飛鴉境内實獲大鏡六個
是、承晤梟惶悚

其半恩聊以濟之即當思臺椎牛之饗也三寨手本乞即批付首山之呼計在鑒存臨楮拳切

呈稿

至謹陳僕賊亡民之策乞採芻言以圖善後事十七夜老目林日勝窮遁十九日擒殺驍賊廖孔已經呈報解送水偵偕日勝潛熏四百人欲入崇信倒橋寨被鄉兵會拒逗留還一里進德鄉蛇洋中分札四屋刈稻為糧與倒橋首尾不能闌其中鄉壯計會五十二寨有富人陳特纘肯出財募士可即署為總練直諭擊賊立功又詹族原有不令之人先與約引其族中亦有富人如詹國衡詹錫身列黌子亦可委按總劄俾之家戕自贖功日勝於踏進德鄉既無巢穴若得天兵一股呼吸芟蕩還一二風稱強猛坐觀數日既不報官亦不圖攻理合切責其現劄湖頭揭借兵糧旅食艱難未能遠追稍俟新稻之登以為宿舂之備仰惟裹腹以待加鞭至於永春一二三都及本縣感德常樂來蘇感化杳無賊跡道路太平但一旦草而刁梗猶存賊孽此是冀歛餘燼亦虞再燃宜令會各鄉之近毗者設一練總簡遊手之無藝者充以營丁二十里建百人之營豈百里成率然之勢一賊入境伐鼓相聞大隊卒至連鄉相捍既不用驅農民為制梃之煩亦可令池棍淌衣食之憂蓋饔飧有常饑無蓄不飽抹赴有遠近無賚不行齎兵易集策糧為鄭竊思自賊熾以來士大夫及遠近富民一切租粒盡賦于虛今荷道鎮府爺臺及老爺臺風行草偃光天再齎業者敢分耕者之息徵者敢至逋者之家雖如探寶於囊取諸攸有實如拾珠於路得非本望背借客租十分之一以為各里優兵之費鄉設稽查之簿費有銷支之條苟賊孽即平於旦夕即租額責完於翌載在官富[illegible]此端銖即細里載其寧一此策不可久行而目前權宜似宜出此尤所患者八鄉歷歲

租粟又為老賊據收在業家以為積逋在佃户實為漏額苦一旦反正凋窮可閔誠恐誅責之加至必致
捐瘠之益甚他之俾令無邪宜安之使有常業上臺與民更始兇者可生宜倣此意敷諭各業户凡上年
欠掛一切款免責其新收勿得逋負廢農民知昇平之樂而業家[illegible]之咏某任事六月備知民
艱謹陳愚見以供採菲如蒭言不謬伏乞速申道臺發下告示通[illegible]鄉痛不勝[illegible]瞽
初五午上龍總鎮票帖
某自前月十八日由飛鵝移札坑内當時以兵多糧少餉[illegible]不遑兢湖頭[illegible]不及速追然老賊情勢盘
窮蹙逆皆有巢而今林楼所至之鄉皆[illegible]逆擊想立脚不牢至崇信及[illegible]二里先是某奉牌諭頻檄居
致聯絡痛然不赳徑肯後有詒且誚者其人情未可[illegible]某即衆賁至其地主客不諧似難為功某有一
呈求救邑父母代詳申所言剳授詹陳兩家練總一事極為要着蓋二族實崇信一里之望才力俱優皆
[illegible]往返奔行之至於鄉生微勞實恃老仁臺生成所造尚以魁首未馘為憾何敢偃然覥王白俗成
[illegible]安于永謝廿七日發至此月初五乃反見之即當趨赴第為出師離家七十餘日甚歸洗沐又
從容早晚乃得趨叩耳某傾庭謀賊貴村不次且自被難以來日營三百[illegible]之
[illegible]未忘麤情誠可閔所恃老恩臺指授而面教之真不餘[illegible]
命無失皆感再生某非犬非馬敢不啣報今所存三
[illegible]旺飛鵝寨先數日林日勝徙入抗内賊眷[illegible]
婦非老即稚有自南安介溪複皆有[illegible]

切切其
呈稿
為塘報事某奉工

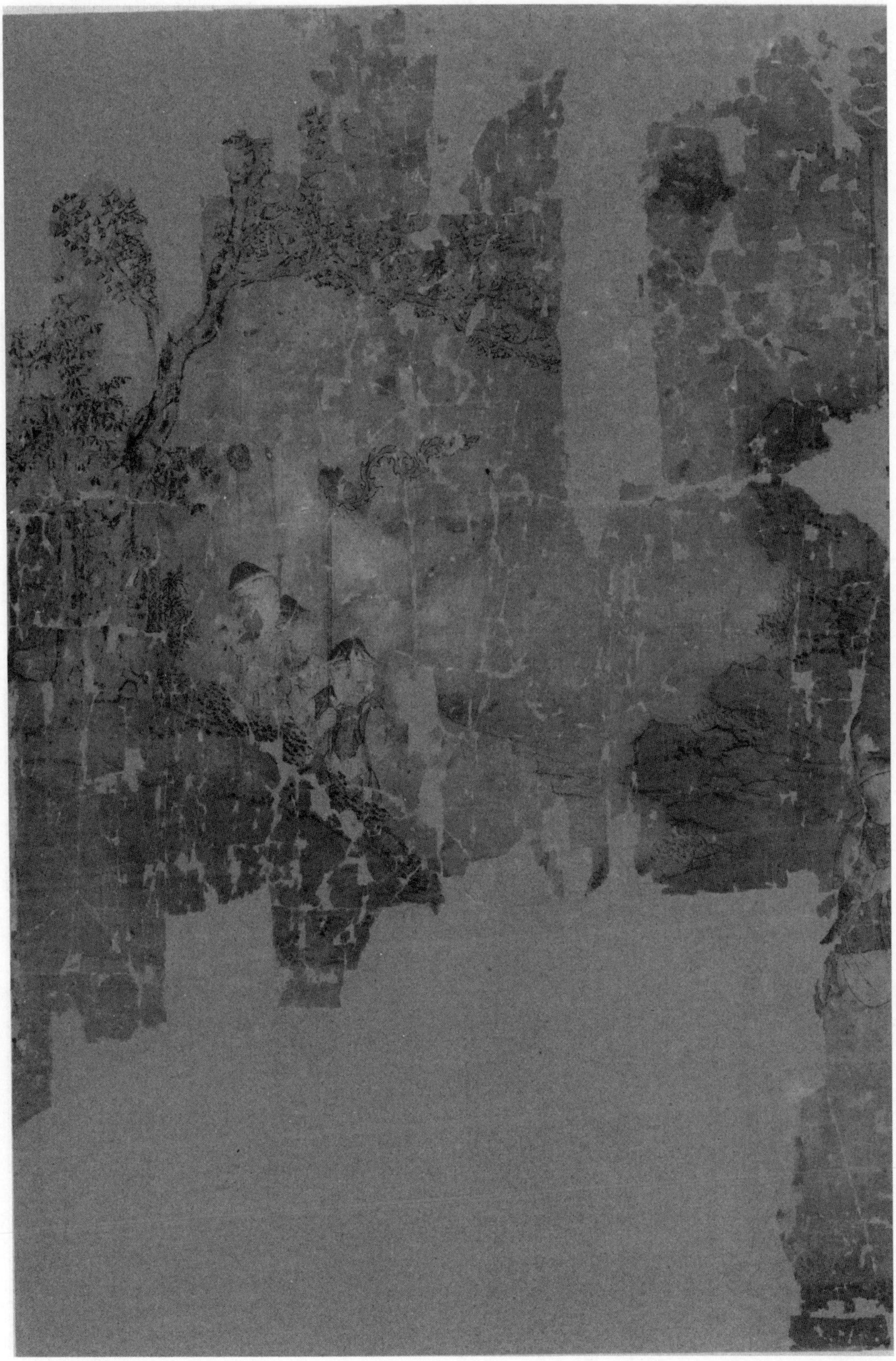

湖頭金石拓片

明通議大夫雲南
按察司按察使懷
藍李先生暨元配
誥贈淑人勤肅趙
氏合葬墓誌銘
明通議大夫雲南按察司按察使懷藍李先生暨元配
誥贈淑人勤肅趙氏合葬墓誌銘
賜進士出身資德大夫禮部尚書兼翰林院學士前詹事

明通議大夫雲南按察司按察使懷藍李先生暨元配誥贈淑人勤肅趙氏合葬墓誌銘

府掌府事加俸一級禮部左右侍郎南京吏部左侍郎

管理

誥勅分直

起居充

經筵講官　東宮侍班官

廷試讀卷官知貢舉纂脩　實録副總裁教習館員年家

眷弟林欲楫頓首拜譔文

賜進士出身嘉議大夫詹事府詹事兼翰林院侍讀學士

署理府事掌院事教習館員較閲

誥勅譔文

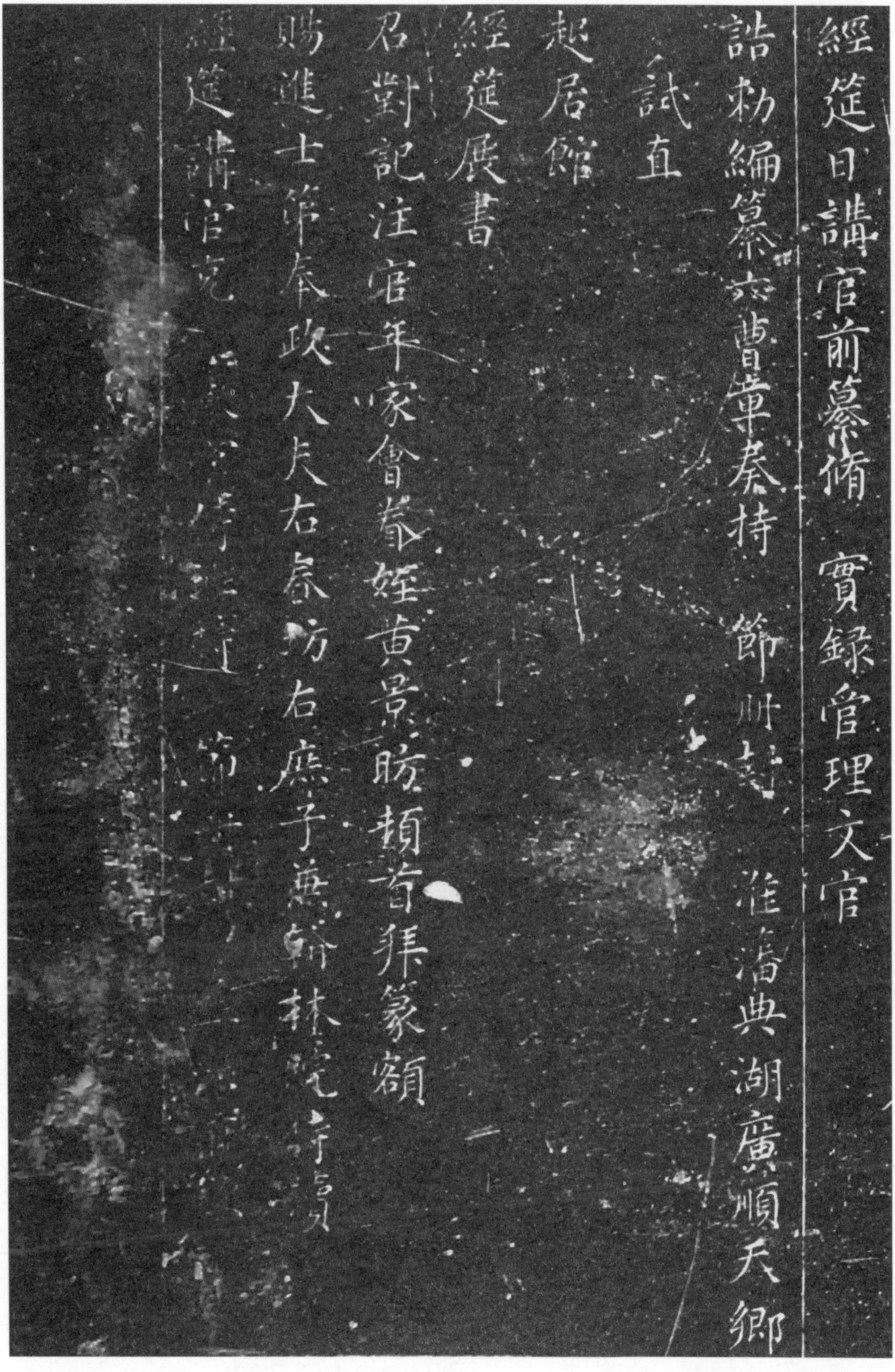

經筵日講官前纂脩 實録管理文官
誥勑編纂六曹章奏持 節册封 准藩典湖廣順天鄉
試直
起居館
經筵展書
召對記注官年家會眷姪黃景昉頓首拜篆額
賜進士第奉政大夫右春坊右庶子兼翰林院侍讀
經筵講官充 [illegible]

命應天典試官理
誥勅撰文直
起居館編纂六曹章奏
召對記注
經筵展書恭代　禱告奉
旨典浙江試事左春坊贊善諭德兼翰林院侍講年家
眷晚生張維機頓首拜書丹

晉郡李有數家皆著姓其籍安溪感化里者族最蕃幾
萬指簪纓不絕子弟青其衿以百數仕宦者世居郡中
而莫盛于故雲南憲長懷蘆先生一派蓋李之先在正

統朝有請森者以節俠名海内用助賑擒叛功蒙
旌尚義㨗巡司兼署安永二縣事其第四子為慎齋公慎
齋生直齋公直齋生贈叅政月峯公月峯生別駕贈叅
政中藍公實性松為中藍公初艱于嗣及致別駕政年
六十餘而先生始誕蓋萬曆庚辰歲也至庚子先生以
弱冠登賢書別駕公猶在神明不衰又四載癸卯而別
駕公卒先生喪葬盡禮四方來觀自號懷藍志痛也先
生幼具至性儀觀非凡瞻矚有威自成童師事族兄嘉
興郡伯仍樸先生至登賢書成進士無他師仍命長公
僉憲公率諸弟師焉即此敦師重傳古道炤人使後生

猶得見立雪之風者士大夫中亦僅也先生於書無所
不窺而尤深於易所著制義及趨對易說海內爭傳而
誦之余與先生同井閈文同治易余齒視先生差長癸
卯後先生計偕及癸丑先生繼余成進士余從事中秘
而先生初授刑曹多所平反獄無冤滯無事輒與余
談易嘗慨然念刑之通於兵也又時邊事已蠢動丙辰
有鮮餉山海之役既馳驅塞外益明習虜情向背強弱
著有武書撮要與易說並行於是當事知其才會維揚

之惟日繕堞濬濠漕艘凡隍塹徒無譁
雖講武之中不廢衡文時髦鶚起乃舊有
何先生絕不聞賓從儼然江南北長城矣辛
酉春丁周太淑人艱扶櫬歸里其治喪一如喪別駕公
時既克襄葬事長廬墓所每攀枝輒條泫然涕泗哀動
旁人因念趙淑人之先從王太淑人地下也奈何久淹
其魂魄即自相地于雒江之北營二壙奉趙淑人厝其
右而虛其左以自待嗚呼先生爾時通籍方十載年纔
登強仕雖典大郡仍食先世所留貽於田園無所拓以
營情度之即不至蠅蠅營營為子孫計亦何所感懷無

忌諱而為唐司空表聖之高乎余竊窺先生曠達潔肅
蓋天性而又加學殆如程伯子所稱司馬君實脚踏實
地者也憂居三載每霜露凄愴其精神夢寐纏綿於先
隴新阡中而以餘晷益發遺書令諸子熟讀之方起復

調補潮陽而長公㠯於甲乙聯第諸子亦屢試冠軍轂
[illegible]忿以視世之求田問舍不以水本木源為念
[illegible]潮陽及高肇可七載所視向之治廣
一陵者尤[illegible]以為惕所慮東奴虜漕運
咽喉為梗一此天下之勢也若虎[illegible]或兵遁逃海島者
相煽動潮潭接壤為患非一日亦豈徒東粵之[illegible]能

是五里立一堡堡置戍卒再頒武書撮要行之令詗事
者廡巨猾為盜主者立置之法賊聲息無援胥道闔廣
獲安瀾焉當事者至以文武全才薦晉大參分鉞端州
道威望益暢最為百世利者有太平驛通濟橋之役為
文記之廣士商誦德比于蔡忠惠之雒陽碑矣秩滿遷
總憲全滇取道里門督諸子學問益切不許以竿牘澗
當道至於山海之利錙銖無所染以為吾如纖兒子問
戶外事剔削先世遺風負不義名于桑梓則向在維揚

如織造稅典舊例取之無貪名却之無廉名猶硜硜拒不問今奈何默然就之乎抵任適值土酋普名聲之變承委督餉即奔馳諸郡旦夕拮据餉務賴以不缺一日聞警馳謁撫公計畫痰疾陡發卒然而騎箕尾無一語及私嗚呼中朝士大夫表儀先生者咸共悼痛以為先生豐軀偉幹目光炯炯況才堪八面年方及艾當事方圖以節鉞畀之豈天未欲靖封疆乎何奪先生之速也

曩好不泯日久愈盛而崇祀歸然矣史林子曰余自執筆為後蓋亦嘗銘諸士大夫矣及今銘李堯生而有感也士大夫束脩自好剔歷中外所至著績尸祝不論

定而崇其著述祭于瞽宗盖不獨先生而譽□生之於
天道人事有以全之而無憾□□□先生從計偕時
贈公年已及□□□□見之恨又令先生卿
聯第授職之□□□□足時無他子姓不無不及訣
之恨惟贈公慈惟先生孝二恨不生而諸祥駢集越三
載而長亦僉憲公生矣又一載而文學諸君繩繩矣贈
公得先生遲而蚤其科名以報之先生得諸郎蚤而復
蚤其科第以報之令士大夫譜牒中有四世衣冠相望
具萬石君篤行之稱無頻川公慚卿卿慚長之目如先
生者乎即有之猪亦不多屈而祀煌煌祀典俎豆清溪

百禩猶生乎故曰天道人事全也今僉憲諸昆以日月
有時特走使都中問誌于余余素莫逆于先生又曾以
亡女許先生第五郎而余姪觀曾亦曾以亡女許先生
次郎文學續肅君仲男疊稱嫻誼壙中片石非余責其
誰謹按狀先生諱栻字克儼別號懷藍生于萬曆庚辰
年二月二十六日戌時卒於崇禎辛未年十一月二十
一日辰時享年五十有二丈夫子五曰熚乙丑進士任
廣西按察司僉事整飭右江兵備娶原任戶部主事

公夭棄女封孺人副室封孺人蔡氏出曰焜邑學生娶
原任都察院右副都御史雲南巡撫蔡公侃女曰煌邑
庠生娶原任雲南按察司副使陳公應春女繼娶癸丑
榜眼原任南京國子監司業前翰林院編脩莊公奇顯
弟奇曜君女再聘原任江西按察司副使莊公恭孫郡
庠生時昌君女元配趙淑人出曰煶邑庠生娶任太僕
寺卿王公繼曾女側汪氏出曰焜郡庠生娶任吏部文
選司郎中余姪胤昌女繼配黄淑人出女三一適原任
都察院右僉都御史廣西巡撫趙公世徵男邑庠生元
聲趙淑人出一適原任兩京工部左右侍郎前巡撫陝

西右僉都御史張公維樞男都增廣生世賚蔡孺人出
一適雲南曲靖府知府林公奇㮾男邑庠生幼愚側室
氏出孫男七自日燁出者光堅聘任廣東布政司右叅
議提督糧儲黄公日昌女光奎聘見任詹事府詹事掌
翰林院事黄公景昉女自日焜出者光垣聘見任
道監察御史宣大巡按蔡公鵬霄女光臺聘
眉州丹陵縣知縣[illegible]公獻琛男孝廉龍翼君女
原任江西按察司副使贈禮部侍郎蔣公光彥長郎任
浙江金華府通判德瓚公男孝廉鳴雷君女自日煌出
者光壘聘見任北京户部郎中吳公載鰲男邑庠生方

升君女自日煋出着光壁未聘孫女二自日燁出着一
許見任湖廣荊州府知府王公觀光男時泓自日煋出
着一未許餘未艾墓在惠安縣十八都峽頭鄉鶴首山
之原負午揖子位兼坎癸趙淑人先厝于右銘之着則
余嫺翁趙鈴老也鈴老為淑人功兄懿行嫺脩業悉具
詳具載原銘茲僉憲公諸兄敬以崇禎十五年四月二
十二日筮時奉先生合葬焉是宜銘
銘曰湖山山高水深淵瀠洄盤舞入清鬱儒俠喬木樹

宸起廣陵淛平金焦砥粵嶺東西萑苻弭經五書七廿
一史詮厥玄徵公厥旨正學庭呵垂世以環階麟鳳共
蘭芷捧案玉皇列星比千秋魂魄依江汜冠裳車馬紛
道把景佩素風生其恥孝忠貽謀共視履

不孝男日燁
日熀
日煌
日煋
日焜仝泣血稽顙
孫男光垣

光陘
光臺
光堂
光奎
光疊
光璧仝抆淚勒石
陳子琹鐫字

清故處士兄肖懷公墓誌銘

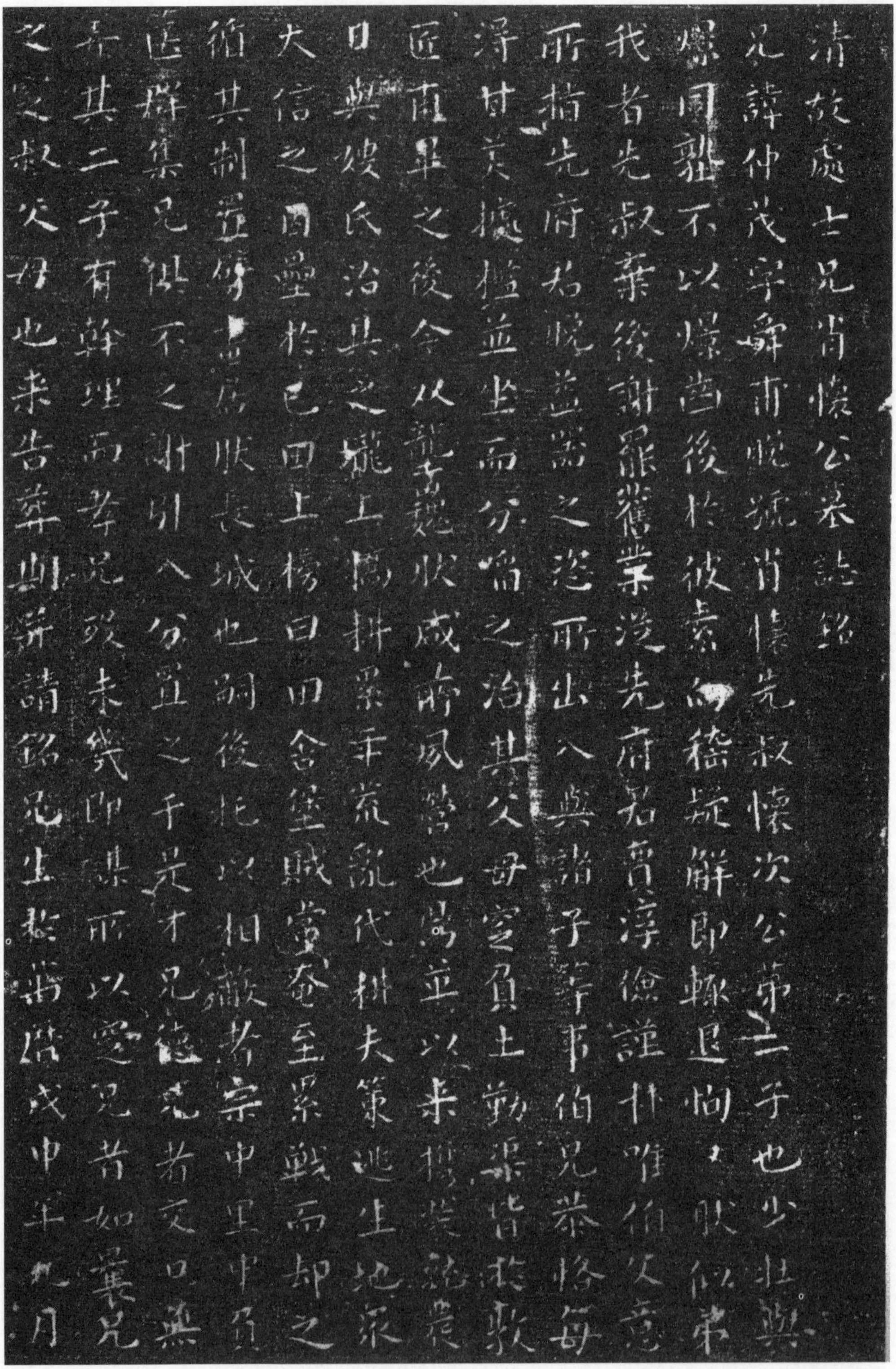

清故處士兄肖懷公墓誌銘
兄諱仲茂字舜甫號孤肖懷先叔懷次公第二子也少壯與
爆同雅不以爆習後於彼素[illegible]稔疑解即輒退惘々狀似常
我者先叔棄後謝罷舊業從先府君貫淳儉謹朴唯伯父意
所指先府君晚益端之從所出入與諸子等事伯兄恭恪每
浮甘芙擁檻並坐而分端之治其父母室負土勤渠皆於歎
匠甫畢之後令以龍堯魏狀咸齊風營也爲立以来樓棧結屋
日與嫂氏治其之飄上闖耕果年荒亂代耕夫策逃生地泉
大信之固壘於已田上樓曰田舍堡賊黨奄至累戰而却之
循其制置房壘居肽長城也嗣後比以相繼者宗中里中負
匠群集兄俱不之謝引入分置之手足才兄德兄若交口無
吾其二子有幹理而孝兄致未幾即隸所以還兄昔如曩兄
之叟叔父母也来告葬則併請銘兄生於萬曆戊申年九月

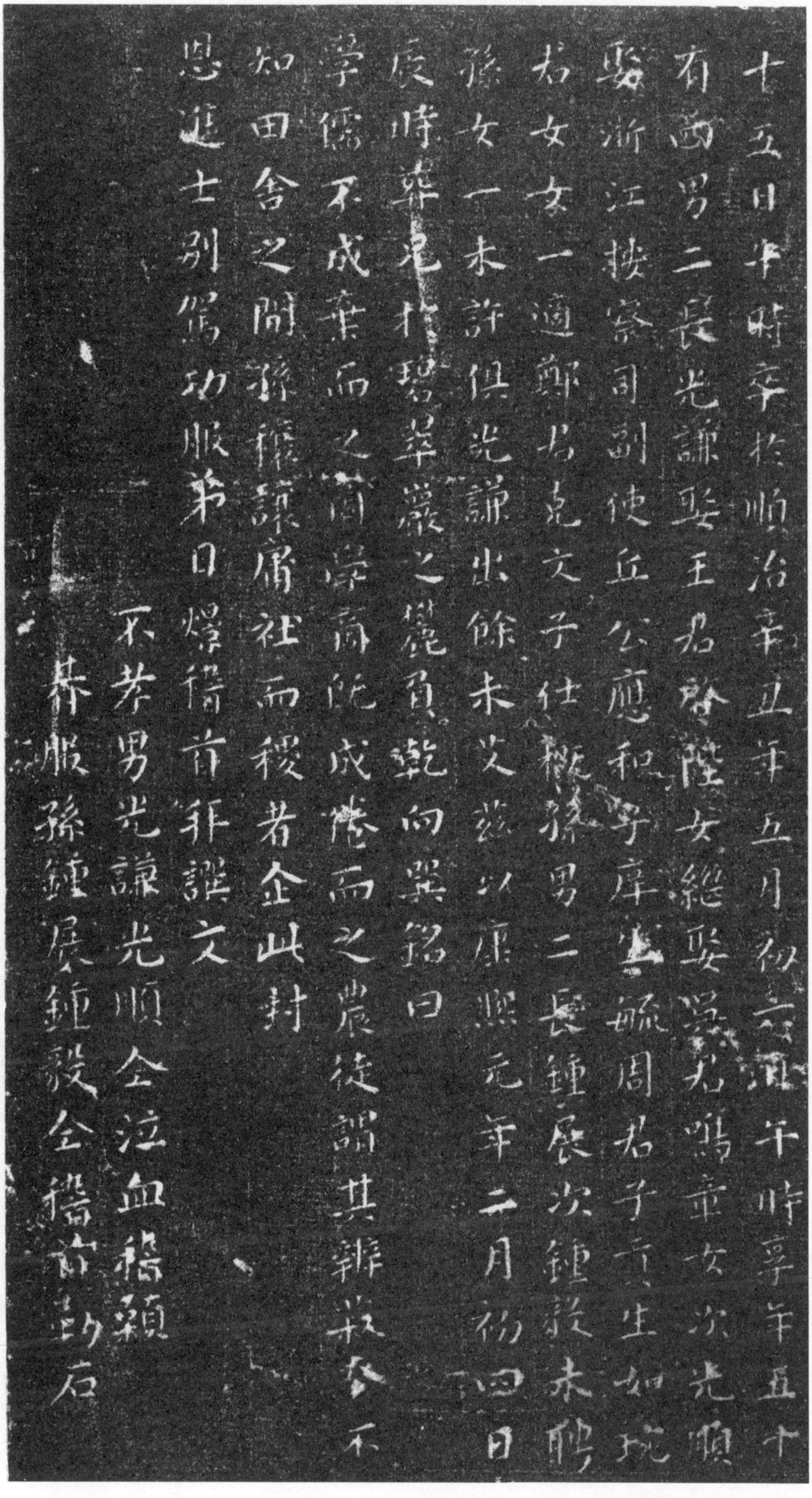

十五日午時卒於順治辛丑年五月初三日午時享年五十
有四男二長光謙娶王君啓陞女繼娶吳君鳴章女次光順
娶浙江按察司副使丘公應和孫庠生毓周君子[illegible]生如琨
右女女一適鄭君克文子仕概孫男二長鍾展次鍾毅未聘
孫女一未許俱光謙出餘未艾茲以康熙元年二月初四日
辰時葬先妣於碧峯巖之麓負乾向巽銘曰
學儒不成棄而之商學商既成捲而之農徒謂其辦叢夲不
知田舍之間孫穰謙肩社而稷者企此封
恩進士別駕功服弟日熤稽首拜譔文
不孝男光謙光順仝泣血稽顙
朞服孫鍾展鍾毅仝稽首勒石

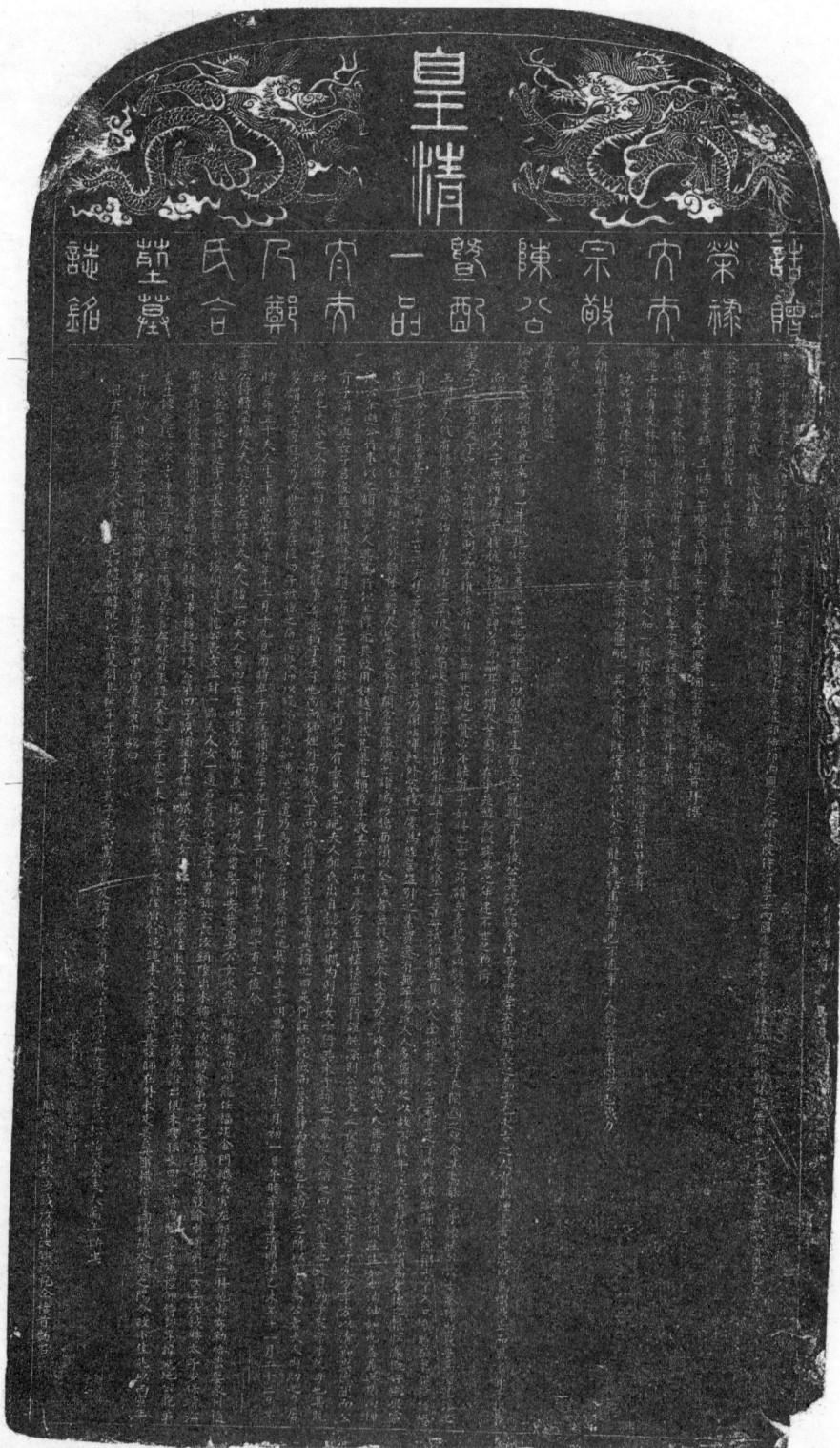

皇清誥贈榮祿大夫宗敬陳公暨配一品太夫人鄭氏合葬墓志銘

皇清待贈增太學生考六十三翁萊庵李府君墓誌銘

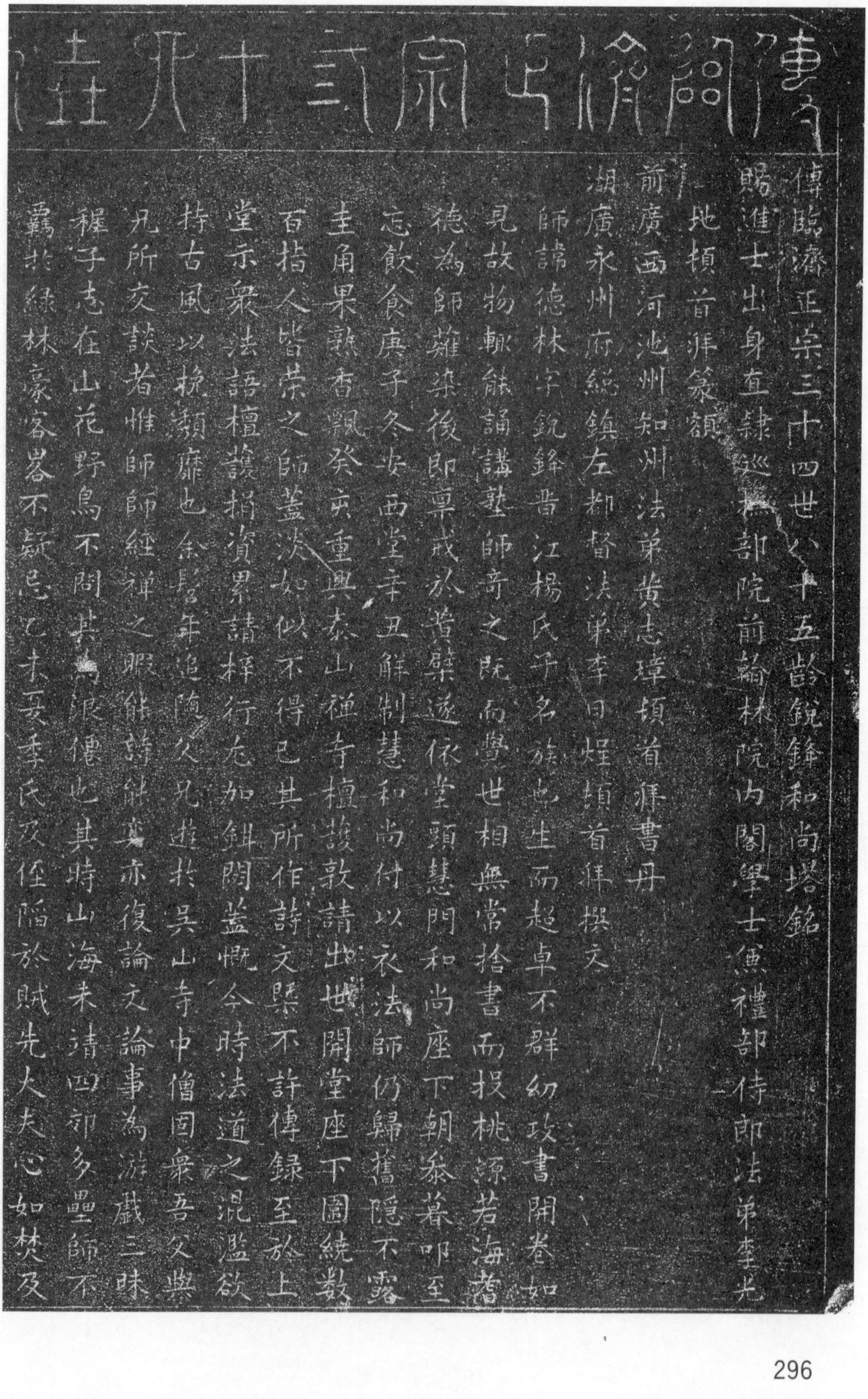

傳臨濟正宗三十八[illegible]

傳臨濟正宗三十四世八十五齡銳鋒和尚塔銘
賜進士出身直隸巡撫部院前翰林院內閣學士兼禮部侍郎法弟李光
地頓首拜篆額
前廣西河池州知州法弟黃志璋頓首拜書丹
湖廣永州府總鎮左都督法弟李日煌頓首拜撰文
師諱德林字銳鋒晉江楊氏子名族也生而超卓不群幼攻書開卷如
見故物輒能誦講塾師奇之既而覺世相無常捨書而投桃源若海耆
德為師薙染後即稟戒於黃檗遂依堂頭慧門和尚座下朝參暮叩至
忘飲食庚子冬安西堂辛丑解制慧和尚付以衣法師仍歸舊隱不露
圭角果熟香飄癸卯重興泰山禪寺檀護敦請出世開堂座下圍繞數
百指人皆崇之師蓋淡如似不得已其所作詩文槩不許傳錄至於上
堂示眾法語檀護捐資累請梓行方加鋟閱蓋慨今時法道之混濫欲
持古風以挽頹靡也余髫年追隨父兄遊於吳山寺中僧固衆吾父與
凡所交談者惟師師經禪之暇能詩能書亦復論文論事為遊戲三昧
稺子志在山花野鳥不問其[illegible]浪僊也其時山海未靖四郊多壘師不
羈於綠林豪客咸不疑忌乙未夏季氏叔侄陷於賊先大夫心如焚及

傳臨濟正宗三十四世八十五齡銳鋒和尚塔銘

八十五歲鐘鑄和尚塔銘

病且逝惟與師言先大夫未嘗刺意內典者賦有所憚家傾貲故不能
贖仲方與師奕師素劣於仲乃彈子有聲曰無進取難為守仲心動與
計事決策竟護李氏與侄而歸寔嗃矣於彈子一語也至道鏡中徵言
意表辟邪匡正其法玄其功偉哉同衆生速壞之身具諸佛長存之性
師生於萬曆丙辰年正月十七日巳時示寂於庚辰年九月十七日申
時世壽八十有五僧臘六十六以康熙庚辰年十二月初二日巳時塔
於桃源望偎炭之大鵬山坐辛揖乙志而銘之曰
何生何滅且登且舟欲網罟不牽愛河不流其露凝石智泉入丘駕仙
槎而直上跨大鵬以遠遊

嗣法門人心念　弘辨　智周仝稽顙

徒孫滿輪　滿性　滿程　滿惠
心開　心華　心泰　心安
心論　心正　心持　心專
心孚　弘道　弘悟　弘空
弘位　弘音　弘賢　弘願
弘遠　弘定　弘現　弘祐
傳灯　傳熖　傳光　傳賦

近悟仝稽首勒石

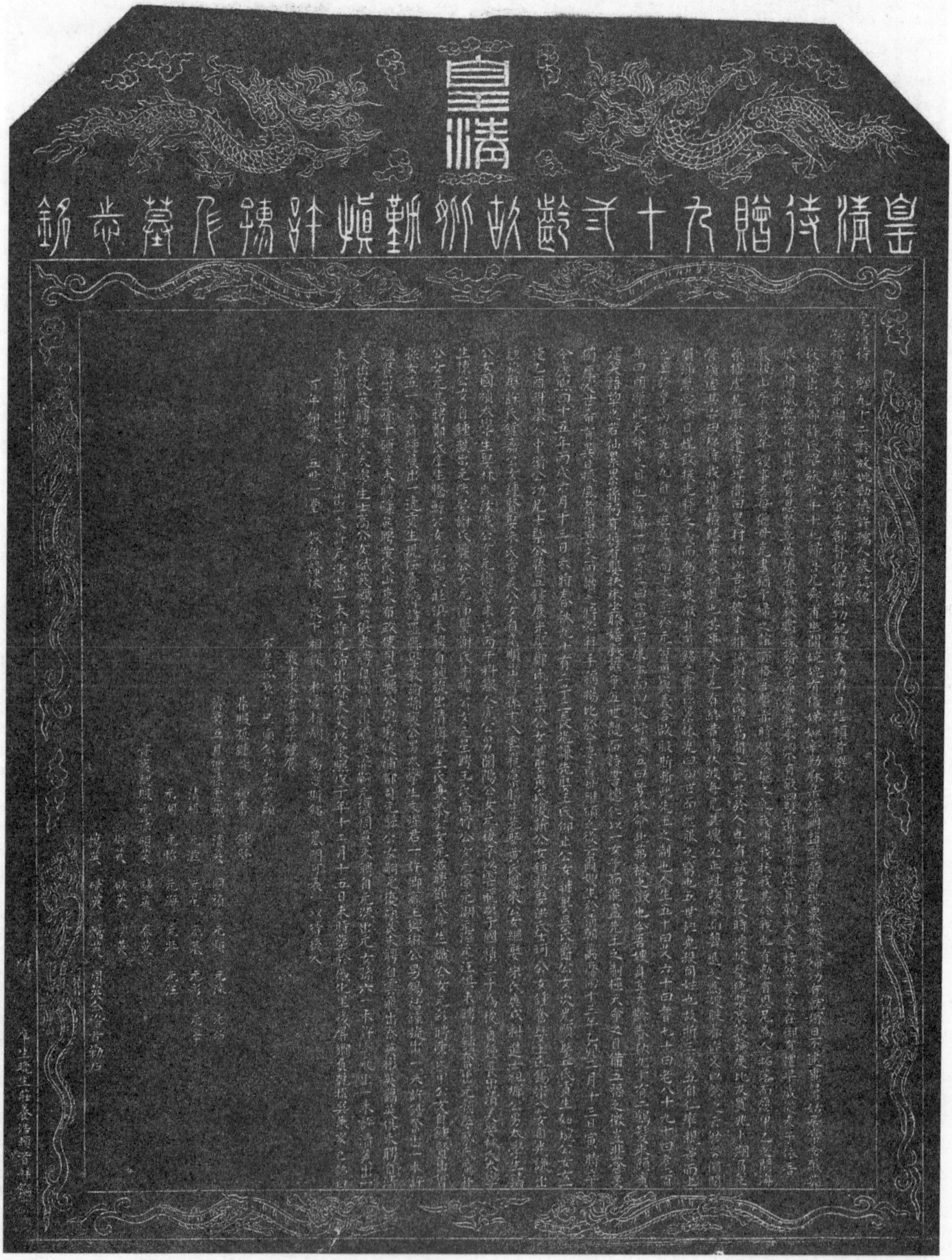
皇清
皇清待贈九十二齡故妣勤慎許孺人墓誌銘

皇清待贈九十二齡故妣勤慎許孺人墓誌銘

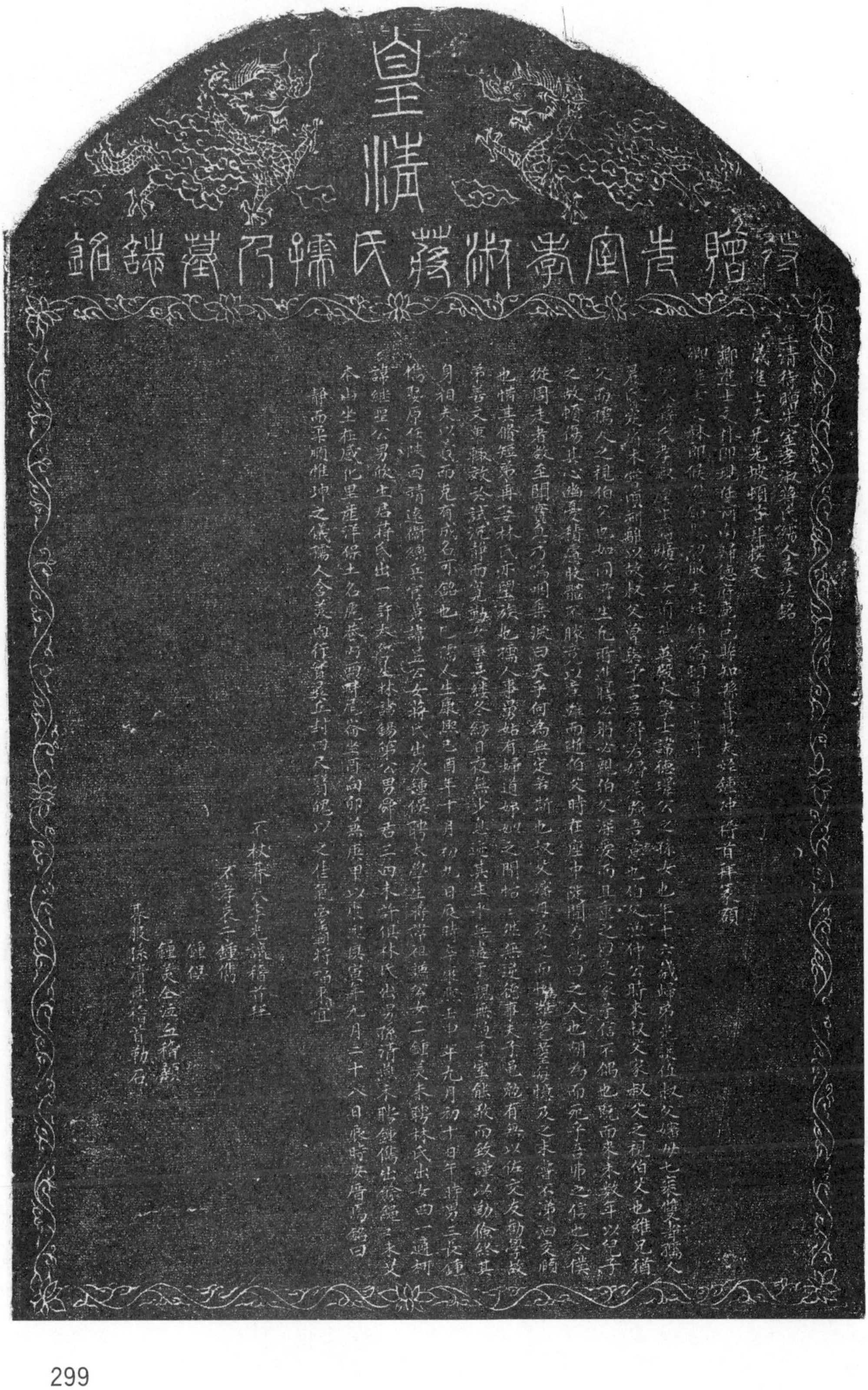

皇清待贈先室孝淑蔣氏孺人墓誌銘

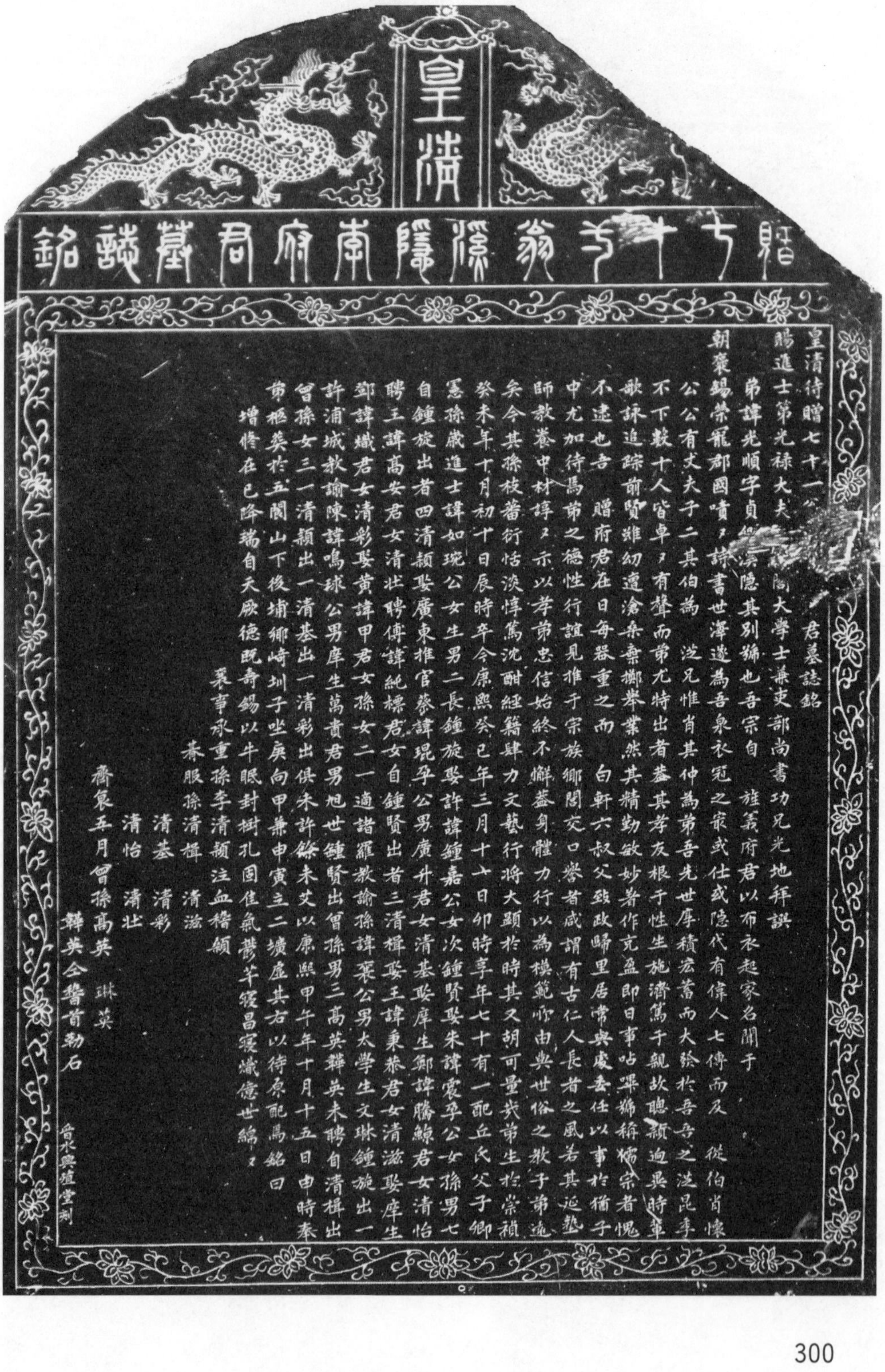

皇清待贈七十一翁溪隱李府君墓誌銘

皇清誥授榮祿大夫鎮守貴州安籠等處地方總兵官左都督世職拜他喇布勒哈番仍記餘功二次軍功紀錄二次致仕七十二翁鳳山林公墓誌銘

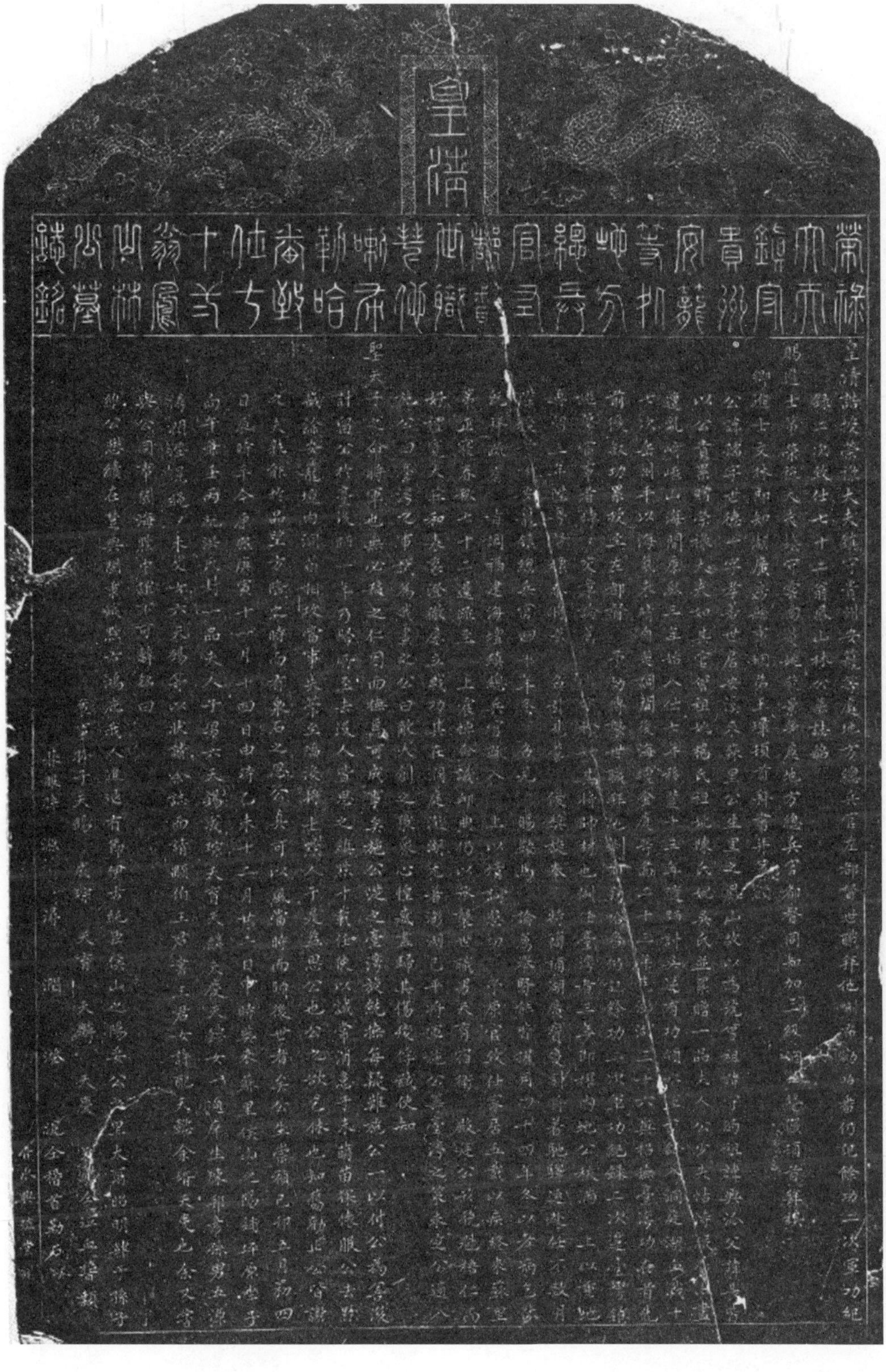

皇清

卜氏生於康熙戊午年九月十九日酉時
卒於丁亥年七月初七日申時年十四
母夫人命侍吾京師始至答尊畀安語
有序次因嘉以特飭從吾官於外內凡十
五年有無一致恭謹益茂竟得疾以殁無
出商所祀禮曰妾祔於妾祖姑今祔禮不
行於俗則承其女君如生時亦情所安已
為擇吉於本里石仍鄉大垣山麓坐甲向
庚兼卯酉庚寅分金以康熙丙申年六月
十四日辰時遷柩而窆焉銘曰
豐土深脈面有台階左右欝紆皆入吾
懷魂兮安之佳氣無崖
厚菴書

清李門側室謹慧卜氏孺人墓誌銘

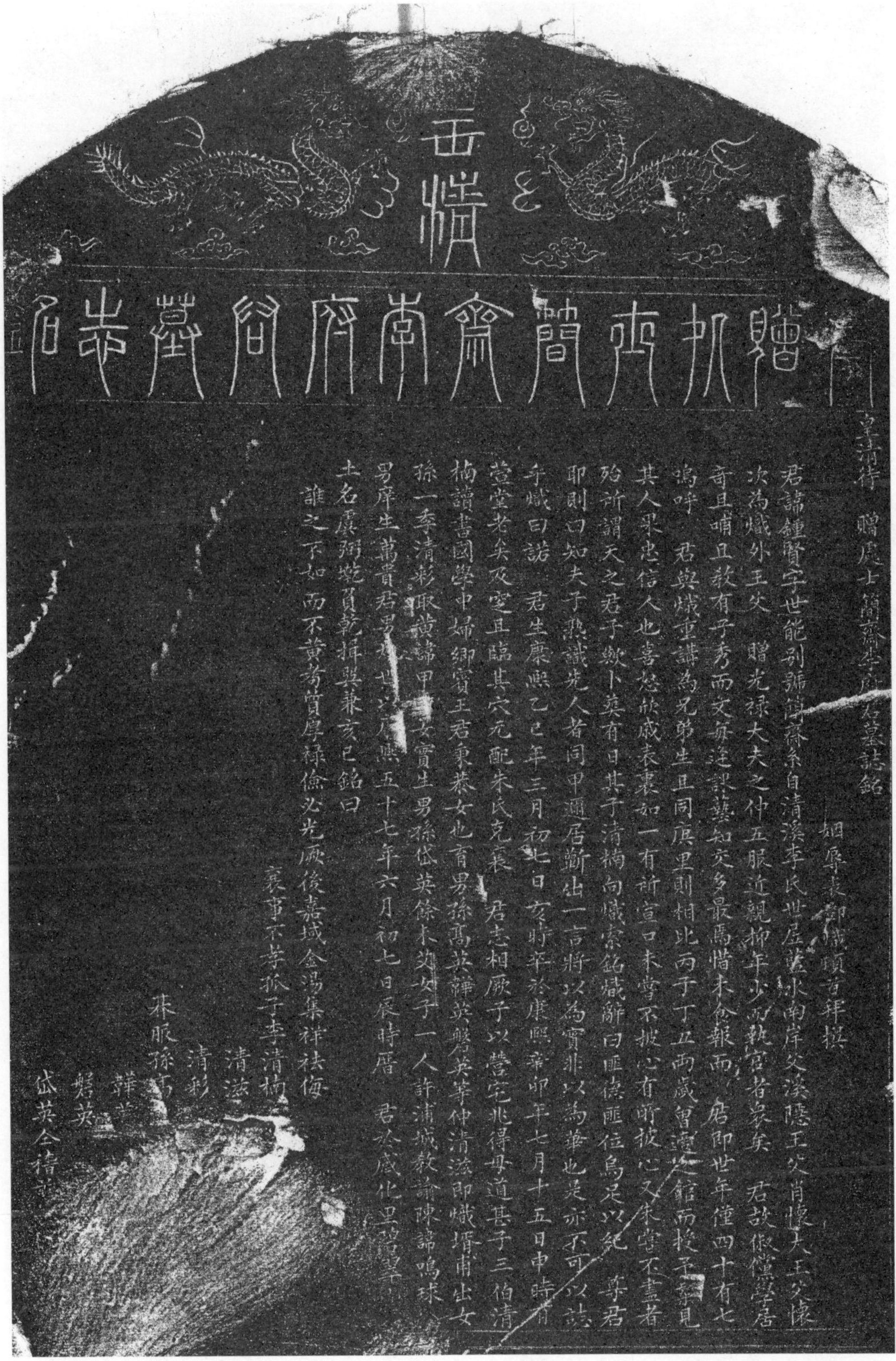

皇清待贈處士簡齋李府君墓誌銘

皇清
欽點內閣纂修吏
部截選知縣鄉進
士四十六翁艮湖
李先生墓誌銘
皇清欽點內閣纂修吏部截選知縣鄉進士四十六翁艮湖
李先生墓誌銘
賜進士出身內閣學士兼禮部侍郎教習庶吉士
武英殿供奉桐城方苞頓首拜譔文

皇清欽點內閣纂修吏部截選知縣鄉進士四十六翁艮湖李先生墓誌銘

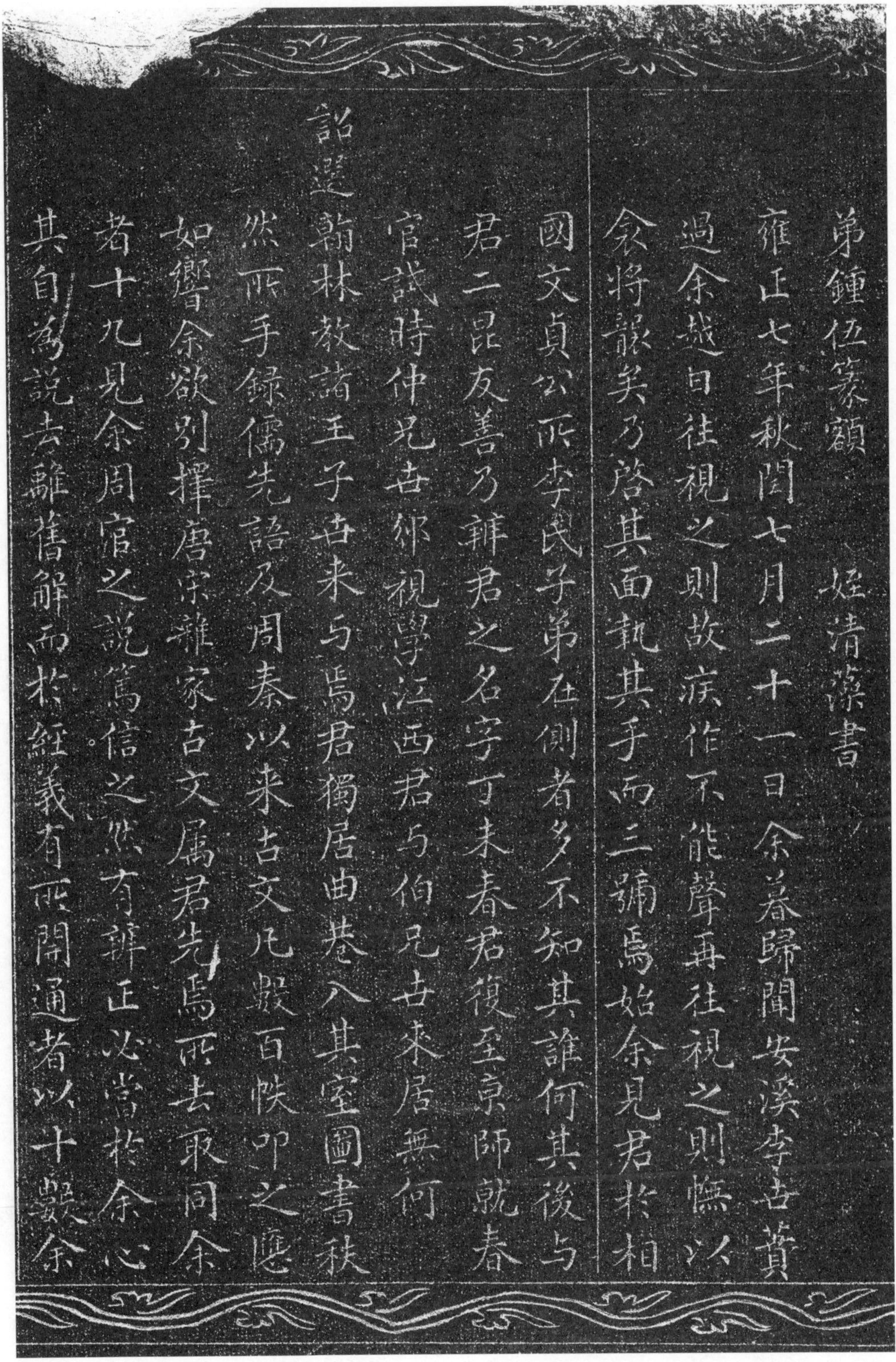
弟鍾伍篆額　姪清藻書
雍正七年秋閏七月二十一日余暮歸聞安溪李吉貫
過余越日往視之則故疾作不能聲再往視之則憮以
衾將殮矣乃啓其面執其手而三號焉始余見君於柏
國文貞公所李氏子弟在側者多不知其誰何其後与
君二昆友善乃辨君之名字丁未春君復至京師就春
官試時仲兄吉鄉視學江西君与伯兄吉來居無何
詔選翰林教諸王子吉來与焉君獨居曲巷入其室圖書秩
然所手錄儒先語及周秦以來古文凡數百帙叩之應
如響余欲別擇唐宋雜家古文屬君先爲所去取同余
者十九見余周官之說篤信之然有辨正必當於余心
其自爲說去雖舊解而於經義有所開通者以十數余

病且衰生平執友凋喪殆盡得君恨相知晚常悔曩者
交臂而失之而君用此益傾心於予旬日中必一再見
君之年長矣家世貴盛有子五人其長者已露頭角而
每接予貌肅而言恭如見其所嚴事者他日世卿曰吾
弟性高簡於時聞人相視恒漠如然後知君於余蓋有
不知其所以然而然者君以仲春遘末疾甚劇及夏世
卿至自江西始能强步循階除不出門庭者數月矣前
卒之三日疾若蘇駕而詣余詰旦氣動語閑遂不起其

喪之歸也余欲為誌銘以付其孫每執筆則心惘然如
有所失而止既踰歲乃克舉其詳君諱鍾旺字古黃號
艮湖生於康熙甲子年九月六日巳時卒於雍正己酉
年閏七月二十四日亥時享年四十有六以康熙戊子
舉乙科所著周官說五卷大學立政禮運樂記雜解共
二卷詩賦古文駢語共二十餘卷憶訓錄丙申錄重申
錄共七卷藏於家曾祖諱先春不仕以好施能急人聞
鄉里祖諱兆慶歲貢生遭亂曾入賊壘以口辨活千人
並以文貞公　贈光祿大夫考諱昺徵康熙庚申舉人
戶部主事博學居官有聲妣莊氏　贈宜人妻陳氏康
熙丁未進士戶部雲南司主事諱睿思公女子五長濟
泰雍正丙午舉人候選知縣娶康熙己丑進士南樂縣

知縣吳諱茂華公女次道濟雍正己酉舉人候選知縣
娶太學生部諱端長公女三朝棻太學生聘太學生富
諱允讓公女四清銂五清詡俱未聘女一適康熙癸巳
進士曲靖府知府潜諱晉成公長男太學生士琰孫二
人本珹濟泰出本珣道濟出俱未聘女孫三人俱濟泰
出長未許次許太學生陳諱樾芳公次男章世三未許
以雍正十二年十月二十有五日巳時葬于本里沙堤
鄉九町洋上貟龜山穴坐巽向乾兼辰戌銘曰
進之躓而學乃遂志以知而業不終嗟兩命之自天
匪於君而獨然
喪事不孝孤子李濟泰
道濟

朝奉
清銅
清詷仝泣血稽顙
朞服孫奉璣
奉珦仝稽首勒石
傳古堂刻

皇清待贈五十一齡冢婦孝勤林孺人墓誌銘

皇清待贈五十一齡冢婦孝勤林孺人墓誌銘

賜進士第出身欽點禮部祠祭司主事充禮館纂修官功服

夫姪李玉鳴頓首拜撰文

賜進士出身候選知縣功服夫姪李馥發頓首拜篆額書丹

叔母孝勤林孺人系出丹霞青浦望族祖父林諱宗公

為山東總戎第五郎諱天爵公娶鳴祖姑叔母乃祖姑

所出之長嫒也少失恃稍長便勤敏能紀家事繼母盡

孝撫幼弟極愛于歸爲家冢婦有少叔四叔母愛護曲

當其情長而畢婚妯娌之間式好雍始大得舅姑歡叔

皇清待贈五十一齡冢婦孝勤林孺人墓誌銘

祖父前娶慎惠謝孺人早歿歲時伏臘叔母躬庀具必
豐必潔其孝於先也如此家非素封酒漿醯醢靡不悉
具然待叔來時之需外復資及旁求其勤於內政惠以
分人也如此母朱安人與叔母情好最密朝夕歡聚鳴
自幼而壯得諸母氏稱道為備詳己未冬鳴以給假歸
省見叔母氣體衰弱冀以參苓得效不謂壬戌三春遽
爾長逝悲夫今冬卜塋有期叔父郵命為誌伏思永訣
之時鳴雖得哭於家而假滿就職歸藏之日弗獲親臨
窀穸嗚呼痛哉叔母生於康熙壬申年十二月十一日
辰時卒今乾隆壬戌年三月念三日戌時享年五十有
一生男三長樹丕娶歲進士永年縣知縣[illegible]

太學生諱天學公女繼娶余諱作聖公女
諱啟瑛公女繼娶進士太安州知州顏諱儀鳳公男
學生諱僎公女三樹庚娶進士候選知縣吳諱增芳公
男太學生諱繩模公女女子一適林諱廷荷公男良冕
男孫四自樹丕出者二鰲英昞英自樹庚出者二石英
雙英俱未聘女孫自樹丕出者二俱未許餘未艾茲以
乾隆八年十月初六日未時葬于本里碧翠山麓土名
埔尾洋中飛鴉落洋形穴坐亥向巳兼壬丙頗鳴微言
不足以揚叔母懿行于世然分不敢辭謹述大概以示
於幽銘曰
音容波逝壺範垂式不遠伴眠遺珠在側越陌度阡

猗彼佳城永閟靈神鍾毓英特

襄事功服甥李鍾準稽首

承杖朞夫繼暉稽首

不孝哀子樹丕

樹亮

樹庚仝泣血稽顙

朞服孫鰲英

石英

雙英

昞英等仝稽首勒石

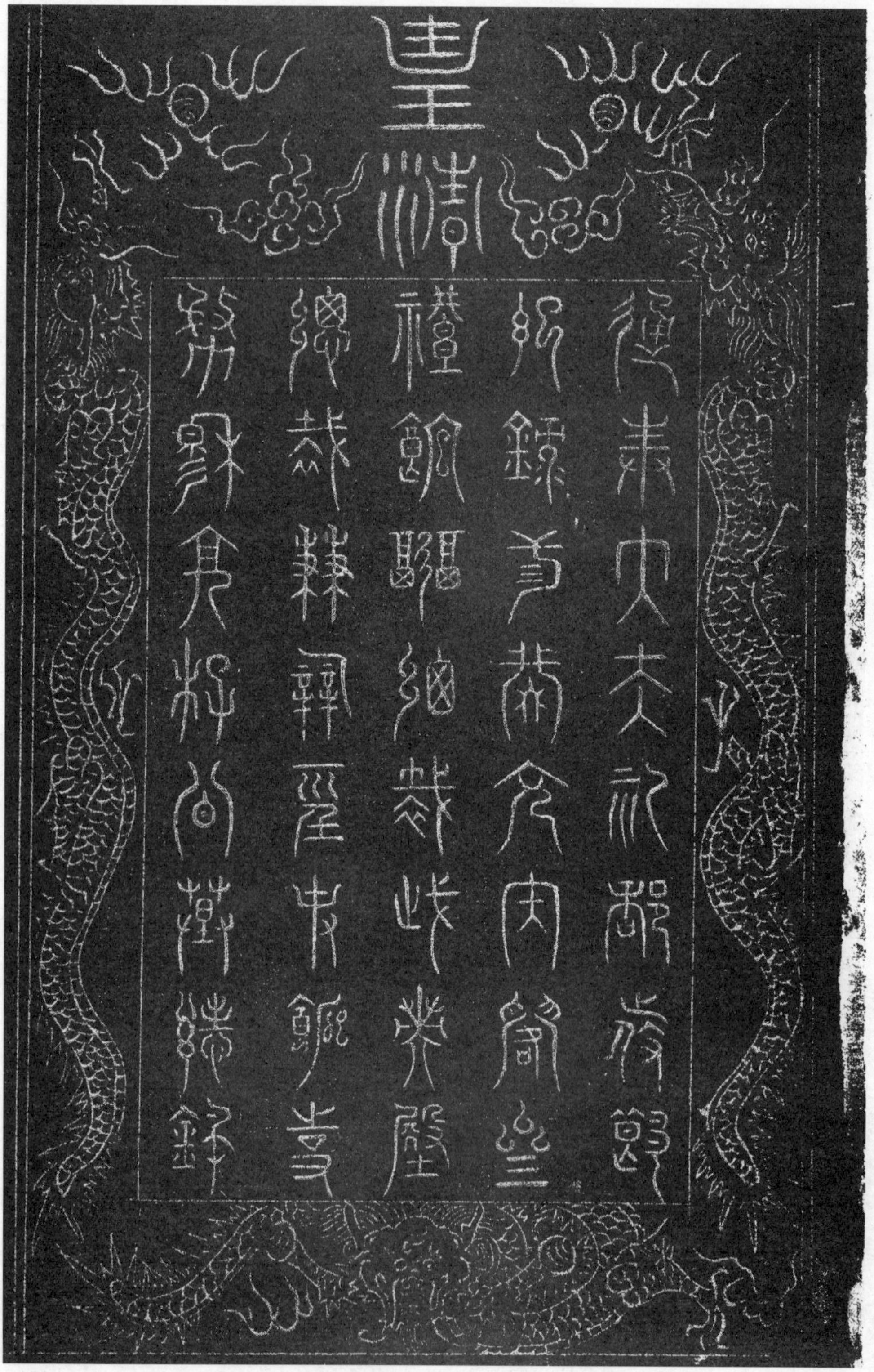

皇清通奉大夫禮部侍郎紀錄三次充内閣三禮館副總裁武英殿總裁兼辦經史館事務穆亭李公墓誌銘

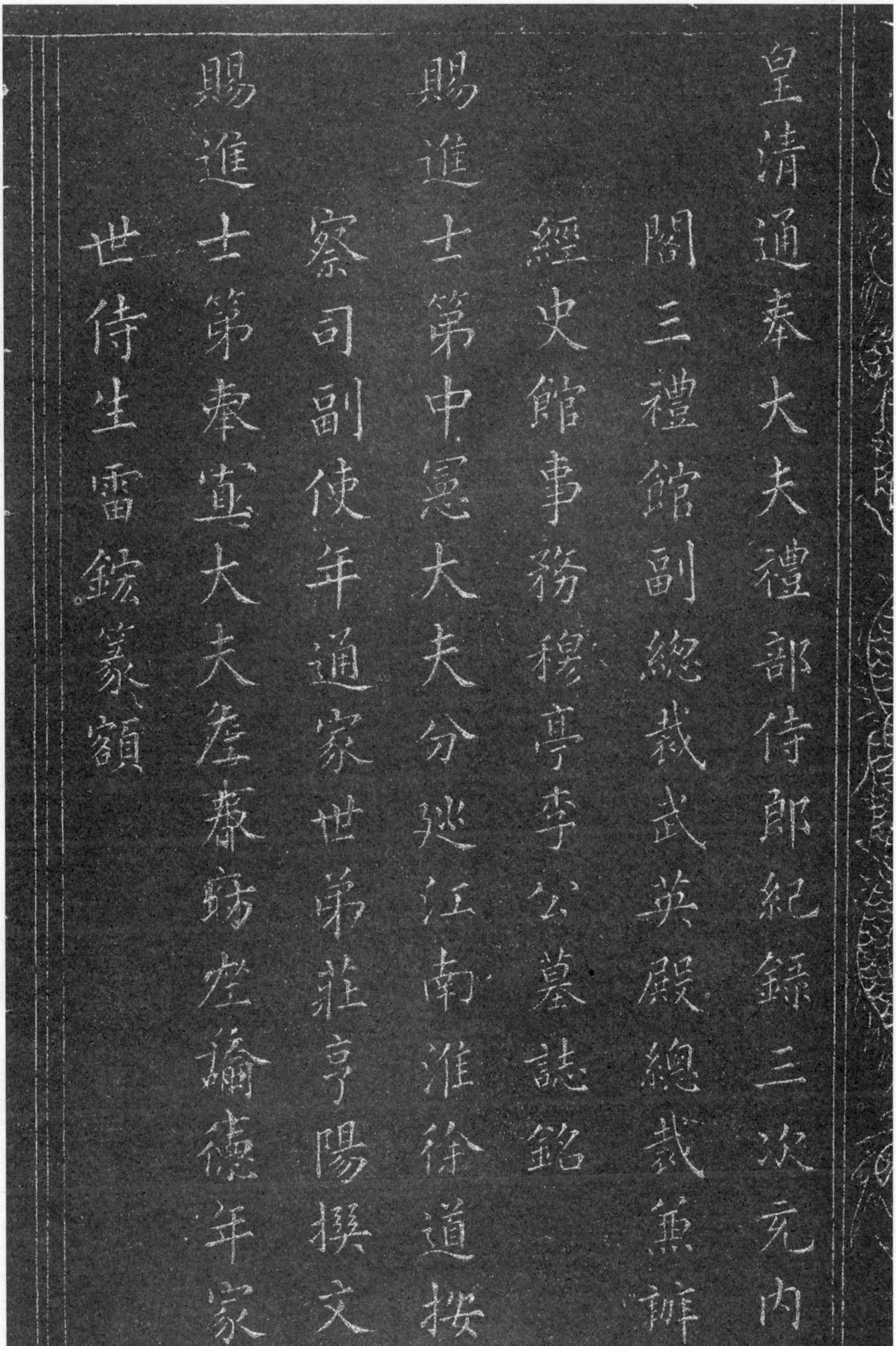

皇清通奉大夫禮部侍郎紀錄三次充內
閣三禮館副總裁武英殿總裁兼辦
經史館事務穆亭李公墓誌銘
賜進士第中憲大夫分巡江南淮徐道按
察司副使年通家世弟莊亨陽撰文
賜進士第奉直大夫詹事府左諭德年家
世侍生雷鋐篆額

賜進士及第承德郎 日講起居注官左
春坊左中允兼翰林院修撰提督山
東學政受業于敏中書丹
吾師故相國文貞李公之孫禮部侍
郎穆亭能志祖之志學祖之學行祖
之行年五十有五
上方嚮用不幸以疾殂於京邸享陽時守

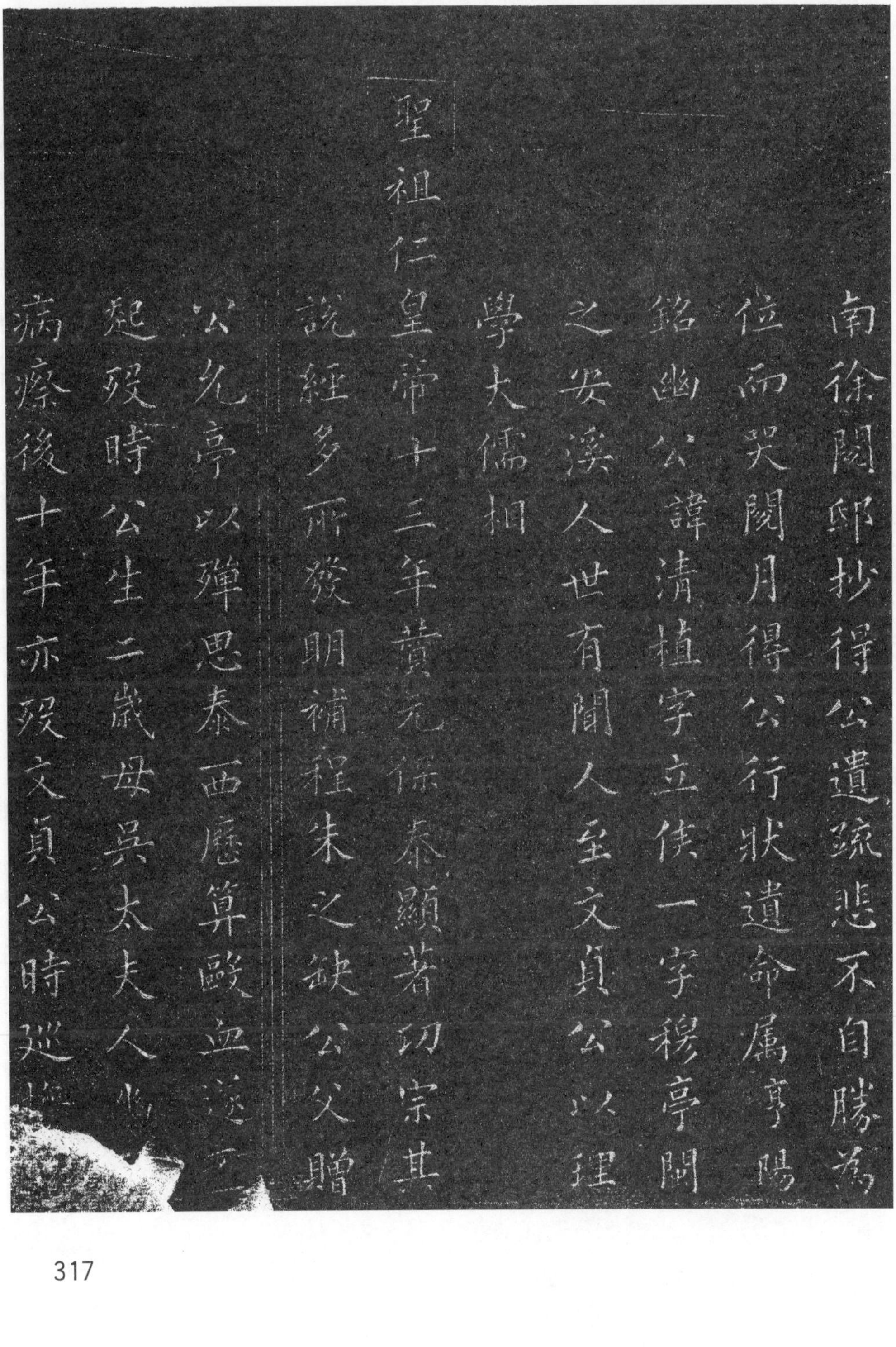
南徐閣郎抄得公遺疏悲不自勝為
位而哭閱月得公行狀遺命屬亨陽
銘幽公諱清植字立侯一字穆亭閩
之安溪人世有聞人至文貞公以理
學大儒相
聖祖仁皇帝十三年黄元保泰顯著功宗其
說經多所發明補程朱之缺公父贈
公允亭以殫思泰西歷算毆血遂
起歿時公生二歲母吳太夫人
病瘵後十年亦歿文貞公時延

隸公大母林太夫人攜公兄清[illegible]
公之官署就塾誦諸經畢公輒私[illegible]
通鑑縉閱不釋手康熙丙戌文貞公
入相攜公行世父菜園君病留保定
邸公往訊騎馳日踔三百里傷跗不
自覺吾父既殁諸從皆多獨公日侍
文貞公左右每事先意以承文貞公
咸為少殺公姿敏且銳從宿遷徐翰
林用錫壇長學文貞公退食之暇諸
賢請業滿座大叩大鳴小叩小鳴公
悉從旁默而識之下至音律應算字

學無所遺文貞公手註周易及四子
書獨高第江陰楊文定公得聞之公
時入耳會心亦足以發於是公與文
定公皆心喜丁酉公舉於鄉戊戌文
貞公薨雍正甲辰成進士己酉以編
修典江南鄉試事庚戌以侍講提督
浙江學政乃取居喪時所手錄文貞
公未刻書及蒐輯門弟子所記者次

苐梓而行之有榕村文集語錄周易
通論詩所樂經尚書七篇禮纂詩選
凡若干卷廣布于學宫淵東西士用
丕變癸丑
世宗憲皇帝特建賢良祠於京師咸秩无祀
文貞公與焉復命有司論祭於其鄉
公時鐫級未補遂假歸襄祭禮又即
榕村講學故址為文貞公祠寢廟巽

翼歲事以時乙卯冬
世宗皇帝大行今
皇帝以公為翰林院侍讀復充日講起居
注官出典浙江鄉試入纂修三禮自
文貞公歿後及門諸賢後先散去

三

天子初元選用遺老名楊文定公於滇南
復起徐用錫於家皆會於文貞公賜
邸公追念舊遊悲喜交集未及一年
而文定公耄踰年壇長亦以老病去
公自是悒悒不樂而疾作矣乞歸居
數年少愈辛酉秋長男宗文舉於鄉
国併裝就道壬戌二月至京脩儀禮

癸亥三月補原官四月進經義旨
見陞右庶子晦日
御試一等擢詹事府少詹事四月輪對授
三禮館副總裁八月陞內閣學士兼
禮部侍郎十一月充武英殿總裁兼
辦經史館事甲子三月十二日奉
旨陞禮部侍郎時公已病甚具摺辭不允

及革口授遺疏十八日終於正寢公
為學洞見大原穿穴諸經少年好易
晚尤喜譚禮嘗問業於季祖父阜軒
先生復從故相國高安朱公桐城方
望溪先生考訂往復及專修儀禮覃
精凝思按文索義因以窺見先聖之
用心一有所獲喜不自禁常强以[illegible]

其座人然性服善論有當輒舍已從
之故所訂諸篇平正通達鄂張二相
國皆許以必傳于後惜乎未及告成
而公殂也公天性篤摯憫俗憂事見
義敢爲閩山寇竊發官軍既俘其魁
而有司羅織善良械繫百十纍纍于
道公遇見憐之至都爲訴文貞公請

於朝
特旨肆赦人莫之知在潮時輅車所過大
奸民瘼必以告當事潮人陰蒙其福
自務從文貞公耳濡目染國家事皆
得其窾要通籍後益留心經濟足跡
所及孜孜詢訪籍而記之所在水利
河防錢塩軍政之類源流利弊莫不

犖然晚年持論益平寔切近自詹事
至少宗伯疏陳常平倉穀事宜次陳
保舉宜露封又陳海船免稅宜計船
之大小咸切事理可施行其臨歿遺
疏曰惟願我
皇上益崇惇大之治彌廑如傷之懷法令
已極周詳毋以細碎科條啓繁苛之

五

漸臣下但取忠實毋以承順趨走開緣飾之風閭閻之民力日瘁飭外吏惟重撫循而毋滋騷擾草野之利源漸竭戒計臣宜重大體而毋盡錙銖語皆切要言不及私其忠愛之心惓惓然欲吾

君爲堯舜舉身後斯民而樂利之與文貞

公如一轍嗚呼是可不。謂賢乎漳浦
蔡文勤公選古文雅正需公論次而
成佐高安公修。名臣循吏名儒傳行
于世公生平志在經濟未嘗多自著
書間爲詩文雅健清深其言藹如著
有文貞公年譜淛喛存愚擬宋文稾
及詩古文藏於家公形癯神充。理棼
治繁心氣閒定素與蔡文勤公友善

其好賢愛士亦如之一年之間自下
大夫游拔卿貳朝野士大夫莫不慶
聖天子得人公亦感激涕零力疾圖報稱
而卒以無祿何歟古稱才難孔子歎
之非徒生難用之實難用之而得展
其用尤難自前古而皆然於公又何

詑焉公生於康熙庚午年十月
日卯時歿於乾隆甲子年三月十
日辰時享年五十有五元配夫人黃
氏太學生諱士芳公女子三人長宗
文辛酉科舉人娶曾氏現任翰林院
庶吉士諱豐公胞兄太學生則任君
女黃夫人出次宗鳳邑庠生娶黃氏

東明縣知縣 諱志鄉公男候選縣丞
錫慈君女次縈悳太學生聘官氏現
任提督廣西學政翰林院編修 諱獻
瑤公女側室曾氏出女三人一適丙
午科舉人萬希韓君男庠生天降一
適丙午科副榜貢生當世標君男庠
生嘉會黃夫人出一許贈禮部尚書

原禮部侍郎文勤蔡公男長汭曾氏
出孫五人秬英英壯英祐英宗文出攀
英探英宗鳳出俱未聘女孫二人文
貞公弟子獨亨陽最爲後進自乙未
與公交至今閱三十載中間離合不
常而相信曰益篤公爲内閣學士兵
孫自陳亨陽以代病革以行狀屬公

姻官君瑜卿而屬亨陽爲墓銘竊[illegible]
幸果不爲賢者之所棄也然而感時
撫事悲痛固有難言者矣公子宗文
扶公柩歸將以乙丑十月十七日[illegible]
時葬于安溪縣来蘇里土名石顱前
坐癸向丁兼子午於六月十五日道
出徐州屬邑斗酒隻雞迎舟慟哭按

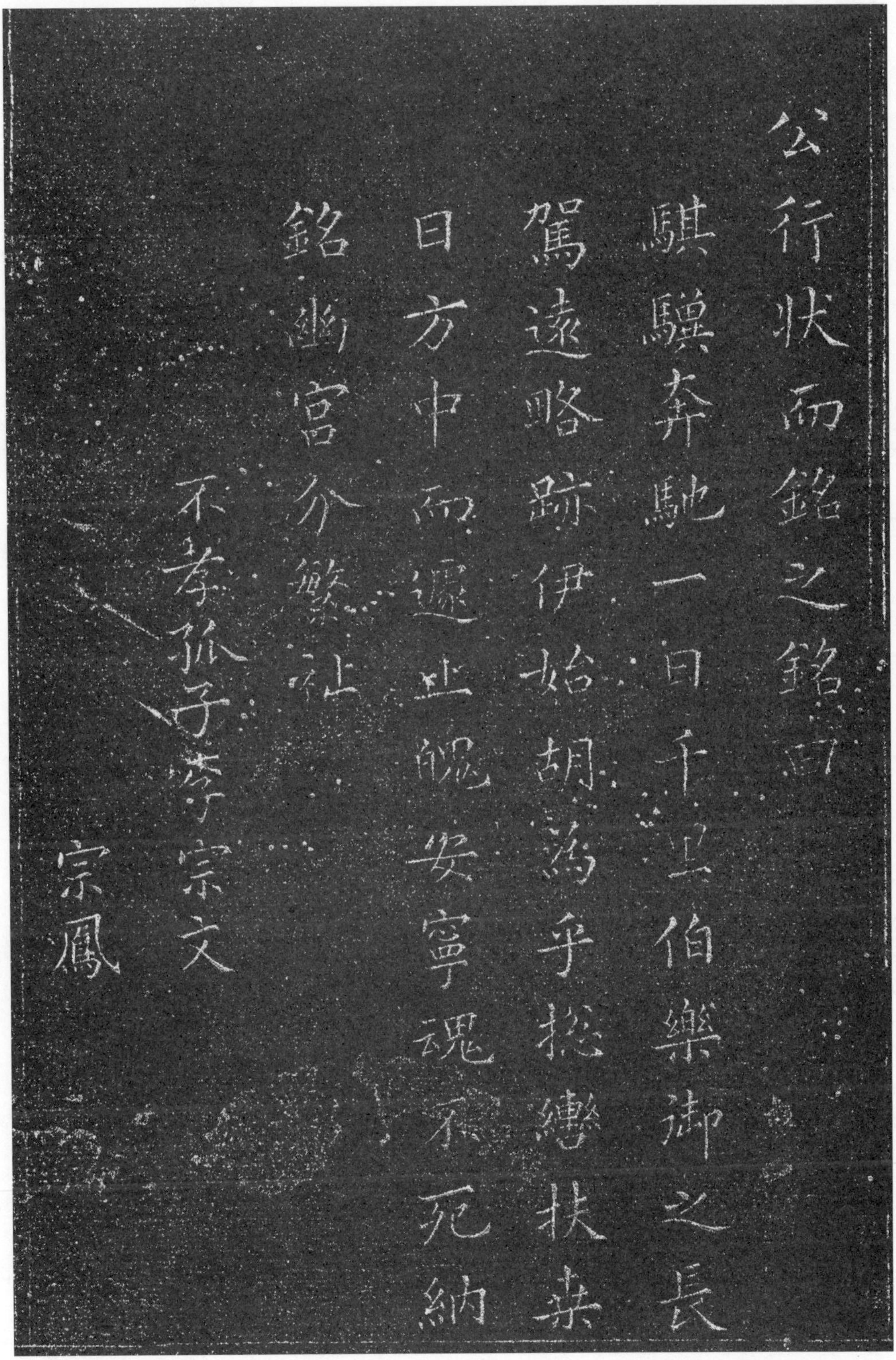

公行狀而銘之銘曰
騏驥奔馳一日千里伯樂御之長
駕遠略跡伊始胡爲乎摠轡扶桒
日方中而遽止魄安寧魂不死納
銘幽宮介繁祉
不孝孫子孝宗文
宗鳳

縈惠仝泣血稽顙

朞服孫秬英

壯英

祐英

攀英

探英仝稽首勒石

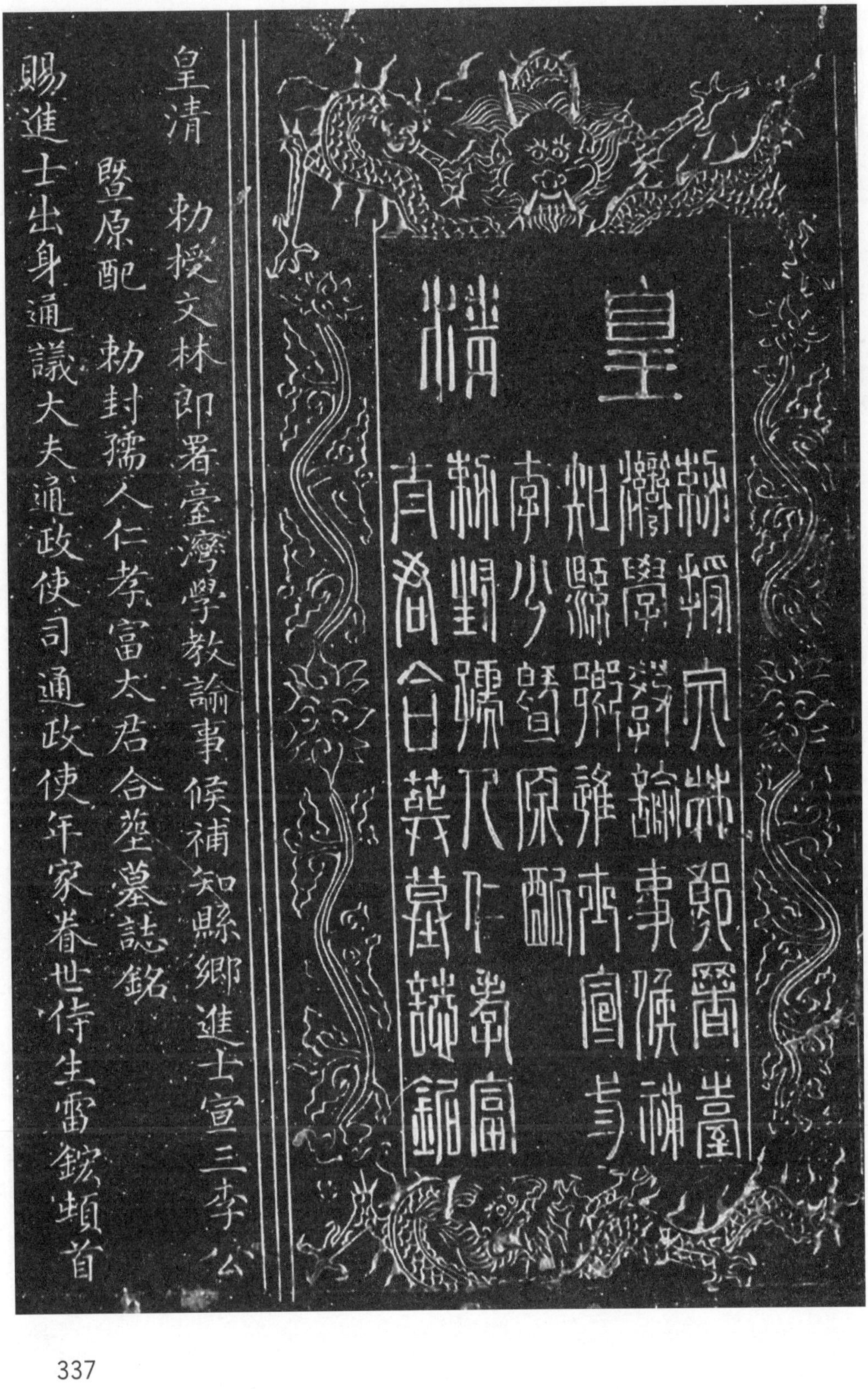
皇
清
勅授文林郎署臺
灣學教諭事候補
知縣鄉進士宣三
李公暨原配
勅封孺人仁孝富
太君合葬墓誌銘
皇清　勅授文林郎署臺灣學教諭事候補知縣鄉進士宣三李公
暨原配　勅封孺人仁孝富太君合葬墓誌銘
賜進士出身通議大夫通政使司通政使年家眷世侍生雷鋐頓首

皇清勅授文林郎署臺灣學教諭事候補知縣鄉進士宣三李公暨原配勅封孺人仁孝富太君合葬墓誌銘

拜撰文

誥授中憲大夫直隸廣平府知府前大名府知府

盛京户部郎中加三級紀錄三次功姪清馥頓首拜篆額

賜進士出身吏部截選知縣受業門人張斯泉頓首拜書丹

先生諱鍾德字世淳號宣三考　贈大夫茂夫公舉丈夫子五

人　先生其叔也　先生少敦孝友尚行誼持重簡默然諾不

茍有經綸材用無紈袴之習為　贈大夫茂夫公所嘉悦　茂

夫公通經學古著述如林　先生仰受庭訓于載籍手不停披

年二十八郡泮越四歲舉戊子鄉闈計偕北上未第留京朝夕

請業於　文貞公學益進為文章孤詣直上華實並茂尤覃精

於詩賦力探奧窔幾躪唐人之堂而入于其室　文貞公於猶

子中獨 先生最嘉異焉壬寅冬改署儒遊廣文旋丁外艱繼丁內艱守禮六年哀毀中節起復補連城壬戌調臺灣學未服水土踰年以疾終於官舍方其教儒遊也百日有奇耳過物以秙自閑以禮艱歸士有餘慕及在連城飭几筵謹香燈旦夕虔恭春秋齋祭豫庀簠簋習演雅樂牲牢無不腆必僎豆登獲有楙之美又自出薪俸邀令長紳士重葺

文廟

崇聖祠遇課期杯酒盤飧相悅以道革從前之陋規資寒生以膏火稚追往指歷歷可紀連士丕然一變歲戊午吾閩 巡撫漢亭

盧公 學使力堂周公以 先生學行會本薦達

天聰後限[illegible]格遂業遷禮[illegible]會
當纂修三禮命督撫學政採訪山林著述以進　孝友公著有三禮
述註　先生[illegible]美[illegible]坊日夜繕抄校攷未及一月即呈送今現
藏之[illegible]
天府爲辛酉[illegible]　後舉先生才守出衆調臺灣學雖僻處
外洋俗尚[illegible]　先生一以敦本崇實訓督士子數月之間文
教振興頓[illegible]蓋　先生生平克承　文貞公　蕺夫公德
範自家庭[illegible]遠宦有源有委勤修其業貽前之光明嗚呼一
示請賢乎哉娶富氏禮部侍郎諱鴻業公孫女遼陽州知州諱
中琰公女　勅封孺人按狀　孺人自幼隨父宦滇南善服侍
父母鍾愛[illegible]年二十一適　先生理家勤儉無珠玉之飾持[illegible]

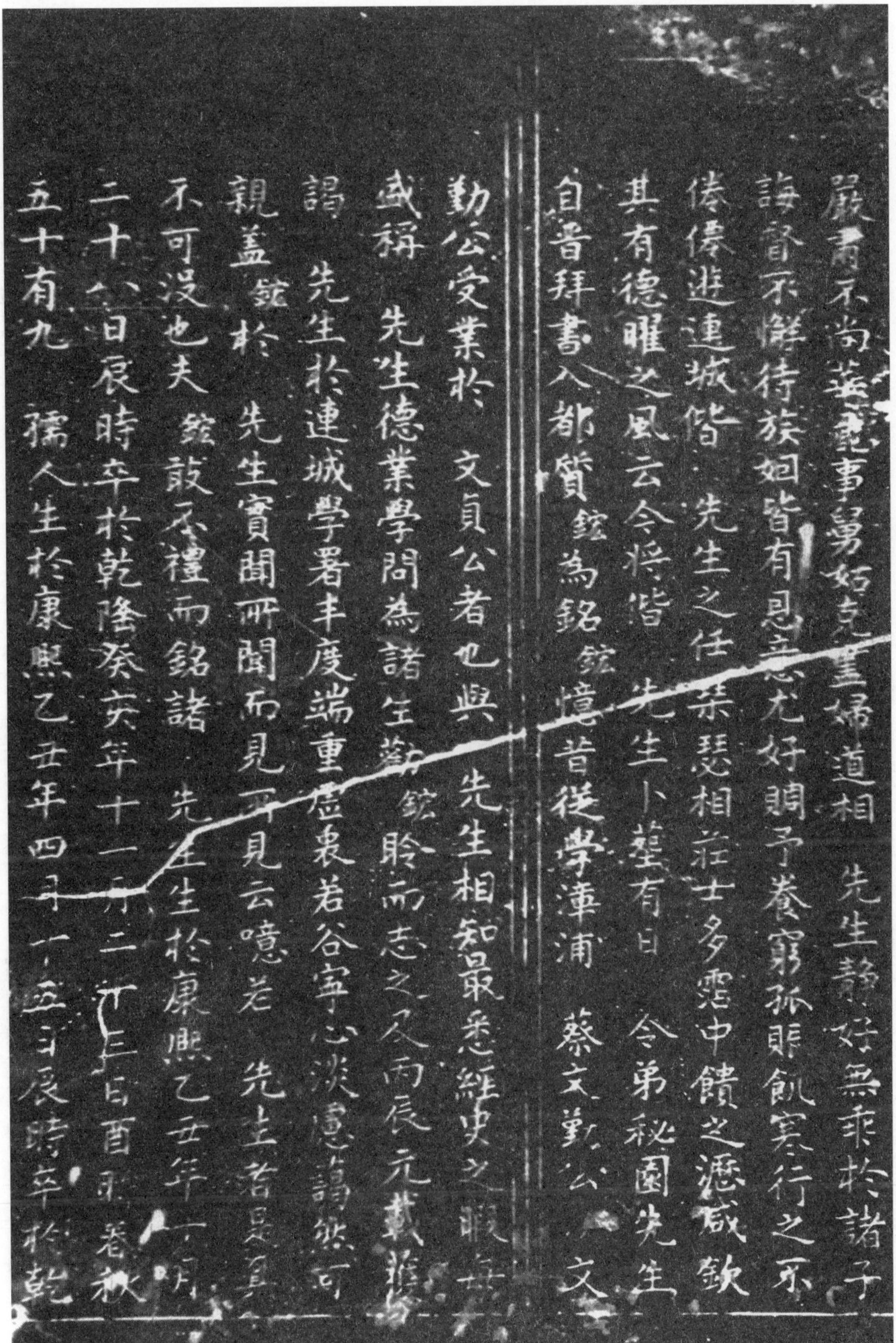
嚴肅不尚華麗事舅姑克盡婦道相　先生静好無乖於諸子
誨督不懈待族婣皆有恩意尤好賙予養窮孤賑飢寒行之不
倦僕僕遊連城偕　先生之任琹瑟相莊士多霑中饋之懸咸欽
其有德曜之風云今將偕　先生卜葬有日　令弟秘園先生
自晉拜書入都覓　鋐為銘　鋐憶昔從學漳浦　蔡文勤公　文
勤公受業於　文貞公者也與　先生相知最悉經史之暇毋
或稱　先生德業學問為諸生勸　鋐聆而志之及丙辰元載遊
謁　先生於連城學署丰度端重虛衷若谷寧心淡慮藹然可
親蓋　鋐於　先生實聞所聞而見所見云噫若　先生者是眞
不可沒也夫　鋐敢不禮而銘諸　先生生於康熙乙丑年十一月
二十六日辰時卒於乾隆癸亥年十一月二十八日酉時春秋
五十有九　孺人生於康熙乙丑年四月十五日辰時卒於乾

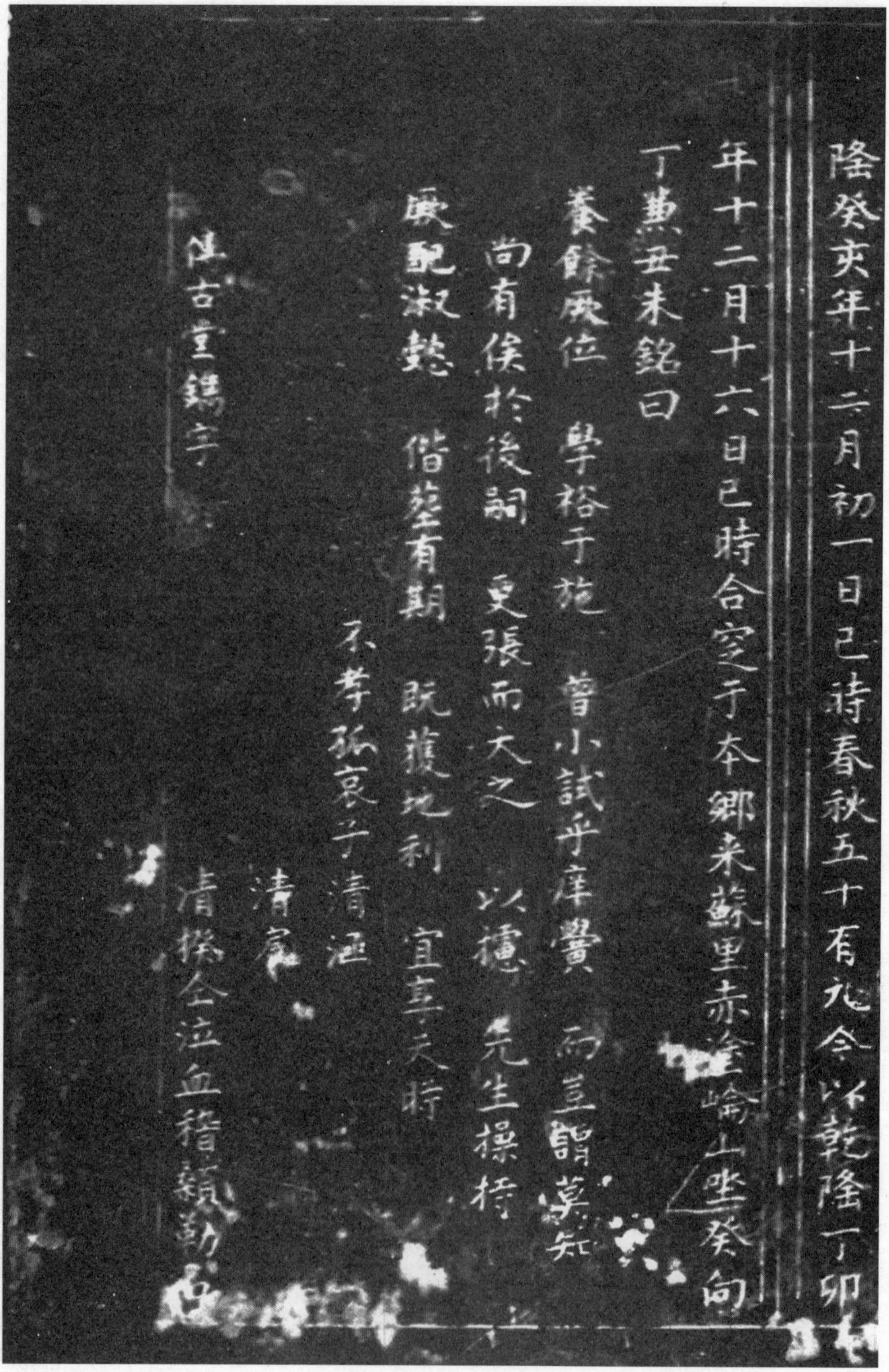

隆癸亥年十二月初一日巳時春秋五十有九今以乾隆丁卯
年十二月十六日巳時合窆于本鄉来蘇里赤塗崙山坐癸向
丁兼丑未銘曰
養餘厥位　學裕于施　曾小試乎庠黌　而豈謂莫知
尚有俟於後嗣　更張而大之　以穗先生操持
厥配淑懿　偕塋有期　既獲地利　宜享天時
不孝孤哀子清涵
清扈
清樑仝泣血稽顙勒石
倣古堂鐫字

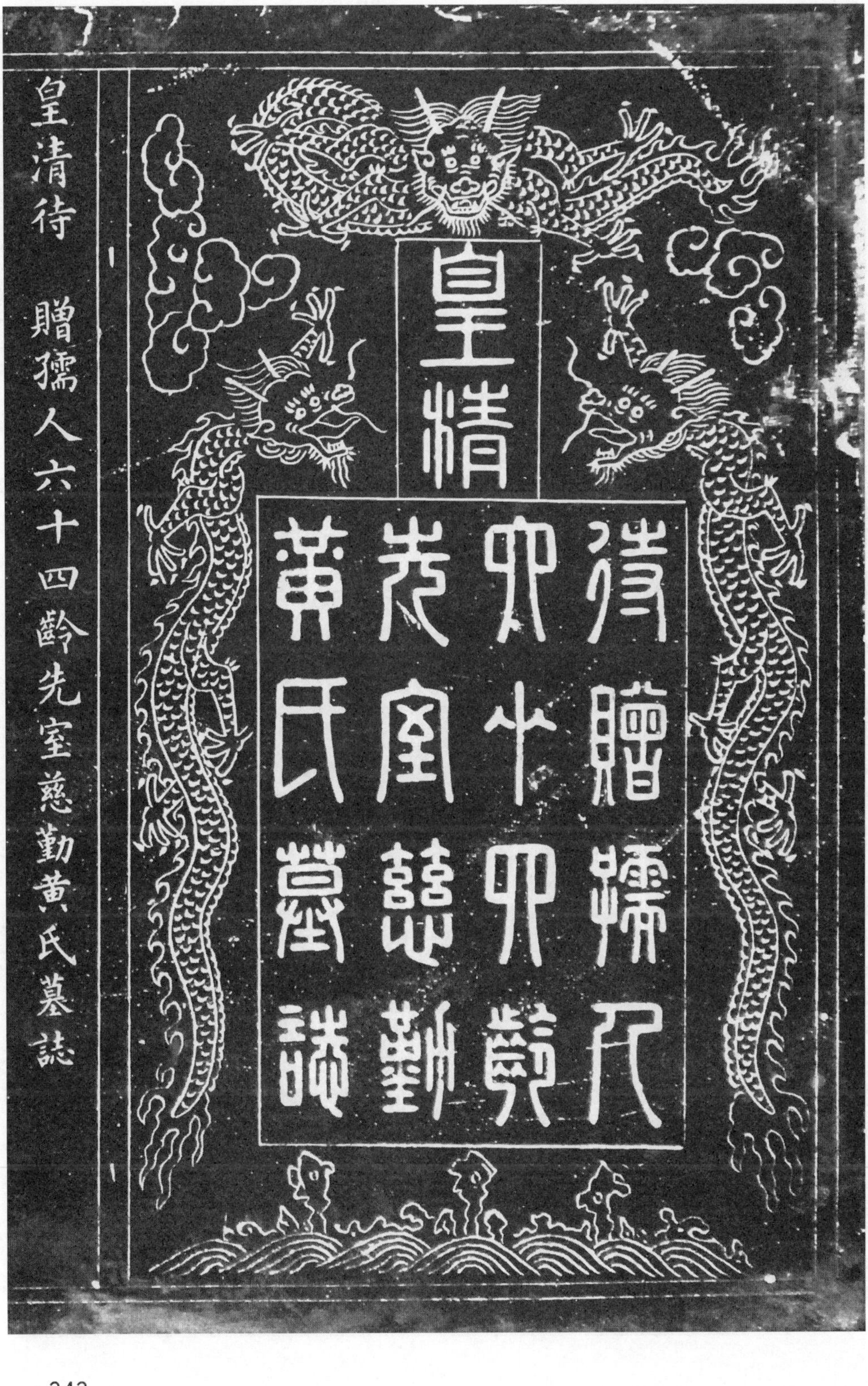
皇清待　贈孺人六十四齡先室慈勤黃氏墓誌
皇清
待贈孺人六十四齡先室慈勤黃氏墓誌

皇清待贈孺人六十四齡先室慈勤黃氏墓誌

誥授中憲大夫直隸廣平府知府前大名府知府
盛京戶部郎中加三級紀錄三次緦服夫姪清馥頓首拜撰
從牀父愧仲公卜日為叔母營葬事命作誌而授以傳
夫葬者藏也藏宜有誌示信於幽馥觀牀父之所以傳
叔母者未由致一辭惟是述以當作焉誌與傳其胡擇
傳曰孺人謚慈勤系出晉江文山黃氏 大宗伯榜眼
及第諱鳳翔公元孫女 父季濟公早逝 母蔡氏教
之女紅誨以婦道庚辰秋元配謝氏歿遺有肩差男女
子四。先嫡母洪太君希年多病速余續絃幸已禮聘

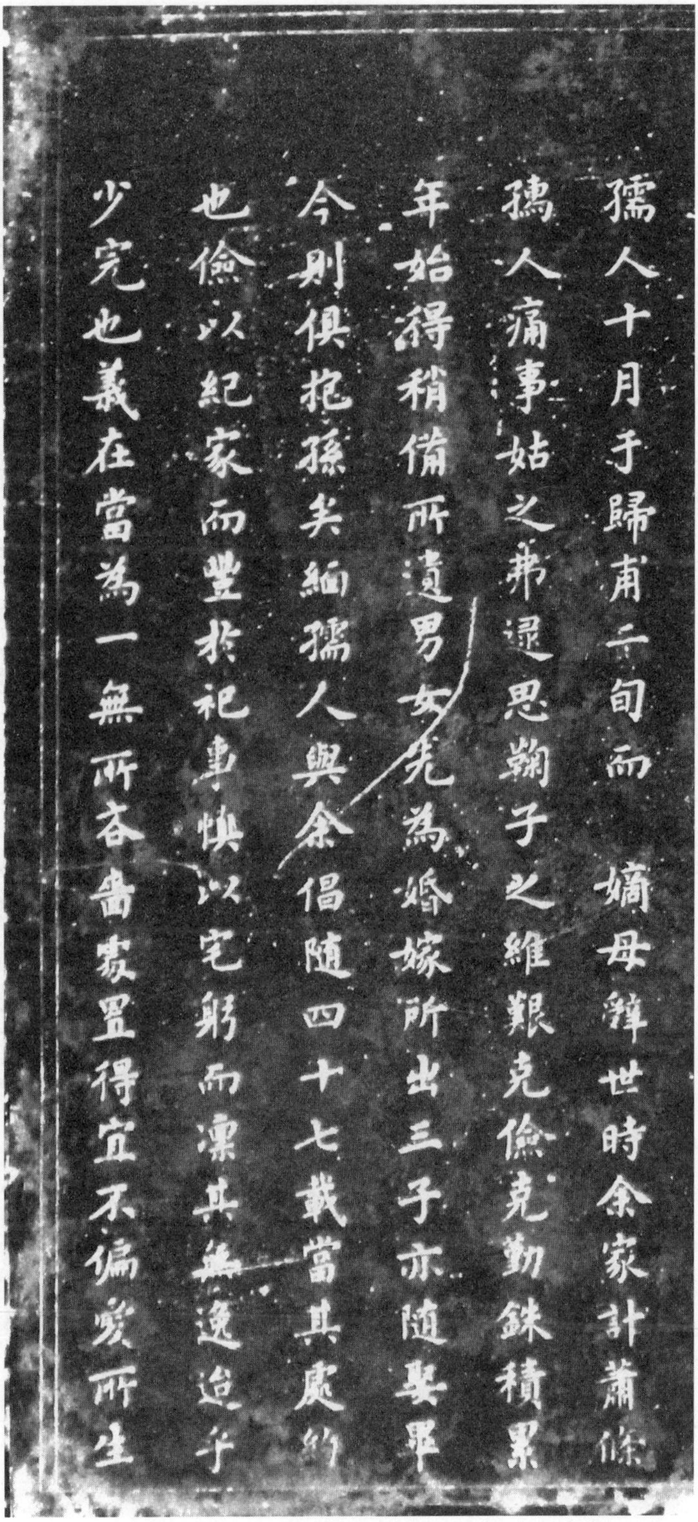

孺人十月于歸甫二旬而嫡母辭世時余家計蕭條
孺人痛事姑之弗逮思鞠子之維艱克儉克勤銖積累
年始得稍備所遺男女先為婚嫁所出三子亦隨娶畢
今則俱抱孫矣緬孺人與余倡隨四十七載當其處約
也儉以紀家而豐於祀事慎以宅躬而凜其無逸迨乎
少寬也義在當為一無所吝當裁置得宜不偏愛所生

至夫臨終也囑以和睦讀書紹至誼之家聲戒以安分
謹言遠恥辱之外侮於戲孺人在世週甲又四兒孫四
代滿堂其於生人之事亦偉矣中間勞績懿行衆謂孺
人難孺人未足為難惟孺人之無難衆不覺其難是則
孺人所以為難者也其傳如此噫盡之矣是不可以無
銘清馥曰文有異體而強合之者非情也從傳以為誌
毋事勤為也銘斯不敢辭矣叔母生於康熙甲子正月
初三日寅時卒今乾隆丁卯六月二十九日辰時享年
六十有四子五長纘暉太學生娶山東登萊鎮總兵官

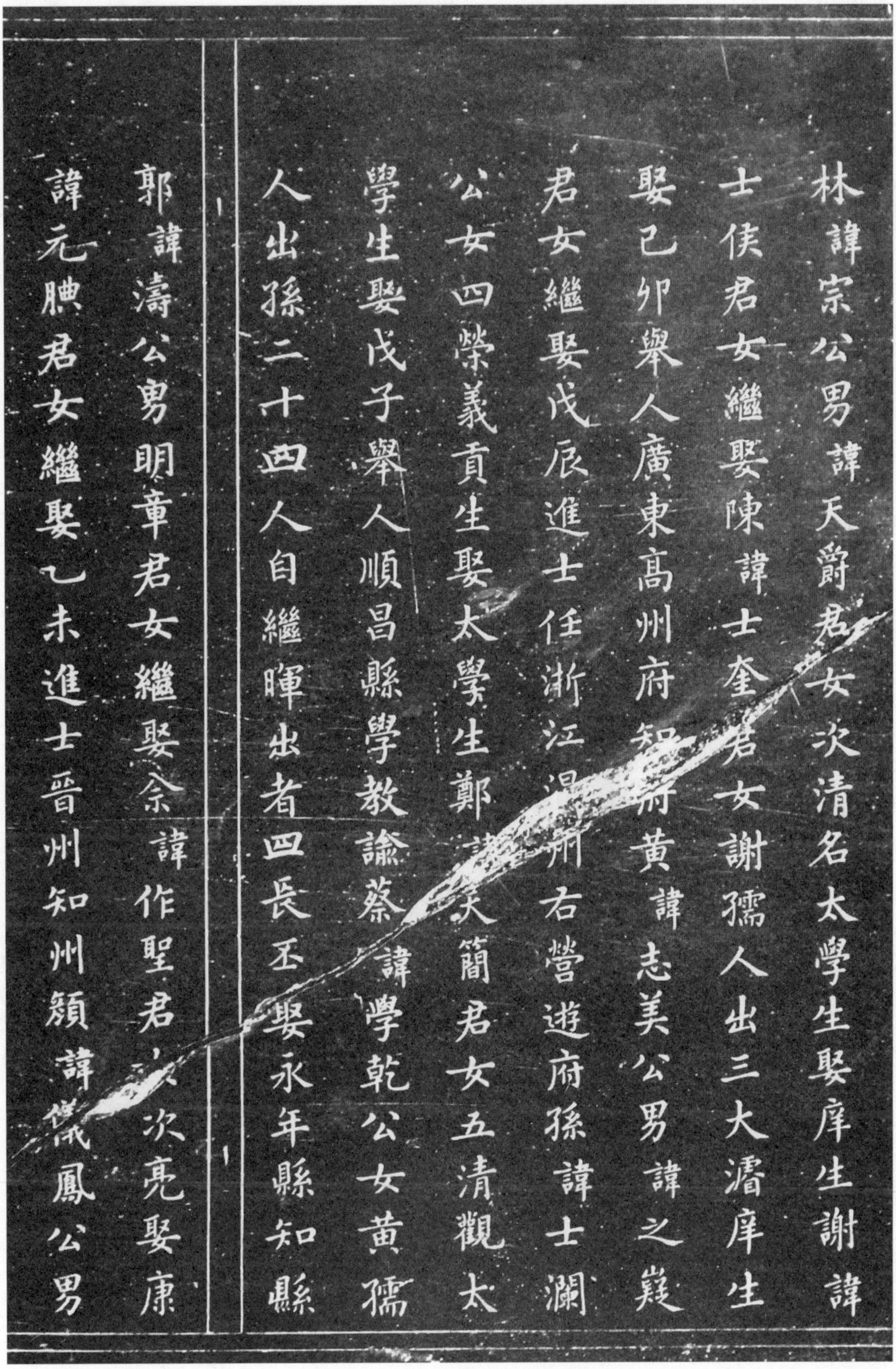

林 諱宗公男 諱天爵君女次清名太學生娶庠生謝諱
士侯君女繼娶陳諱士奎君女謝孺人出三大濬庠生
娶己卯舉人廣東高州府知府黃諱志美公男諱之巍
君女繼娶戊辰進士任浙江溫州右營遊府孫諱士瀾
公女四榮義貢生娶太學生鄭諱天簡君女五清觀太
學生娶戊子舉人順昌縣學教諭蔡諱學乾公女黃孺
人出孫二十四人自繼暉出者四長丕娶永年縣知縣
郭諱濤公男明章君女繼娶余諱作聖君女次亮娶康
諱元腆君女繼娶乙未進士晉州知州顏諱儀鳳公男

諱俁君女三庚娶庚戌進士吳諱曾芳公男太學生諱
繩謨君女自清名出者五長嗣聘庠生林諱大謨君女
次璐聘太學生吳諱大鐘君女琋鉀顯俱未聘自大濬
出者七長南雄庠生娶太學生洪諱佑生君女次習娶
太學生鄭諱廷猷君女三泗聘庠生池諱良弼君女稷
蓀補養俱未聘自榮義出者三長登娶甲辰進士現任

浙江太湖營遊府黄諱國英公女次鸝娶癸酉副貢生
任閩清學教諭陳諱石鍾公女三誥聘戊辰進士孫諱
士瀾公男諱栒君女自清觀出者五長東娶太學生鄭
諱廷珪君女次頫聘己酉舉人大興縣知縣王諱定聘
公孫貢生諱重光君女三迎聘太學生吳諱伯起君女
四宋聘廩生鄧諱狻猊君女五參未聘曾孫九人丕
出者三長藝未聘次丙聘太學生張諱錫新君女三綱
未聘自庚出者二長石聘王諱頫鈞君女次雙未聘自
南雄出者一絃未聘習出者一綵未聘自登出者一題

未聘鶚出者一綬未聘女二長適庠生鄧諱際拔君男太學生學洙次適鄉賓王諱興林君男貢生錫陞謝孺人出女孫十一人一適林諱廷荷君男晃一未許繼暉出一適洪諱世貴君男郡一許太學生陳諱德嗣君男昂一未許清名出一適庠生孫諱夢龍君男元樅二三未許大濬出一適太學生朱諱元友君男庠生科進榮義出清觀女二未許孫女十人丕亮康出者六俱未許南雄出者一未許登出者一未許東出者二一許庠生鄭諱師忠君男翰一未許餘未艾以乾隆戊辰年又

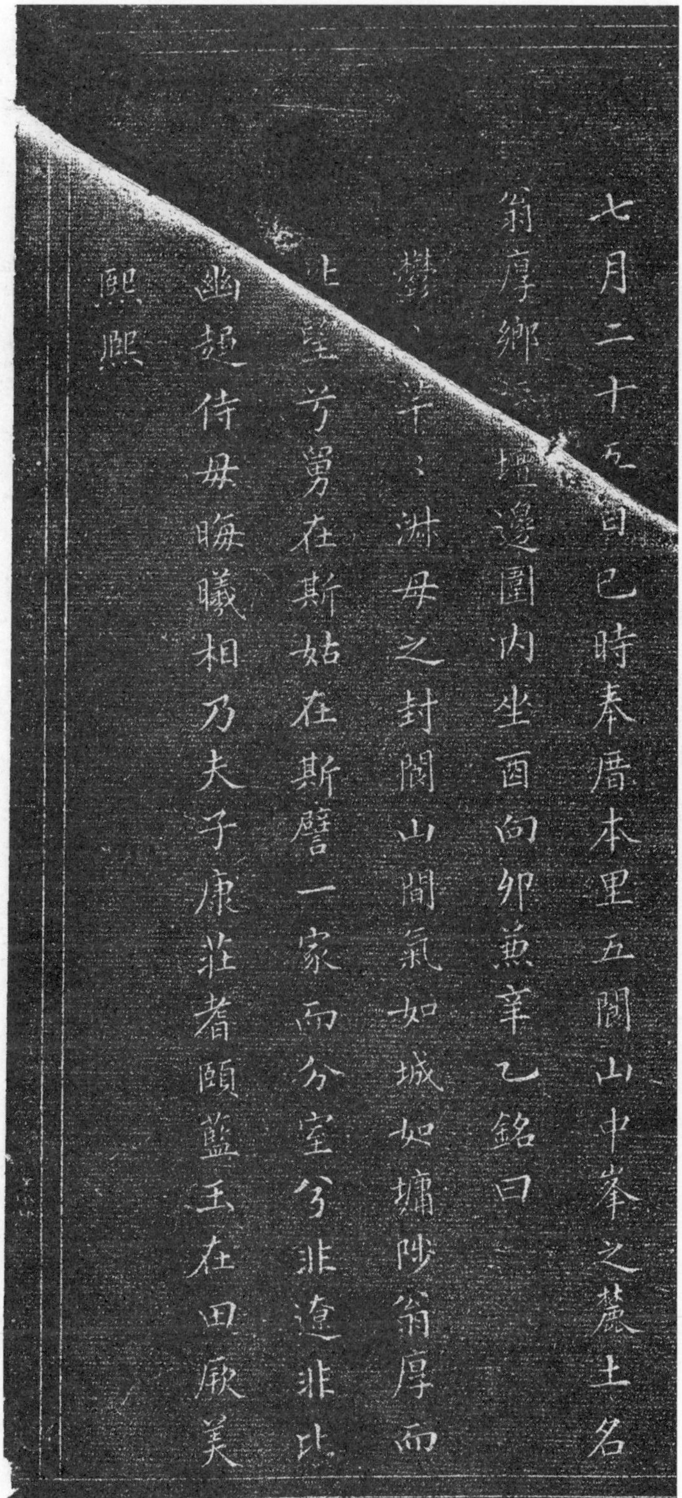

七月二十五日巳時奉厝本里五閩山中峯之麓土名
翁厚鄉[illegible]壇邊園內坐酉向卯兼辛乙銘曰
鬱鬱芊芊淋母之封閩山間氣如城如墉陟翁厚而
北望兮舅在斯姑在斯譬一家而分室兮非遠非比
幽趣侍毋晦曦相乃夫子康莊肴頤藍玉在田厥美
熙熙

杖朞夫李鍾準稽首
不孝哀子繼暉
清名
大濬
榮義
清觀仝泣血稽顙
朞服孫丕亮 庚
登 東 南雄

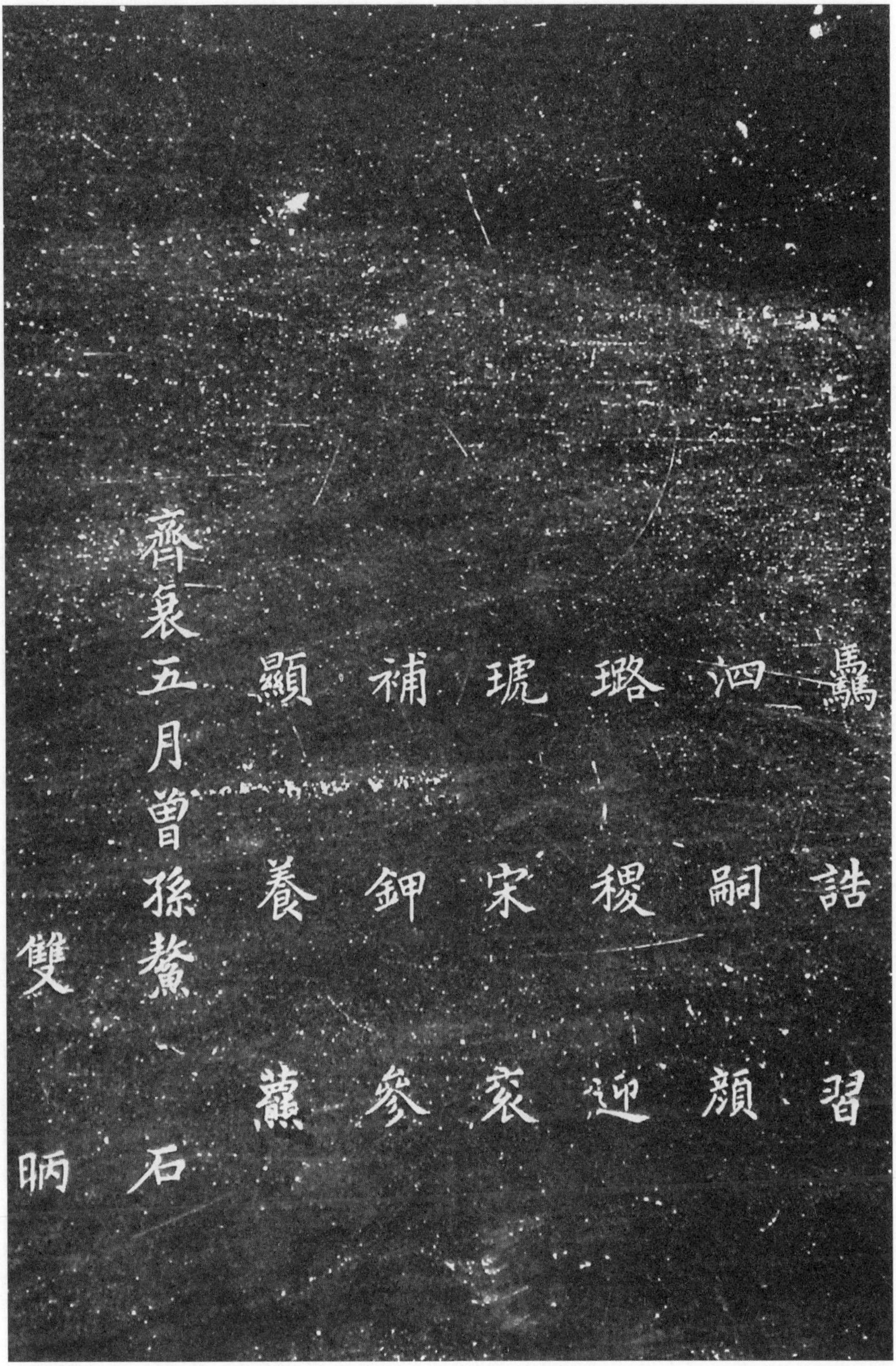
驫誥習
泗嗣顏
璐稷迎
琥宋袞
補鉀參
顯養薰
齊衰五月曾孫鰲石
雙眪

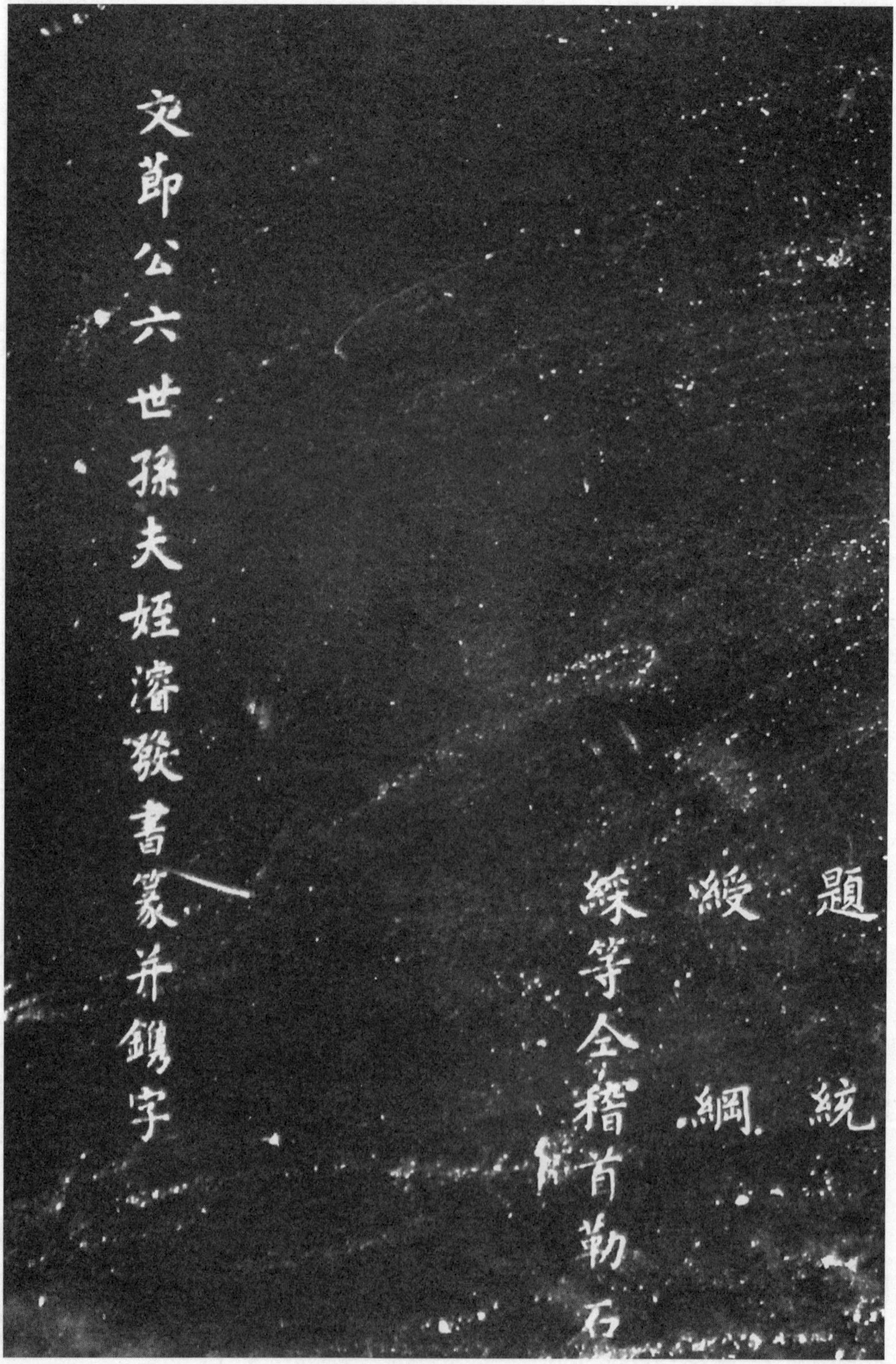
題 統
緩 綱
綵等仝稽首勒石
文節公六世孫夫姪濬敬書篆并鐫字

皇清待贈歲進士選授儒學訓導先考愧仲府君墓誌銘

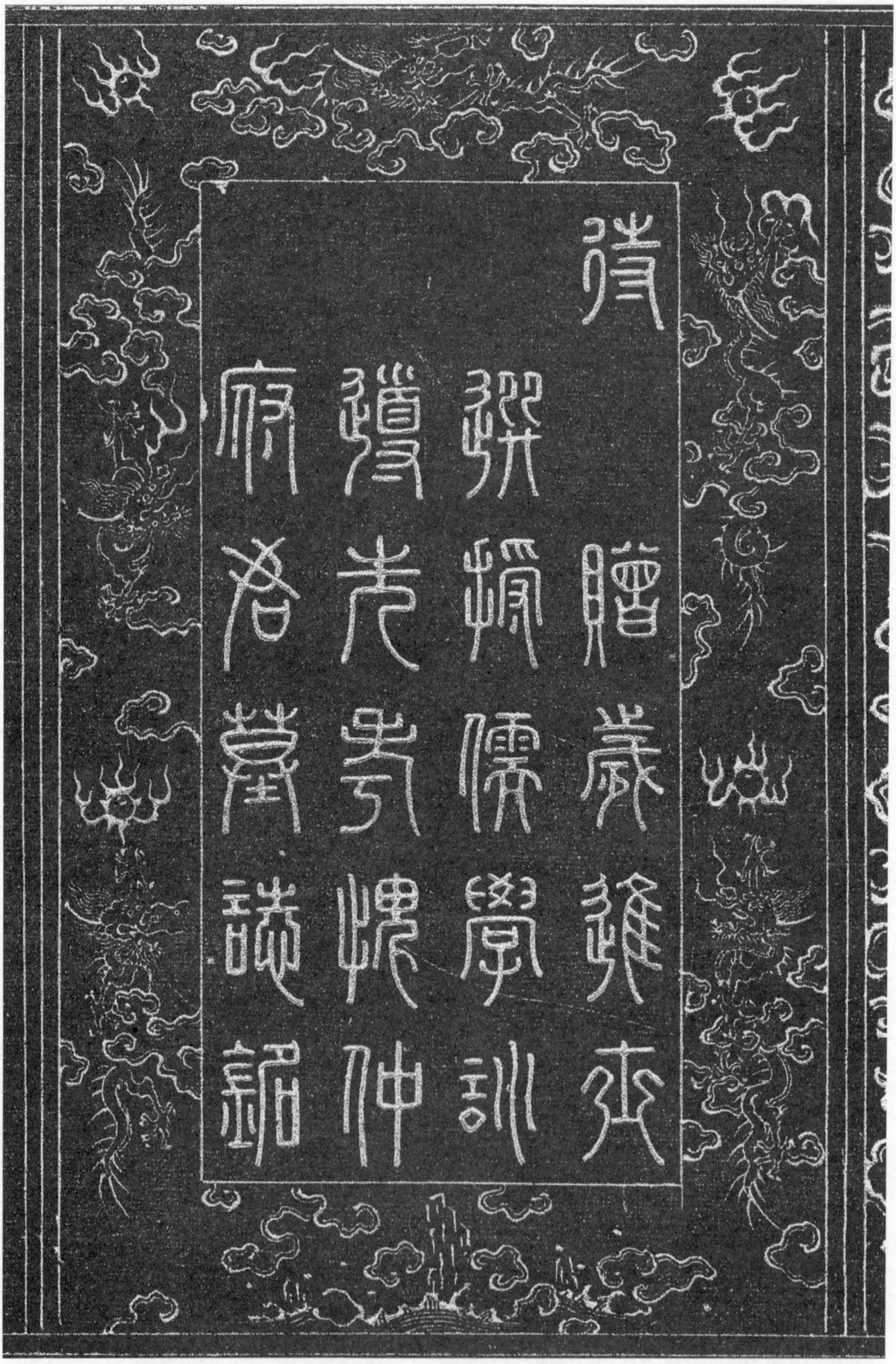
清
贈歲進士
欽授儒學訓
導先考坤仲
府君墓誌銘

皇清待　贈歲進士選授儒學訓導先考愧仲府君墓誌銘
仲父諱鍾準字世則號愧仲先王父萊菴公次子　先
君懷亭公次弟也享年壽考嘉行彰聞以去歲乾隆丁
丑年二月初八日終于正寢越歲戊寅四月將合葬於
先叔母塋兆卜有日矣諸從弟繼暉等攜所爲行狀囑
遇時誌石竊思　仲父生平懿行諸從弟能知之皆遇
時之所素知也諸從弟能言之皆遇時之所無異言也
因取其狀之大概而述之　仲父之生也形貌魁偉

庶祖母歐氏舉之甫九日而　庶祖母遽逝　王母洪
孺人盡心鞠養冣鍾愛焉少倜儻與　先君爲兄弟友
愛無間弱冠隨　先君奉侍　曾王父母　王父母之
側以盡孝養及壯從　先君經理　曾王父母　王父
母喪葬之事以終孝職幼從師請業日有進益至十九
歲應童子試邑侯拔以冠軍而學使者　徐公取列弟
子員在黌序中勤於舉子業雖家務叢雜而與叔姪兄
弟訂期會文不輟嘗自選秦漢以下古文名家制義手
錄而丹黄之連編累牘口誦心惟其篤於學有非人所

及知者甲午貢於鄉雖秋闈屢試不得志於有司而遺
書在焉弟姪輩多能讀而張大之其所以報未發之藴
可拭目俟也　曾王父漁仲公文章節義備見於傭言
集及乙未丙申上諸當道報单　王父在時將以付梓
遽值病革遺命先君及　仲父曰阿祖之文集吾不及
剞劂而傳之兒等能成其事即孝也議刊文集而先君
辭世　仲父與遇時兄弟校刻盤嶼傭言至誼堂寔紀
以終　王父志事康熙癸未歲　從祖文貞公以　曾
王父急難破賊事奏聞

仁廟賜御書在原至誼　公恭跋其後又為文欲鑱諸碑陰
以示後人　仲父欣逢盛事相與飭材鳩工建巨牓于
家立石碑于　曾祖墓前道左俾遠近傳觀孝友之風
庶幾不替　六世祖樸庵公棠
仁廟賜急公尚義匾額宗長老議建坊於郡東嶽祠前推
仲父董工　仲父不辭難往來周視必誠必慎以終厥

二

事是皆尊祖敬宗之念使然非欲博諸譜事之名也又
吾邑
先師廟歲久未修　邑侯趙公集紳士謀之　仲父義形於
色頫獨肩其事後財不出於宮無煩於衆營之二載而
廟貌煥然一新　趙公申報　列憲書克紹前徽匾額
以褒嘉焉是皆重義輕財之念使然非欲邀有司之譽
也凡此皆其行義之大者至於修本宗前世仕宦之墳
謀鄉井僉歲乏食之策排難解紛周於桑梓調劑詬誶
洽於宗支無事而處已酌豐儉之得宜有事而籌公出

經畫之寔用凡諸種種美不勝書遇時所取於狀中而
述者有不詳之處無溢美之詞是殆足以質諸幽明而
無愧矣乎　仲父生於康熙甲寅年十月初五日戌時
卒於乾隆丁丑年二月初八日戌時享年八十有四元
配　妣母謝氏邑庠生翥公女繼　叔母黄氏　贈少
司寇冲初公孫季濟公女以今乾隆戊寅年四月十八
日午時葬於本里五閬山中峯之麓土名豐厚鄉福壇
邊園内坐酉向卯兼辛乙與　叔母黄氏同壯子男五
人女二人孫男二十六人女十三人曾孫男二十一人

女二十人娶嫁皆名族餘繩繩未艾銘曰

閩峰委麓鐘氣豐厚相土得吉 叔母先受封之若

堂闢之數畝今此同歸佳城共守軒豁壯嚴異彼培

塿隱隱隆隆用昌厥後

誥封朝議大夫禮部祠祭司員外郎乙卯科舉人現選知縣

胞姪遇時拜撰文

不孝孤哀子繼暉

大濬

榮義

清觀仝泣血稽顙

期服

孫樹丕　樹亮　樹庚

玉章　樹東　南雄

玉騏　經世　樹泗

樹嗣　樹頎　樹璐

樹稷　樹迎　樹琥
樹宋　樹衮　樹補
樹鉀　樹參　樹顯
樹養　樹蕉　樹駉
樹御

齊衰五月曾孫石雙
昞題
統綬

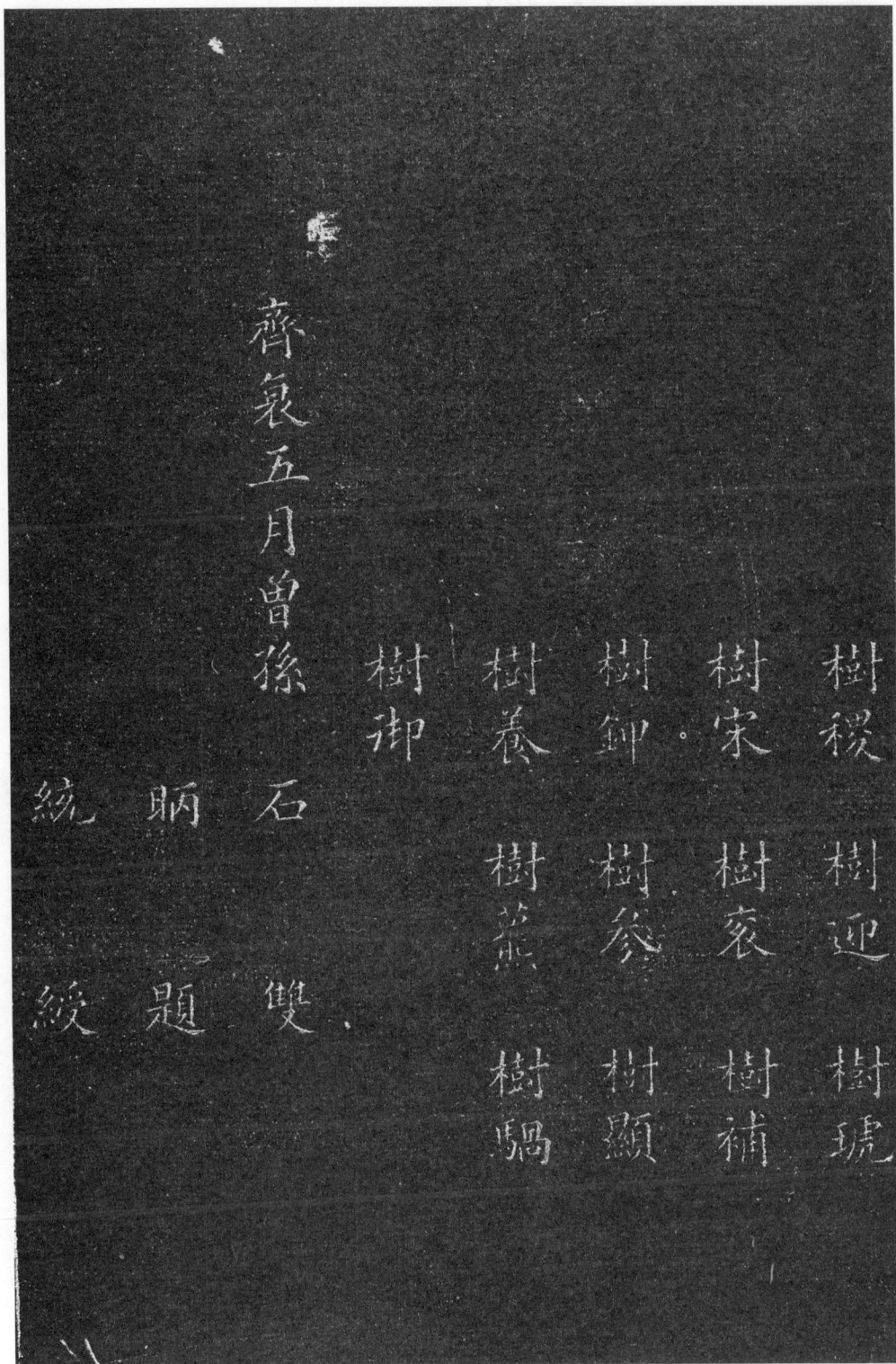

綱綵
及道
綵學
相如蘭
聡釧
湜叶瑞
睿緯等仝稽首勒石

辟園鐫字

皇清顯考七十六齡繼善李府君暨六十五齡顯妣慎慈陳孺人合葬墓誌銘

皇清

[illegible]考七十六歲[illegible]妣[illegible]六十五歲

妣恆芳[illegible]孺人合塋墓誌銘

父考諱[illegible]字日[illegible]號盈[illegible]一號[illegible]七世祖義官削[illegible]公

世孫[illegible]公之次子也生平孝友[illegible]之[illegible]克[illegible]

天顯之節克盡其愛至今把二四弟早喪公撫諸幼姪猶如己

子其處[illegible]也敦宗睦鄰且慎好生之德即如藝絲岐黃雖歲

冬炎[illegible]未嘗救貧富少靳其求此仁愛之心公之素志也又

嘗承先志每念六七世祖考神無所栖時通鄉伯叔公倡議建

祠公與諸叔兄弟始捐助得祖嫣工庇材經始於忠義保湖亭之

北迄乙亥冬祠宇告成奉先入祠公雖音容云杳而其時同先世祖

考進主祔入功德亦公之幸也公生於康熙庚申年九月廿五

日丑時卒乾隆乙亥年五月廿五日午時享年七十有六母生

於[illegible]癸酉年四月廿一日申時卒乾隆丁丑年三月初一日[illegible]時享

年六十有五考妣[illegible]人餘[illegible]未艾今以乾隆癸未年八月

廿[illegible]日[illegible]時[illegible]葬[illegible]谷坑溪尾[illegible]丁面癸兼未丑

[illegible]立石稽顙

[illegible]金稽首勒石

皇清誥授朝議大夫刑部陝西清吏司郎中加一級紀錄三十二次鄉進士秘園李先生暨元配诰封恭人孝淑洪氏合葬墓誌銘

皇清誥授朝議大夫刑部陝西清吏司郎中加一級紀錄三十
二次鄉進士秘園李先生暨元配
誥封恭人孝淑洪氏合葬墓誌銘
賜進士出身
誥授奉政大夫工科給事中加三級年家眷世姪吳垣頓首拜
撰文
御試博學宏詞
欽點翰林院檢討加二級紀錄一次年眷姪洪世澤頓首拜篆
額
鄉進士例授文林郎揀選知縣堂姪孫本璿頓首拜書丹

秘園先生初卜葬於原籍雲美山之麓先君子爲之誌蓋
撫軍江右時清瑑持狀來請而作也既而因閩俗疑於山
家陰陽畏忌之説遲而未果今夏五月清柱等復以書示
垣曰先大夫其猶未葬也先慈恭人嗣逝合葬有期矣屬
垣爲誌垣檢先君子遺笥謹依舊稿遵此意而誌先生後
按狀兼誌恭人爲先生諱鍾份字世賓號秘園爲安溪李
氏名族祖諱兆慶歲進士以子文貞公貴
誥贈大學士考諱光坡號茂夫歲進士以先生貴
誥贈朝議大夫茂夫公與文貞公爲同懷兄弟文貞公以名德
居碩輔茂夫公家居日以窮經爲事尤精三禮蒙

聖祖仁皇帝賜御書道通月窟天根裡人在清泉白石間對聯擧
先生兄弟五人伯仲叔兄皆以鄉薦列仕籍先生其季也
幼從茂夫公學爛熟經書子史旁及醫卜星算靡不淹通
髫齡能爲文弱冠舉於鄉越年會試薦而不售授中書職
銜以歸朝夕侍親側視於無形聽於無聲內外無間言僉
父年老讀書精神消耗多購參苓以資補養五年繼丁內
外艱哀毁踰節即於讀禮中梓父[illegible]軒文編凡十卷

服闋又躋南宮改職知縣學習工部營繕司時五弟全萬
都門忽染痢疟先生維持調護飲食未嘗下咽衣襟未嘗
解帶聞伯兄在范署病劇即給假出京冒雨單騎兼程至
范而兄逝矣入哭後即查檢倉庫将俟接任官交代已被
胥役侵隱虧欠甚多趣五弟回變家產填補旋京籤掣山
東濟陽令將之官桐城方望溪先生贈句云仁政知從孝
友達經書應向魯齊傳至則先取養廉撥填未清帑項乃
滑挈兄子来署撫養教誨之居數年還辭僕扶櫬歸里後
更為兄葬墳為姪娶室以畢其事其治濟陽也興學校葺
聞韶臺建商家橋代前五邑令羈栖官所者賠填數百金

資以田籍值旱荒
恩育六分以下收成糟米每石折徵銀八錢七分以上收成徵穀
二石先生親到各鄉確查只得六分據寔申報屢奉駁飭
力爭之果得如詳俸滿行取入京引
見授刑部江蘇司與先君子同部遂成知己有所論説多講明
綱常名教大理先生明於律法又能援据經術以通律意
纂修律例其條欵如出繼之子降服不降親及官犯問徒
只於官所不於原籍寫殺牛隻裝往充軍等數條呈堂改
補同列交推許之　少宰楊公鞠獄山西　少司農阿公
鞠獄湖南俱請同往先生細心研勘兩省紳士民人咸服

平允乙丑春奉
旨查辦分別減等凡軍流在途徒犯至配所及羈禁囹圄者遵
恩悉予釋放各直省援例免減者十餘萬人昔漢張釋之為廷
尉天下無冤民于定國為廷尉民自以不冤先生其後先
同揆者歟由主事而員外郎中駸駸大用忽因事奉
特恩發晉効力 大學士來公執其手曰行矣山西人之福也
攝篆孝義長子壺關鳳臺平順興縣或以數月或以半年
悉有治行可徵吏績之最多者則在靜樂靜處萬山中地
瘠民貧先生計戶編甲逐年承管又使寄居之流丁得自
封投櫃民於是無差役之擾也巡撫衙門傾圮詳請改建

義學月吉躬親課業所給諸生膏火皆自捐俸置租可垂
永久邑內文風丕振脩砌兩嶺山徒行負戴驅車乘馬如
履坦途民呼曰李公嶺其猶有甘棠之遺愛乎最後治汾
陽遇河水漲決自縣東關至狄家社十三村先生親自督
治隄成乘涸播種民忘其災歌頌先生之德不衰先生念
煩劇關心懼治理不周遂以年老告歸嗚呼先生之才世

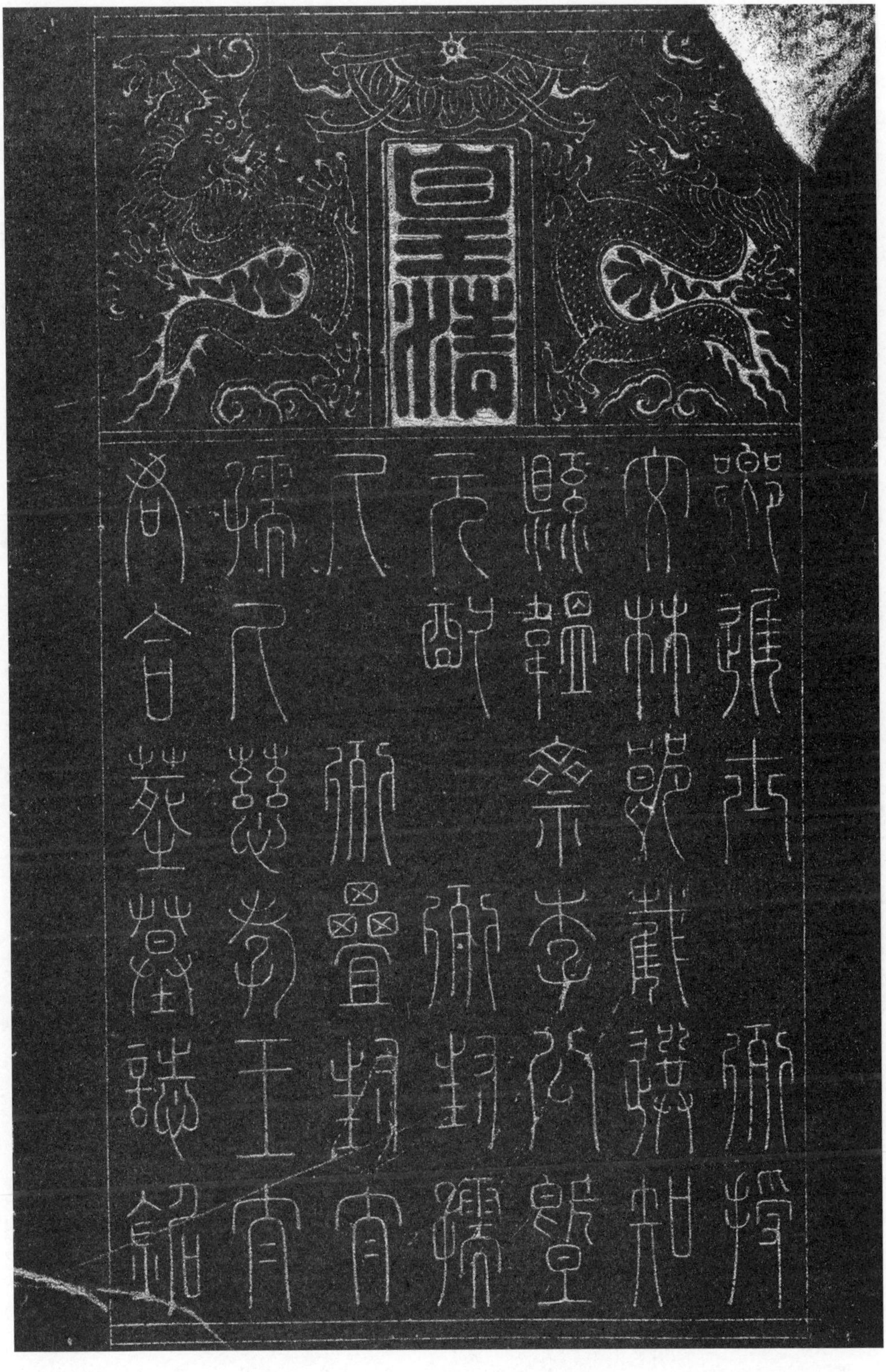

皇清鄉進士例授文林郎截選知縣韞齋李公暨元配例封孺人例疊封太孺人慈孝王太君合葬墓誌銘

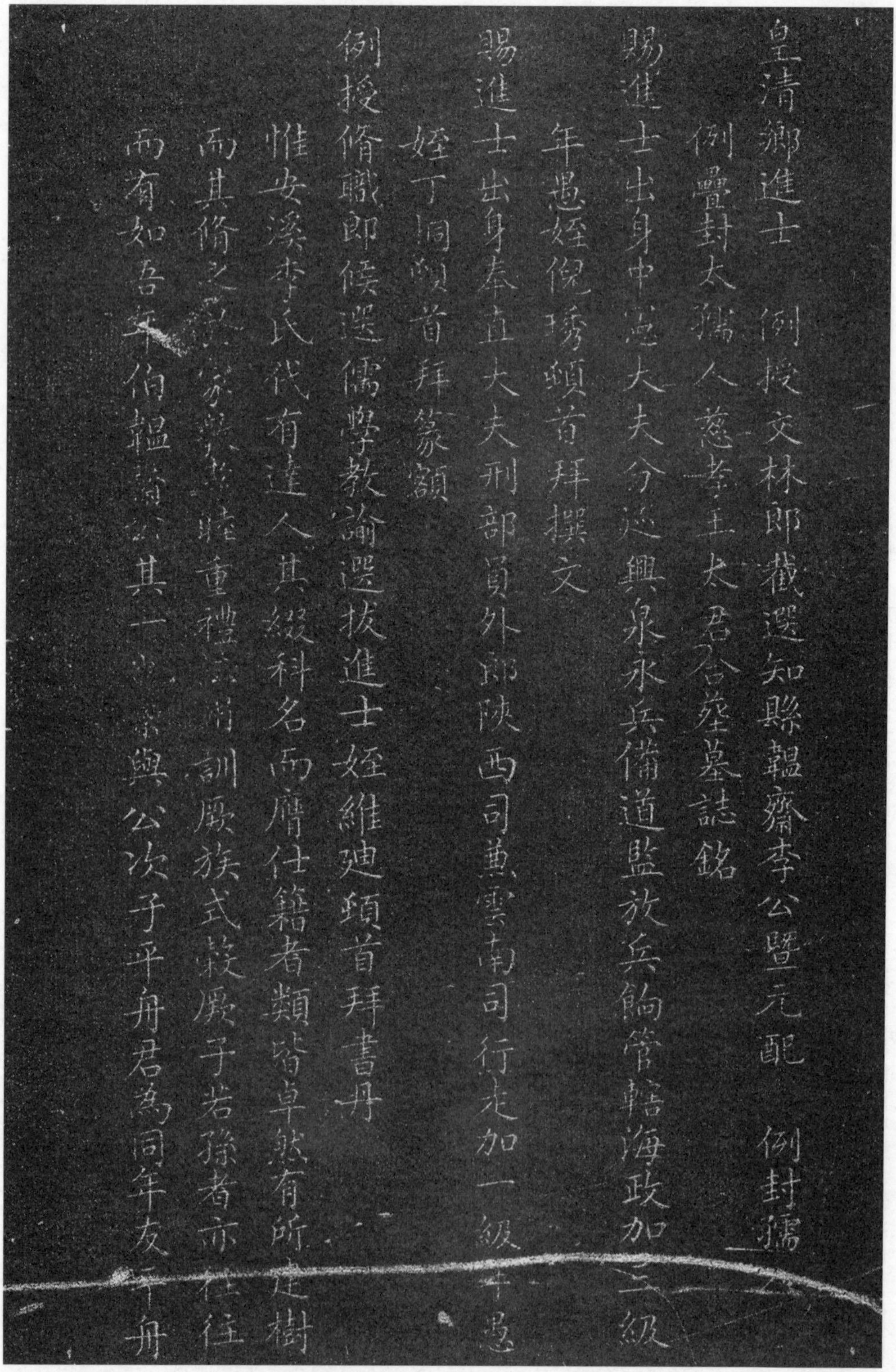

皇清鄉進士　例授文林郎截選知縣韞齋李公暨元配　例封孺
例疊封太孺人慈孝王太君合塋墓誌銘
賜進士出身中憲大夫分巡興泉永兵備道監放兵餉管轄海政加三級
年愚姪倪琇頓首拜撰文
賜進士出身奉直大夫刑部員外郎陝西司兼雲南司行走加一級年愚
姪丁同頓首拜篆額
例授脩職郎候選儒學教諭選拔進士姪維建頓首拜書丹
惟安溪李氏代有達人其綴科名而膺仕籍者類皆卓然有所建樹
而其脩之於家敦睦重禮崇尚訓厥族式穀厥子若孫者亦往往
而有如吾年伯韞齋公其一也余與公次子平舟君為同年友平舟

登第後回閩越年尋卒庚辰會奉
命觀察廈島平舟長子增輅謁余於官舍叙世講焉今秋以韞齋公行狀
丐余為納壙之文宜[illegible]可以辭按狀公諱本璿字延玉號韞齋中
丞惠園公少子也兄弟二人公少其兄九歲以嗣息之艱故父母及
祖母尤愛憐之中丞公以翰林出守嘉興再守兗州公均未隨侍丁
丑陞山東運河道公始與兄奉母萬夫人至濟其時甫成童即知以
學問行業自刻勵因隨宦在外遂援例入成均居濟八載中丞公仰
體
聖天子滔災錫福之仁凡河渠大小吞納之形與夫治之先後緩急靡不
經畫盡善上契

屢更兩公敭歷日久飫聞緒論亦多所諳曉甲申中丞公調江南淮徐道
乙酉
特擢河東總河于時本生母黃太夫人春秋高中丞公卿
命給假歸省公兄亦於上年趨侍祖母惟公奉母於公寓是年七月萬夫
人遘疾九月即世公躬親湯藥以至在視含殮致誠盡哀無違禮公
兄聞訃奔喪臘月哭於喪次越明年三月繼沒公悲痛彌甚遂染驚
悸之疾然恐中丞公之益傷厥心也含酸忍泣內外事咸佐理之具
有條緒丁亥七月中丞公移撫山東丙戌正月薨於位中丞公公忠
清慎宦橐蕭然長途旅櫬惟公傍惶措置僅乃得返到家之明年爲
兄營葬又明年爲父母宅幽心力由是瘁焉當公之歸太夫人猶健

也問安視膳備得歡心庚寅恭逢
聖駕東巡太夫人命公詣泰安接
駕蒙
天恩存問太夫人年力康健
賜一品貂幣又
賜公貂幣荷包蓋異數也壬辰太夫人卒公與諸孫曾襄葬事身任其
勞至經理窀穸尤獨冒艱險乃得奉體魄以安平居以繼起先業為
志歲庚子舉於鄉出大王考東臯寶公之門辛丑與計偕未獲售比
歸循長老之請為鄉祭酒當日老成凋謝族中子弟良楛不一公起
而整飭之喻之以理導之以情無不憚服謹松楸飭凡薦享先盡誠

理事十年潔清勤慎宗之人稱之同一辭也丁未戊申間歲收荒歉公出淹積止越販隨事設法以救貧苦故郡邑洊饑惟本鄉糧食稍平流徙而至者相繼於路甚至道殣相望亦多方區處無所驚擾鄉人以為德焉或鄉中遇有齟齬叩門請釋無不指譬曲直各得其平以去至於義所當為力所得為雖費貲不惜而操行廉潔又纖毫無取於人其處家庭有恩禮庶母陳氏僅養二女公承先命以弟附子景衡為之後嫂楊氏矢志柏舟則敬禮有加閫內事常諮而行胞姊景岱景同愛之比於所生幼而鞠養之長而教誨之俾克有成有妹適粘氏者家中落公迎歸其妹與妹夫到家聚處迨妹夫與妹相繼沒則為營其喪塟而撫其女子同祖兄弟本生同祖兄弟分甘讓棗

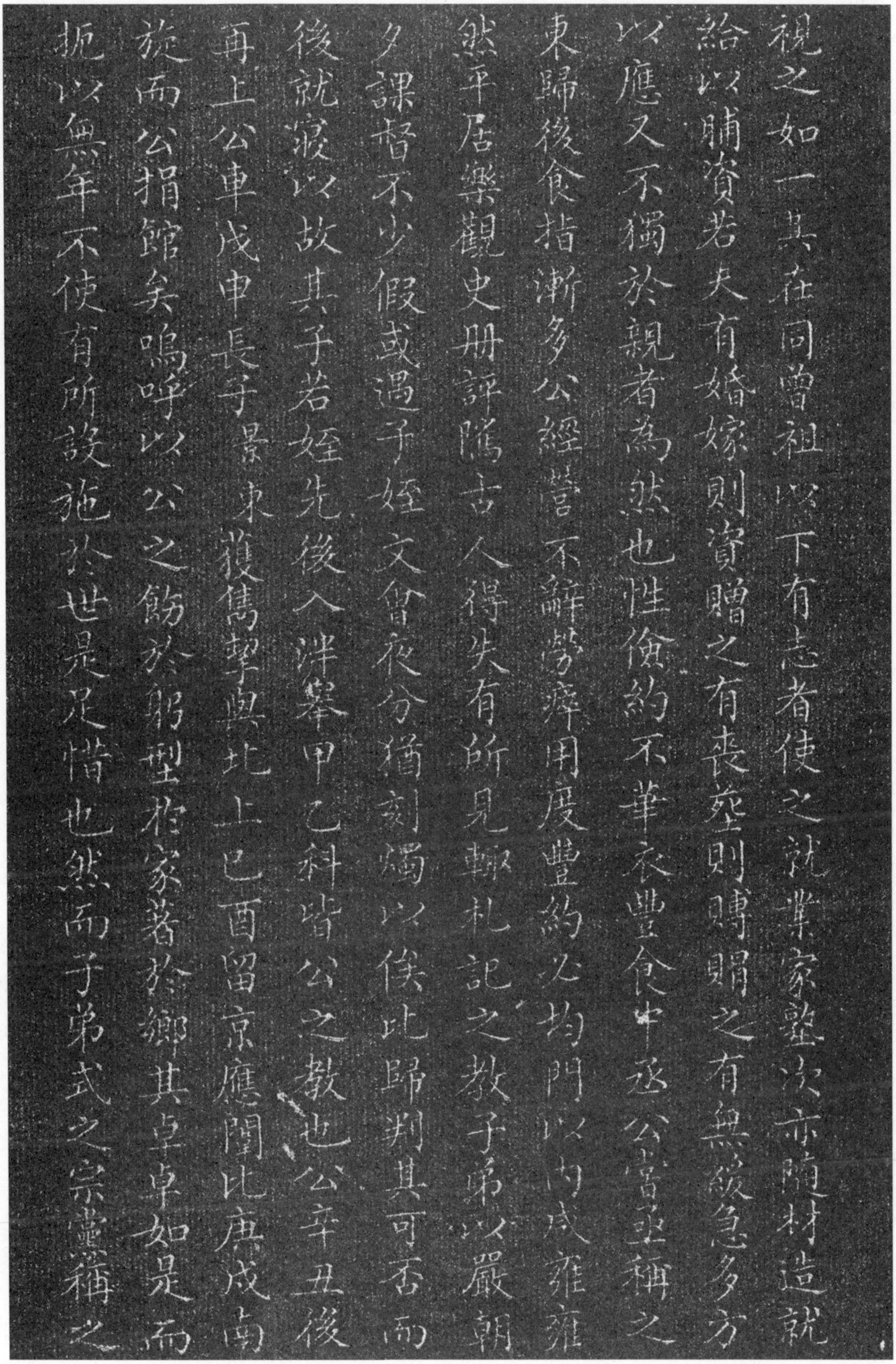
視之如一其在同曾祖以下有志者使之就業家塾次亦隨材造就
給以賙貲若夫有婚嫁則資贈之有喪葬則賻賵之有無緩急多方
以應又不獨於親者為然也性儉約不華衣豐食中丞公嘗並稱之
東歸後食指漸多公經營不辭勞瘁用度豐約必均門以內咸雍雍
然平居樂觀史册評隲古人得失有所見輒札記之教子弟以嚴朝
夕課督不少假或遇子姪文會夜分猶剪燭以俟比歸判其可否而
後就寢以故其子若姪先後入泮舉甲乙科皆公之教也公辛丑後
再上公車戊申長子景東獲雋挈與北上己酉留京應闈比庚戌南
旋而公捐館矣嗚呼以公之飭於躬型於家著於鄉其卓卓如是而
扼以無年不使有所設施於世是足惜也然而子弟式之宗黨稱之

遺風餘愛今猶在人公亦可以不沒矣配孺人王氏有賢行事舅姑
孝處妯娌和撫孤姪以恩與寡嫂共操家政無違言後公沒三十年
鞠子育孫備極殷勤而康彊壽考其子孫登賢書成進士食餼居庠
一堂四代鄉人艷之以爲福德之毋云公曾祖鄉進士戶部主事
誥贈中大夫晉　贈資政大夫
例贈榮祿大夫訒菴公諱禹徵曾祖妣
誥贈正一品夫人　例贈一品夫人莊氏祖
賜進士翰林院編修陝西主考鑑塘公諱天寵祖妣
例贈……人黃氏本生祖
……學政

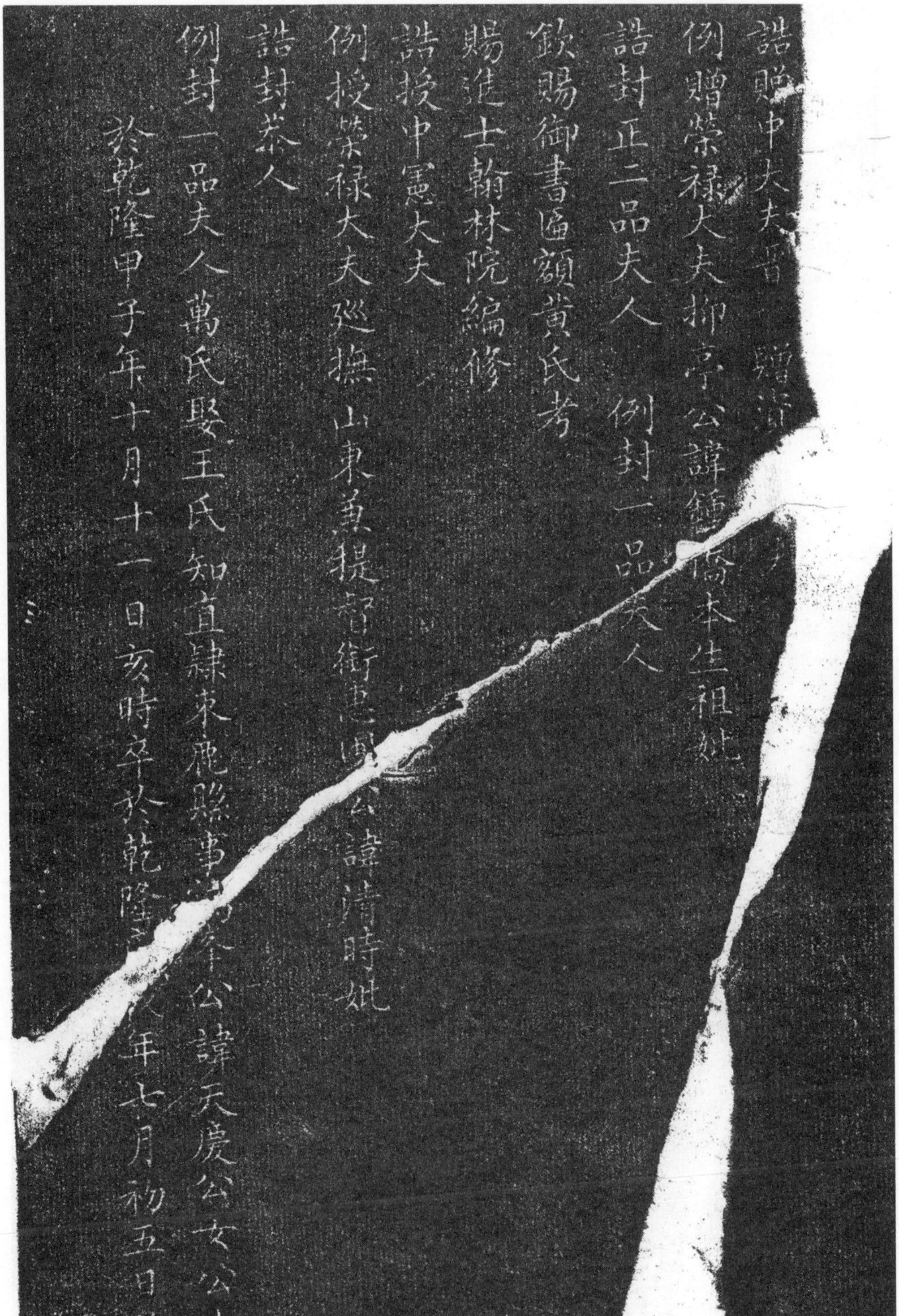

誥贈中大夫晉 贈資
例贈榮祿大夫掬亭公諱鍾僑本生祖妣
誥封正二品夫人 例封一品夫人
欽賜御書匾額黃氏考
賜進士翰林院編修
誥授中憲大夫
例授榮祿大夫巡撫山東兼提督銜……公諱清時妣
誥封恭人
例封一品夫人萬氏娶王氏知直隸東鹿縣事……李公諱天慶公女公生
於乾隆甲子年十月十一日亥時卒於乾隆……年七月初五日子

時享年四十有七孺人生於乾隆甲寅年正月初八日子時[illegible]
慶慶[illegible]年四月初七日辰時享年七十有三子七長景東[illegible]
人截選知縣娶業儒烈臣林公女繼娶太學生源高陳公[illegible]
江太學生守世粘公女次景[illegible]乙卯舉人辛酉科進士[illegible]
甲戌進士建寧府學教授[illegible]達陳公女孫邑庠生國[illegible]
娶永春太學生華生蕭公女次景衡邑廩生娶業儒[illegible]
景皐娶晋邑業儒世[illegible]萬公女次景杜娶舉人長樂[illegible]
公女次景榮娶西[illegible]舉人擢主王君女女二長適南邑[illegible]
洪君子箴世[illegible]果君子太學生耀孫男二十八自景東
出者[illegible]丙子舉人增[illegible]自景萬出者增[illegible]

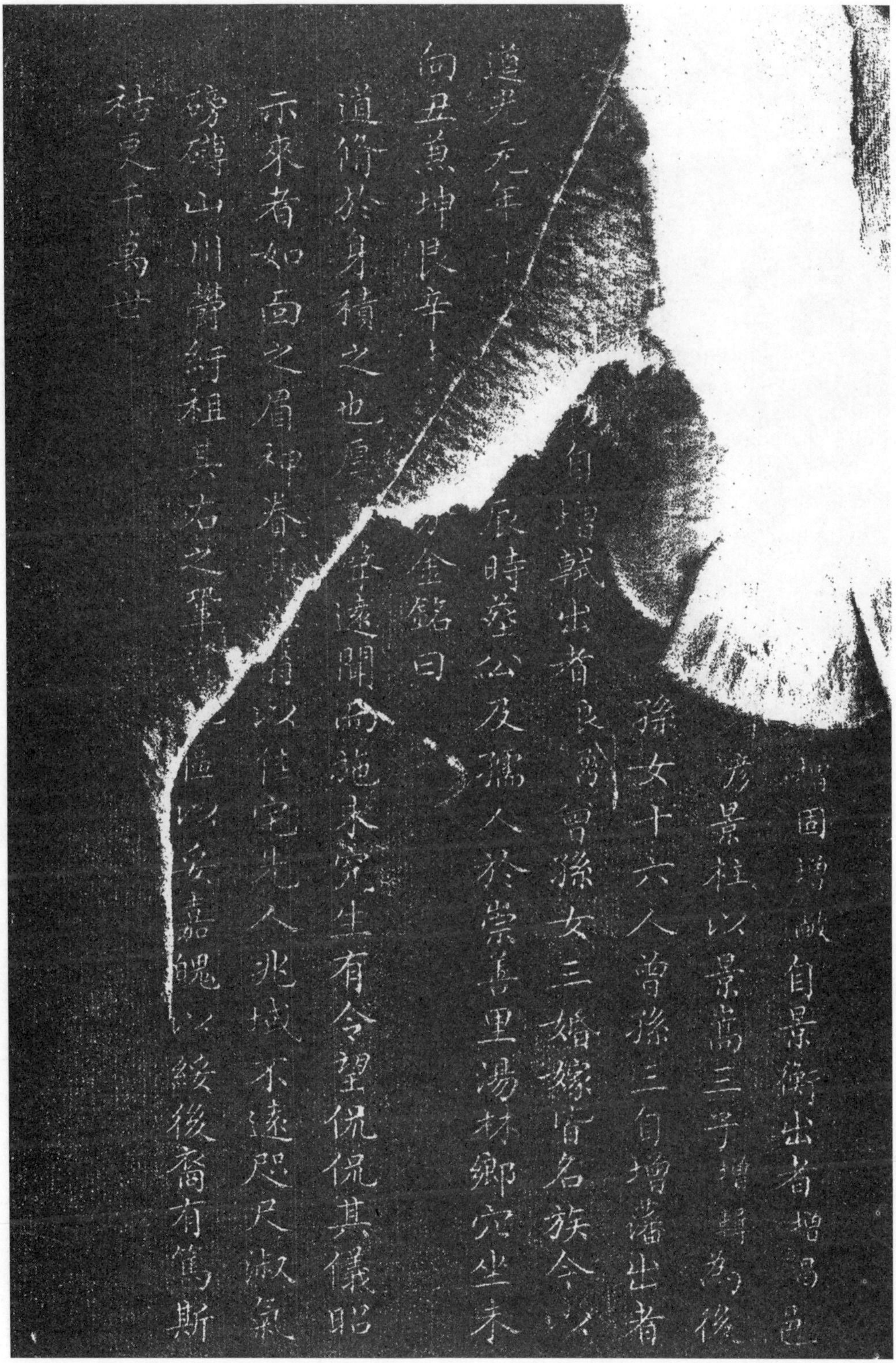
增國增敏自景衡出者增昌邑
彥景柱以景嵩三子增輯為後
孫女十六人曾孫三自增藩出者
自增戟出者良劑曾孫女三婚嫁皆名族今以
道光元年
辰時葬公及孺人於崇善里湯林鄉穴坐未
向丑兼坤艮辛
金銘曰
道脩於身積之也厚
年遠聞而施未究生有令望侃侃其儀昭
示來者如面之眉神眷
指以佳宅先人兆域不遠咫尺淑氣
磅礴山川鬱紆祖其右之翠
恤以妥嘉魄以綏後裔有篤斯
祜更千萬世

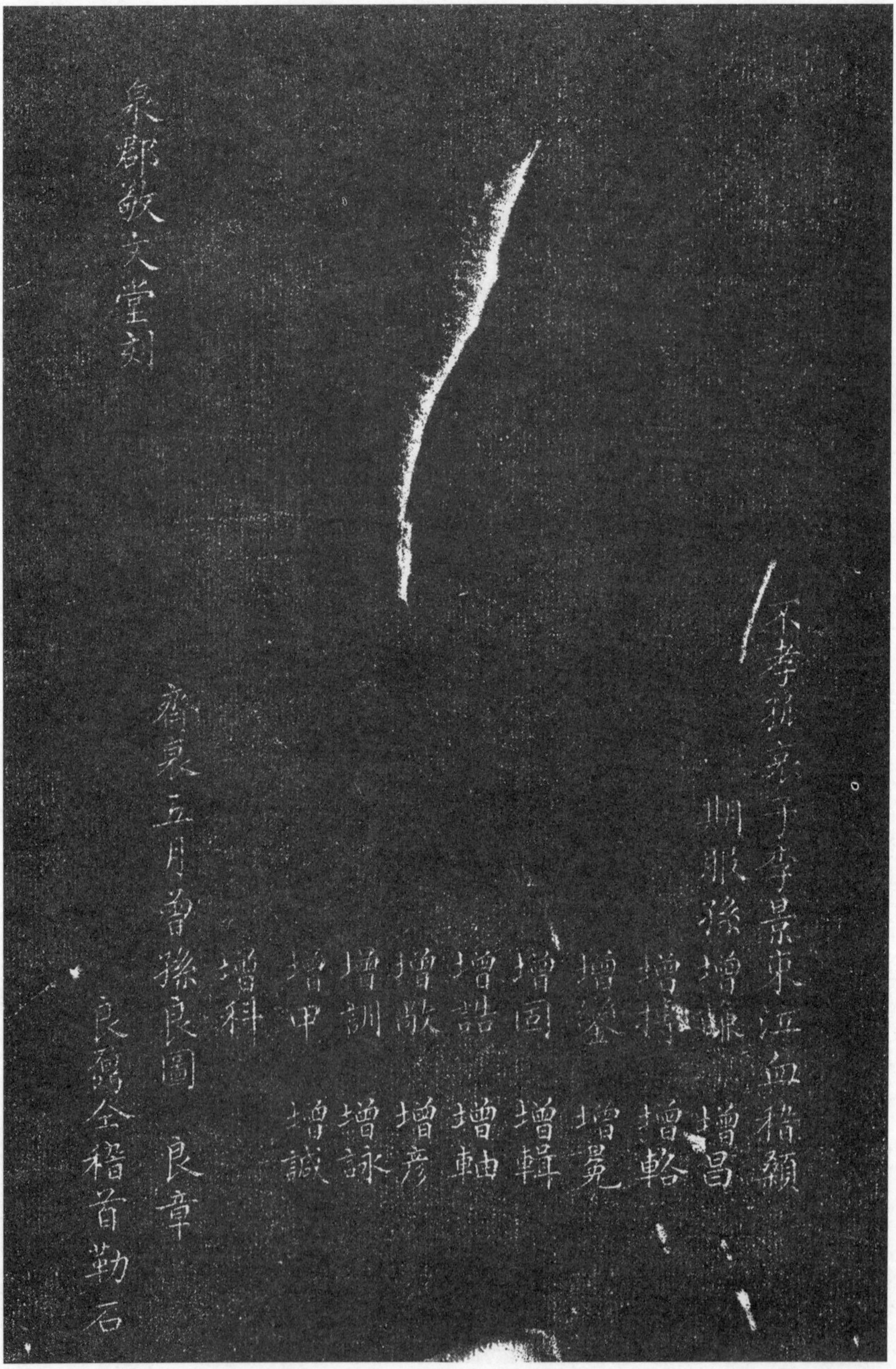
不孝孤哀子李景東泣血稽顙
期服孫增謙 增昌
增揮 增輅
增鎏 增暈
增回 增輯
增詰 增軸
增歆 增彥
增訓 增詠
增甲 增誠
增科
齋泉五月曾孫良圖 良章
良鶴仝稽首勒石
泉郡敬文堂刻

晉江許公墓志

晉江許公墓志

永泰黃展雲譔文
安溪李夌黃書丹
閩縣方聲濤篆蓋

許公阜然別名寄生晉江人父培村邑名諸生以彊直見重鄉里有鐵紳

譽公生而任俠好義九歲時曾偕兒
童遊龍山寺見一嫗將雉經公惻然
悉所有以畀及歸家人因其橐貲罄
責之公父廉得實喜曰孺子可教公
時述以語人曰余捨身救人之志皆
決於吾父之一言獎之也歲丙午同盟

會成立公來省加盟回鄉設西隅學校及體育會以集合同志辛亥光復泉屢克復公之功為多討袁之役公在省運動為李厚基偵蹤以意度遂容獲脫護灋之役公在閩南舉靖國軍屢挫李逆隊伍阻李軍入潮功績

甚偉十一年偕張幹之同志還閩組
自治軍為討賊軍內應克復安南晉
各縣迨討賊軍返榕許汝為軍長改
編自治軍為討賊第八軍留守後方
孫傳芳南侵公聯臧師與抗我軍雖
覆而孫軍精銳挫折不敢再進粵境

因免逆軍之擾公失利後陷身賊窟
者三閱月卒以至誠之感脫於鷄未
幾奉委為中央直轄第五軍軍長秘
聯民軍過張毅勦勦之師勦逆死灰
難燃黨軍得以籌備完整則公與有
力焉自是以後離軍事工作致力於

黨務第一二次全國代表大會公均
爲福建省代表對赤黨陰謀多所摘
發北伐軍入閩何敬之軍長辟公任
財政公知閩政尚無可爲不就然北
伐軍也發經費之籌劃公實任其勞
最近三年来力以調龢派别意見歧

進地方秩序爲已任卒爲蓄野心而好搗亂之徒所賊害以十九年五月廿八日致命於廈門大史巷痛哉公犧牲精神也於天性任勞將事不計功利急人之私不計己私死之日全廈震動撫尸而哭者數千人嗚虖公

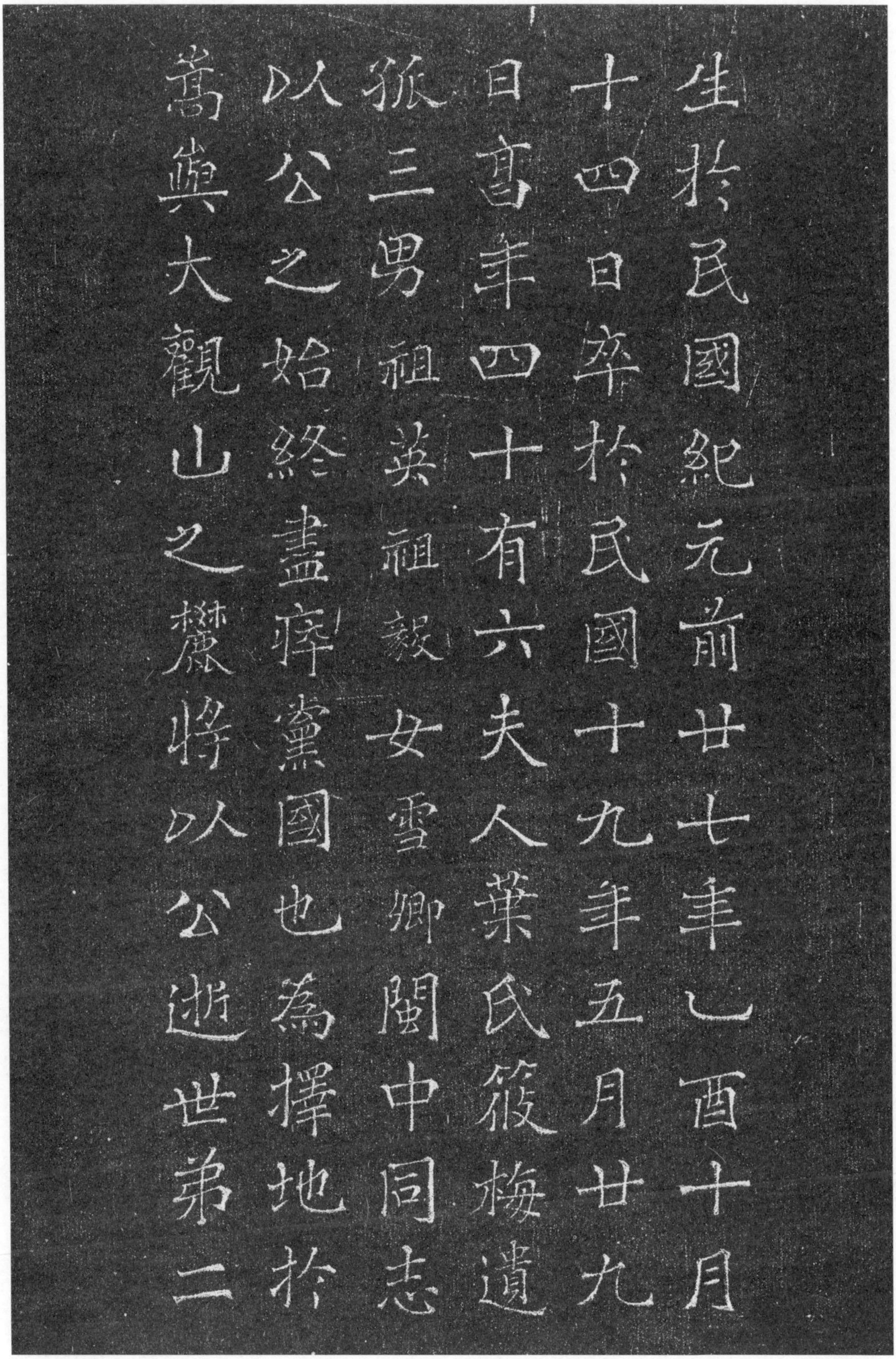
生於民國紀元前廿七年乙酉十月
十四日卒於民國十九年五月廿九
日享年四十有六夫人葉氏筱梅遺
孤三男祖英祖毅女雪卿閩中同志
以公之始終盡瘁黨國也爲擇地於
嵩嶼大觀山之麓將以公逝世弟二

周年紀念日公葬展雲謹揭其要並
為銘納諸幽宮以垂無窮銘曰
闡功利貞艱辛矢犧牲作新民古之
任令之仁垂遺型永不湮

孫子許祖英
祖毅
孫女雪卿仝勒石

福州蔣銘荃刻石

李愛黃先生墓誌銘

中國國民黨中央執行委員前兼福建省執行委員會主任委員陳肇英篆額

中國國民黨福建省執行委員會主任委員李雄書丹

福建省臨時參議會議長鄭祖蔭撰文

君諱愛黃字翼天姓李氏福建安溪人其先文貞公以理學起家勛名烜顯樫亭

公郎之公而下能世其業簪纓相望考敦復公舉孝廉方正為邑人所欽式君生三

歲識字三千六為能文十三畢群經不屑事科舉時清政日壞君慨然有革新志嘗

設鄉校曰閒湖宣揚民族思想武漢舉義君奔走泉廈糾同志組會社旋加入國民

黨充黨代表及參議會初選代表并任各報社撰述為君致身黨務之始

辛亥以後軍閥專政李氏禍閩君奉總理命圖再舉顧黨禁綦嚴同志多被逮

君名在捕籍中俾得免遂潛赴晉南永德各地聯合民軍以作基本君任靖國軍司

令龍高等顧問第一路軍參謀長兼游擊隊司令分防晉南籌運諸軍餉糈措施裕

如旋調任第三旅駐汕主任已而民軍內鬨粵請交惡君謁總理於滬互即赴菲

聯絡華僑復遄程絲見民軍諸將領回令閩督李厚基附軍閥從爪牙為吾民害吾

奉總理命來討逆顧君等亟消鬩墻之禍共立討賊之功孰與猜嫌相嫉反為賊

乘于衆皆感悟歡好如初遂薦自治軍旅幟進攻李統將張清汝於泉廈拔之卒驅

李逆以君任陸軍警備司令兼東路軍泉州衛戍司令部秘書處長

然君以為欲濟民智端賴教育欲揚民氣尤在宣傳爰斥資擬設敦復中學從事

於青年幹部之訓練得士數百人分組民團君曰此吾之子弟兵也舉凡地方互警

衛經濟交通實業救濟諸事業皆剏賴之儼然自治村模楷先後奉派指導安溪晉

[illegible]務未幾而肖陳國輝叛變時赤匪倡獗連陷西部各地蠢動陳逆乘竊踞泉永

李愛黃先生墓誌銘

慕戾淴睢君遂往來京滬各處數罪致討旋歸業動駐軍團勤陳隆匪平君為興泉
永黨務指導員民國廿四年改任福建省黨務設計委員兼民訓科主任旋兼任福
建省振濟委員會常務委員當選國民大會福建省第四區代表
抗戰軍興君改任福建省黨部執行委員視察閩南十一縣黨務抗敵工作值金
廈陷君扶亡救傷振濟難胞不遺餘力廿八年兼第四區黨務督導專員并被選為
省臨叅會叅議員推展黨務進行激發抗敵精神他如政治經濟教育建設靡不有
所貢獻而撤銷公沽增隆監坎安溪遷治扶植縣學尤為抗建中要政嗚乎非心厚
於仁而射淨於物者乎　前歲閩海陷敵局勢險寇君力疾年屬進駐泉州名開界
里防務會議謀拜禀擴循策士氣大振民為之敵日享公未來一夕數驚公既來止
勝十萬兵乃以積勞致疾追閩海重光乞假養病中央溫慰嘗眷有加今夏被選連
任省臨叅會叅議員而病已劇六月廿八日卒年五十有五子三長彰明現任福建
省黨部幹事次大長現任社會科長三大夏肄業數復小學女二大中肄業集美中
學大和肄業數復小學孫男式穀孫女麗莎俱幼　君少負氣節以康慨稱其於才
識海含地負浩溢縱橫其為詩文劇日烋心金后竪餘其盡瘁黨暱也值危疑震攝
之際震讓啜叫號出境而君莫不履險如夷行所無事夫非有得於易所謂履虎尾
不咥人亨者歟邦心立以君功在黨國經家　國民政府明令褒揚方議公葬而徵
銘於余以飾其幽銘曰
憶憶享君斗南鉅子踏實躂誇浸經積史用秉斧鉞辟觀是磷用作喉舌正義
足揭棫樸菁菁英才樂育視听以寄蔴揚民族令君長逝褒揚有典鬱鬱佳城厥
後丕顯

妻林志得　男彰明　大夏長　女大中　大和　孫男式穀　孫女麗莎　全勒石

中華民國三十三年六月　日